Consultative Democracy in China:
System and Mechanisms

中国协商民主体系及其运行机制研究

孙照红◎著

人民出版社

目　　录

绪　　论

协商民主理论是 20 世纪后期在西方兴起的一种新的民主理论范式。2001 年，协商民主一词被引入中国。中国"协商民主是在中国共产党领导下，人民内部各方面围绕改革发展稳定重大问题和涉及群众切身利益的实际问题，在决策之前和决策实施之中开展广泛协商，努力形成共识的重要民主形式"[①]。目前，我国已经构建了由 3 个层次 7 条协商渠道共同构成的中国特色社会主义协商民主体系新框架和新蓝图。

第一节　中国协商民主研究的进程和趋势

总体来看，国内协商民主研究经过了一个从简单译介西方协商民主理论到探讨协商民主在中国的适应性问题，从厘清协商民主的基本理论问题到探索协商民主在中国的具体实践，从政治领域的协商实践扩展到包括社会领域在内的广泛、多层的协商实践，从理想的、价值层面的协商民主到现实的、经验总结和制度创新层面的协商民主的过程和趋势。

[①] 中共中央文献研究室：《十八大以来重要文献选编》(中)，中央文献出版社 2016 年版，第 291 页。

一、协商民主研究的阶段性特征

在"中国知网"（CNKI）"篇名"栏输入"协商民主"一词进行文献检索，截至2017年12月31日，共能检索到8598篇文章。为便于考察各年度发表的文章数量，总结国内协商民主研究的趋势、特点和规律，制图如下：

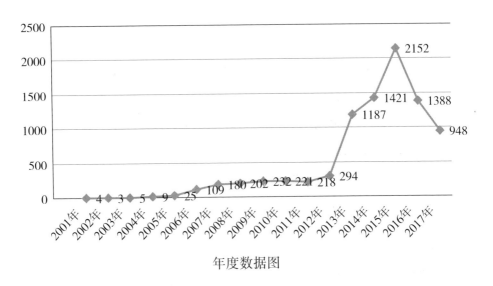

年度数据图

上图显示，国内学界对协商民主的研究总体上呈现增长的趋势（2015年以前），但在不同的年份也有不同的特点，特别是在2005—2006年和2012—2013年都出现了倍数级的增长，可以说是两个大的增长拐点。我们可以以这两个拐点为界，把国内对协商民主的研究划分为三大阶段：第一阶段为起步阶段（2005年以前）。以"协商民主"作为篇名在CNKI上进行检索，第一篇文章出现在1958年，而从1958年至2005年长达48年的时间内能搜索到的文章共有51篇，平均每年仅有1篇，而且大多不是本意上的"协商民主"，而是带有中国政党制度视域下"政治协商""民主监督"的含义。真正意义上的协商民主概念是在2001年由德国学者哈贝马斯引入中国的，此后国内学者才开始关注这一领域。从2001年到2004年CNKI上的文章数量都在 10 篇以下：2001 年 4 篇，2002 年 3 篇，2003 年 5 篇，2004 年 9 篇。2005 年最多但也只有 25 篇。这说明在 2005 年以前，协商民主研究还没能引起国内学者太多的重视和聚焦。

虽然这期间的成果很少，但产生的影响力却不容忽视。在 CNKI 中检索到的这些文章中，如果以"被引用次数"来排名的话，前五名都产生于这期间，它们依次是《协商政治：对中国民主政治发展的一种思考》《协商民主：概念、要素与价值》《协商民主引论》《协商民主理论与中国》《协商民主》。这些成果"被引用次数"较高，说明它们对后来的研究者具有较高的参考价值，这从一个侧面反映了这些文章及其作者的学术影响力。

第二阶段为展开阶段（2006 — 2012 年）。2006 年，CNKI 上篇名含有"协商民主"的文献由 2005 年的 25 篇激增到 109 篇。从 2007 年至 2012 年共有 1347 篇，年均 224.5 篇，而且浮动不大：2007 年 180 篇，2008 年 202 篇，2009 年 232 篇，2010 年 221 篇，2011 年 218 篇，2012 年 294 篇。这些数据说明，国内协商民主研究已经开始有了一定的规模，而且具有相对的持续性和稳定性。从内容看，这一阶段的成果涉及的范围很广，既有对协商民主基础理论包括概念、特征、要素、形式、价值和意义等，也有协商民主与人民政协、协商民主与执政党和参政党、协商民主与基层民主政治、协商民主的中外比较等方面。

对于协商民主的概念，学者们仁者见仁、智者见智，从不同角度分别提出了不同的见解。中央编译局陈家刚是较早进行协商民主研究的学者，他认为："所谓协商民主，它指的是这样一种治理形式，平等、自由的公民借助对话、讨论、审议和协商，提出各种相关理由，尊重并理解他人的偏好，在广泛考虑公共利益的基础上，利用理性指导协商，从而赋予立法和决策以政治合法性。"① 这里，他把协商民主看作一种治理形式。更多的学者将协商

---

① 陈家刚：《生态文明与协商民主》，《当代世界与社会主义》2006 年第 2 期。

民主看作一种决策形式，李君如认为，"协商民主作为一种民主的决策体制或理性的决策形式，每个公民都能平等地参与公共政策的制定过程，自由地表达自己的意见并倾听别人的观点，包括对道德问题提供协商的空间，在理性的讨论和协商中做出大家都能接受的决策"①。中共中央党校张书林认为，协商民主包含了决策过程中的协商民主和管理过程中的协商民主："就其概念内涵来讲，协商民主是指政治共同体通过成员之间的平等、自由的协商，在成员互相交流和妥协的基础上，就关系成员共同利益的问题达成共识，形成成员共同接受的决策或管理意见的过程。"② 还有学者将协商民主定义为一种民主类型，如"协商性民主是指在一定的政治共同体中特定主体通过对话、讨论、商谈、妥协、交易、沟通和审议等协商性的方式及机制参与政治的一种民主类型"③。"协商民主追求的是共善政治的民主理想，强调公民是民主政治的主体……通过公共协商赋予决策的合法性，从而提升民主的品质。"④ 可见，协商民主既是一种民主的决策程序和机制，又是一种国家和社会的治理结构和形式，同时也是一种民主类型。

对于协商民主的提出背景，学术界基本上没有什么争议。一般认为：协商民主是在反思和批判传统民主理论模式在当代发展过程中的局限并吸收自由民主理论成果的基础上提出的，是对传统民主范式的创新。比如，上海师范大学的黄福寿认为：19 世纪末 20 世纪初以来，以代议制为核心的古典民主理论越来越难以解释和说明西方不断变化的社会政治现实，于是许多深受实证主义哲学熏陶的西方学者对"人民统治"的古典民主理论产生了深深的怀疑，他们开始对民主问题重新进行思考，由此西方民主理论开始由规范的民主理论向经验的民主理论转换，由关注实质民主向关注程序民主转换，

---

① 李君如：《中国能够实行什么样的民主》，《北京日报》2005 年 9 月 26 日。
② 张书林：《党内协商民主与党内和谐的互动》，《唯实》2007 年第 2 期。
③ 黄卫平、陈文：《我国民主政治发展的现实选择——对"竞争性民主"与"协商性民主"的思考》，《理论探讨》2005 年第 6 期。
④ 马奔、周明昆：《概念、缘起及其在中国的运用》，《中国特色社会主义研究》2006 年第 4 期。

人们放弃了理想主义式的民主价值探讨，而追求对民主的实证分析。① "协商民主理论是在政治学家针对代议制民主政治体制在当代发展过程中的局限，对民主本质进行了深入反思的结果，是对自由主义民主或选举民主过于强调自由而忽视平等之倾向的一种修正，是民主理论在当代的新发展。"② 协商民主对现行自由民主理论的批判与超越，是对民众无知识、无能力参与政治和分辨决策议题的观点提出批判与超越，是对聚合式民主模式的批判与超越，是对简单多数决定原则的批判与超越。③ "以工具理性为基础、以投票为中心的代议民主制，容易产生政治冷漠症，容易导致多数人的暴政，容易被非理性和私利主导。"④ 协商民主理论是对"当代文化多元性、社会复杂性和大规模的不平等对代议民主制的挑战和人类由主体性思维向主体间性思维转变的实践和认识发展的产物"⑤。正是由于选举民主存在如此多的缺陷和不足，才产生了对选举民主进行革新、修正、补充和完善的协商民主。

对于协商民主的特征，陈家刚在其《协商民主：概念、要素与价值》一文中将协商民主的特征总结为八个方面，即多元性、合法性、程序性、公开性、平等性、参与性、责任性、理性。⑥ 这是对协商民主的特征作出的较为全面的概括。另外，还有人认为，协商民主应具有多元性、程序性、公开性、责任性、理性的特征。⑦ 协商民主强调的是合法性、协商性、公共性、

---

① 黄福寿：《民主理论及其演变与当代中国协商政治实践》，《上海市社会主义学院学报》2006 年第 4 期。

② 陈剩勇：《协商民主理论与中国》，《浙江社会科学》2005 年第 1 期。

③ 马奔、周明昆：《概念、缘起及其在中国的运用》，《中国特色社会主义研究》2006 年第 4 期。

④ 李火林：《论协商民主的实质与路径选择》，《中国人民大学学报》2006 年第 4 期。

⑤ 韩冬梅：《西方协商民主理论研究》，社会科学文献出版社 2008 年版，第 21 页。

⑥ 陈家刚：《协商民主的概念、要素和价值》，《中共天津市委党校学报》2005 年第 3 期。

⑦ 王学军：《论协商民主的发展与我国政协制度建设》，《天津市社会主义学院学报》2007 年第 2 期。

平等性、责任性。①

对于协商民主的价值和意义，陈家刚认为，协商民主能够进一步扩大公民有序的政治参与；能够使公共决策最大限度地实现各方利益的均衡；能够扩大基层民主，建构社会主义民主政治的社会基础；能够改革和完善决策机制，推进决策科学化民主化；有利于加强对权力的监督，保证把人民赋予的权力真正用来为人民谋利益。② 北京大学燕继荣在全面准确地理解"民主"的基础上，将协商民主作了学理上的深入分析，指出协商民主理论"将我们的民主化建设工作重心从'公投'和选举引向自由平等的辩论和协商"③，这对于我们更加全面地制定和规划民主建设的目标与任务具有重要的启示意义。此外，还有学者认为：协商民主把协商从政治手段上升为制度安排，把协商主体从精英扩展为广大公民，促使现代民主从注重偏好的聚集转向注重偏好的具体形成过程，是一种更具有实质民主意义的新型民主形态。④

另外，这期间还产生了大量有影响的著作：两辑八卷本的"协商民主译丛"（陈家刚，中央编译出版社 2009 年版）以及《协商民主与当代中国政治》（陈家刚，中国人民大学出版社 2009 年版）、《协商民主与政治发展》（陈家刚，社会科学文献出版社 2011 年版）、《软法与协商民主》（罗豪才等，北京大学出版社 2007 年版）、《中国特色协商民主研究》（李贺林等，中共中央党校出版社 2008 年版）、《协商民主：理论、方法和实践》（何包钢，中国社会科学出版社 2008 年版）、《中国协商政治发生与演变逻辑》（黄福寿，上海人民出版社 2009 年版）等。大量著作的问世说明协商民主研究渐成规模。

---

① 刘务勇：《协商民主：一种新的民主观》，《甘肃理论学刊》2006 年第 3 期。

② 陈家刚：《协商民主与当代中国民主政治的发展》，《人民政协报》2007 年 1 月16 日。

③ 燕继荣：《协商民主的价值和意义》，《科学社会主义》2006 年第 6 期。

④ 李火林：《论协商民主的实质与路径选择》，《中国人民大学学报》2006 年第 4 期。

第三，全面深入研究阶段（2013 年至今）。2013 年，CNKI 上篇名含有"协商民主"的文章由 2012 年的 294 篇激增到 1187 篇，翻了 3 倍多，2014年也高达 1421 篇，2015 年达到峰值 2152 篇。这些数据说明自 2013 年以来，国内协商民主研究大范围开展起来。而且由于"推进协商民主广泛、多层、制度化发展"和"协商民主体系"的相继提出和逐步推进，这一阶段的理论研究也逐渐走向全面和深入，相关研究成果越来越多。但是，目前国内协商民主研究仍然是较多地停留在政策解读和孤立散乱的研究状态，关注协商民主体系构建、协商民主的系统性整体性、相互之间的逻辑互动性及其实际运行的文章仍然较少。CNKI 的统计数据也佐证了这一观点。从 CNKI 文献"来源数据库"分析，篇名含有"协商民主"的文章的前三大来源分别是"中国学术期刊网络出版总库""中国重要报纸全文数据库""中国优秀硕士学位论文全文数据库"。其中，"中国学术期刊网络出版总库"的文章占56%，"中国重要报纸全文数据库"的文章占 36%，两项累加占到了 9 成以上。说明这两个数据库是协商民主相关文章的主要发表渠道。"中国博士学位论文全文数据库"中的文章数量不多，但其中一些文章独创性强，比如辽宁师范大学高勇泽的《中国协商民主理论研究》、中国人民大学孙存良的《当代中国民主协商研究——协商民主理论的视角》、南京师范大学徐湘明的《协商民主视角下人民政协制度研究》、中共中央党校薛丽的《人民政协参与基层民主协商的机制问题研究》、赵祥彬的《协商民主化解新形势下人民内部矛盾研究》以及凌锐燕的《国家治理现代化进程中的协商民主问题研究》、东北师范大学陈光辉的《中国特色社会主义协商民主制度体系建设研究》、大连理工大学郭一宁的《人民政协协商民主研究》、大连理工大学刘玲灵的《中国社会主义协商民主优化发展研究》、中共中央党校杨东曙的《人民政协协商民主制度化建设研究》、浙江大学杨光的《论中国式协商民主的逻辑形成》、华中师范大学彭卫的《中国特色社会主义协商民主制度研究》、吉林大学张立平的《中国共产党党内协商民主研究》、吉林大学史博的《中西协商民主制度比较研究》等，都对协商民主进行了较为系统和深入的研究。

从目前搜索到的文献来看，学界对协商民主的研究在 2015 年达到高峰，以"协商民主"为篇名的发文量达 2152 篇，是历年来的最大数量。随后，2016 和 2017 年则出现下降趋势，原因可能是多年持续的增长之后，协商民主的相关基础研究已经取得了一定成绩，不再像以前一样炙手可热，但从千篇左右的发文量可以看出，协商民主仍然是不少学者关注的问题。而且，2016 年以来以"协商民主"为篇名的发文量减少不能说明研究协商民主的热情减退，相反，如果以"人民团体协商""社会组织协商"等为篇名搜索的话，发文量仍然处于增长态势。也就是说，这些数据的变化恰恰说明研究的转向，即从宏观的、基础的研究转向更为有针对性的具体的、专门的、深入的研究。

二、协商民主研究的政治导向性

虽然 2001 年协商民主研究就已经进入国内学者的视野，但 2006 年以前，发文量都在 10 篇以内，说明当时国内协商民主研究处于零星、分散、不成规模的状态。前面的"年度数据图"显示，2006 年国内协商民主研究出现了一个大的拐点，这一年发表的论文数是 2005 年的 4 倍多。这种现象的出现与 2006 年初中共中央《关于加强人民政协工作的意见》的颁发直接相关。这一指导性文件提出："人民通过选举、投票行使权利和人民内部各方面在重大决策之前进行充分协商，尽可能就共同性问题取得一致意见，是我国社会主义民主的两种重要形式。"① 这一文件虽然没有明确地界定协商民主的范围，但也意味着将"选举民主"和"协商民主"作为我国社会主义民主的两种重要形式。这是协商民主最早较为正式地出现在党和国家的文

---

① 中共中央文献研究室：《十六大以来重要文献选编》（下），中央文献出版社 2008年版，第 260 页。

件中。由此带动产生了协商民主研究的第一个热潮。2007 年在《中国的政党制度》白皮书中，"选举民主"和"协商民主"第一次被正式并提。后续的几年时间里，协商民主研究持续高温，相关成果的数量和规模也相对稳定。

2012 年 11 月召开的党的十八大明确提出了"社会主义协商民主是我国人民民主的重要形式"的论断和"健全社会主义协商民主制度""推进协商民主广泛、多层、制度化发展"的目标任务，协商民主首次正式出现在党代会报告中。① 在此基础上，2013 年 11 月召开的党的十八届三中全会进一步提出"协商民主体系"的概念，对此作了全面的规划和部署，并把它与党的群众路线结合起来。党的十八大和十八届三中全会提出的这些新概念、新观点、新论断、新部署，直接释放出启动协商民主建设整体推进的信号，也直接带来了协商民主研究的第二个热潮：从 2012 年到 2013 年，CNKI 上的论文数量再次呈现几倍级的增长。可见，两大拐点的出现以及随后的持续高温与党和国家政策的导向直接相关。

三、协商民主研究的内容和趋向

一是从译介西方到关注中国现实。协商民主的概念是经国外学者引入中国的，而且在被引入之初，国内学者如俞可平、陈家刚等开始围绕这一概念翻译、介绍国外协商民主理论。由陈家刚选编、2004 年上海三联书店出版的论文集《协商民主》是国内第一部从西方引入的学术文集，该文集汇集了当代西方学界研究协商民主的理论成果、人文思潮和学术信息，虽然收录的文章数量有限，但都是介绍国外协商民主研究的比较具有代表性的成果，为国内学者提供了开展协商民主研究的第一手资料，同时引领国内学界开始

---

① 中共中央文献研究室：《十八大以来重要文献选编》（上），中央文献出版社 2014 年版，第 21 页。

关注这一领域。2007 年江苏人民出版社出版的《审议民主》又翻译了一批国外研究协商民主的文章。特别值得关注的是 2009 年由中央编译出版社出版的两辑八卷本的"协商民主译丛",包括《协商民主:论理性与政治》《公共协商——多元主义、复杂性与民主》《作为公共协商的民主:新的视角》《协商民主及其超越——自由与批判的视角》《民主与差异:挑战政治的边界》《协商民主论争》《美国民主的未来》《协商民主:挑战与反思》,开始系统地翻译、介绍西方协商民主理论,为国内研究协商民主提供了宝贵资料。

CNKI 的统计数据也证实了这一观点。2004 年,CNKI 上以"协商民主"为篇名的文章共有 9 篇,其中有 6 篇介绍了西方协商民主。在这 6 篇文章中,有 1 篇文章——《传统范式的现代重构——读〈协商民主〉》(吴士余,《书城》2004 年第 10 期),是对《协商民主》这一译作的推介或者说是书评;1 篇文章——《中国政治文明建设中的协商民主探析》(朱勤军,《政治学研究》2004 年第 3 期)是在开篇介绍西方的协商民主理念;另外 4 篇文章都是直接介绍西方协商民主的:《当代西方协商民主理论》(陈家刚,《学习时报》2004 年 1 月 5 日)、《当代西方协商民主理论的主要内容》(陈家刚,《资料通讯》2004 年第 2 期)、《协商民主引论》(陈家刚,《马克思主义与现实》2004 年第 3 期)和《协商民主》(何莉编译,《马克思主义与现实》2004 年第 3 期)。如果同时以"协商民主"与"中国"两个词在 CNKI 上进行高级检索的话,截至 2015 年 1 月 15 日,共能检索到 624 篇文章。其中,2004 年 1 篇、2005 年 5 篇。也就是说,在所有题目中同时包含"协商民主"与"中国"两个词的文章中,第一阶段(2005 年以前)的成果数量在总量中所占比例不到 1%,而 99% 以上的文章发表于 2006 年以后。当然,第一阶段的成果数量在总量中所占的比例本来就小,但从当年对于国内外关注的文章数量和比例看,在初始阶段,国内学者对协商民主的"中国化"研究和探索比较少。

二是从政治领域逐渐扩展到社会领域。国内学界对于实践层面的协商民主研究也有一个明显的变化，即从人民政协政治协商、中国共产党与民主党派之间的政治协商逐渐扩展到包括基层协商、社会组织协商、人民团体协商在内的多领域、多形式的协商民主。在西方的协商民主理论刚开始被引入中国的时候，学界最先联想到的就是人民政协的政治协商，并对政协协商民主展开了大量的研究，如李君如的《人民政协与协商民主》（《特区实践与理论》2007 年第 2 期）、施翔的《论人民政协中的协商民主及协商制度》（《学习与实践》2007 年第 1 期）、王继宣的《协商民主精神与政治协商制度》（《重庆社会主义学院学报》2007 年第 2 期）等。

政协协商当然是很重要的协商民主形式，而且在中国已经实践了很多年。人民政协是中国共产党同各民主党派和各界爱国人士团结合作、追求人民民主、建立和平统一的新中国的产物，它本身就是顺应民主的历史潮流而生的。在 70 年的政治实践中，人民政协不仅孕育了中国特色社会主义协商民主，而且以其不断健全的组织体系、不断完善的制度体系推动着协商民主的发展。目前，作为专门的协商机构和平台，无论是在制度规范层面上，还是在价值引领层面上，人民政协的协商民主仍然是协商民主体系中的"领头雁"。

虽然如此，人民政协协商也只是社会主义协商民主体系中的一种具体的协商形式和渠道，除此之外，中国协商民主还包括其他很多种形式和渠道。早在 1987 年党的十三大报告中就已经明确将"建立社会协商对话制度"作为政治体制改革的一项重要内容提了出来，表明政协协商民主已经不能满足人民群众日益增长和高涨的参与热情。改革开放以来，民主恳谈会、听证会、议事会、网络论坛等生动、鲜活的协商实践在中国土地上生长起来，它们拓展了协商民主的内容，丰富了协商民主的形式，拓宽了协商民主的覆盖面，使协商民主广泛渗透到国家政治社会生活的各个方面。

学界也看到了这一变化，开始关注和研究政协之外的协商民主。有学者提出："认为'协商民主'仅仅指'政协民主'的观点也是不全面的。如若将'协商民主'完全等同于'政协民主'，那有可能忽视我国协商民主的其他各种具体形式。"[1] 也有学者归纳了中国协商民主的发展轨迹，认为中国的协商民主是"先从政治领域起航，再到政治和社会两大领域齐头并进"[2]。党的十八届三中全会提出："构建程序合理、环节完整的协商民主体系，拓宽国家政权机关、政协组织、党派团体、基层组织、社会组织的协商渠道。深入开展立法协商、行政协商、民主协商、参政协商、社会协商。"[3] 2015年初颁发的中共中央《关于加强社会主义协商民主建设的意见》进一步把协商民主的渠道明确下来，除政协协商外，中国协商民主渠道还包括政党协商、人大协商、政府协商、基层协商、人民团体协商、社会组织协商等。也就是说，协商场域不再局限于人民政协，各民族、各阶层、各党派、各团体、各方面人士都可以参与协商；协商内容不再局限在政治领域，经济、文化和社会生活的方方面面都在可以协商的范围。协商民主的内容更宽、范围更广、形式和渠道更多。诸多形式的协商民主也没有主要和次要之分，它们都是社会主义协商民主体系的重要组成部分。

三是从理想、价值层面的协商民主深入到现实、制度创新层面的协商民主。在协商民主理论被引进中国的时候，学界的关注点在于作为"民主理论的一种新发展"的协商民主的概念、基本要素及其价值和意义，特别是协商民主与选举民主相比较的优势，协商民主如何弥补选举民主的不足、破解选举民主的困境。如《协商民主：概念、要素与价值》（陈家刚，《中共天津市委党校学报》2005年第3期）、《协商民主的价值和意义》（燕继荣，《科学社会主义》2006年第6期）等。

当理论之光照进现实之后，一些学者开始探索来自西方的协商民主理论

---

① 吴兴智：《协商民主与中国乡村治理》，《湖北社会科学》2010年第10期。
② 齐卫平、陈朋：《中国协商民主60年：国家与社会的共同实践》，《中国延安干部学院学报》2009年第5期。
③ 中共中央文献研究室：《十八大以来重要文献选编》（上），中央文献出版社2014年版，第528页。

在中国的适应性问题，开始涉及中国现实的政治实践。从 CNKI 的统计来看，国内较早介绍中国协商民主问题的是复旦大学林尚立教授。在《协商政治：对中国民主政治发展的一种思考》(《学术月刊》2003 年第 4 期) 一文中，他从民主程序的价值偏好选择角度考察了中国的民主政治。① 另外，浙江大学陈剩勇教授在《协商民主理论与中国》一文中提出，"虽然我国的民主政治建设过程中出现的问题与西方民主政治面临的问题存在阶段性的差异，但协商民主同样适用于中国。"② 上海师范大学朱勤军在其文章《中国政治文明建设中的协商民主探析》中重点分析了协商民主在中国的现实可行性以及如何吸取协商民主的理念、根据中国现实情况进行制度创新的问题。③ 这三篇文章目前在 CNKI 上以"协商民主"为篇名的文章中"被引用次数"排名分别是第一、第四和第六，表明国内学者已经开始将西方协商民主理论与中国现实国情结合起来，而且所产生的社会影响力较大、被关注程度较高。

源于西方的协商民主理论是否适合中国的民主政治环境，中国有没有协商民主的适用和生存空间？要回答这个问题，首先需要弄清楚的是我们所说的"协商民主"与西方"协商民主"理论之间存在一种怎样的关系。浦兴祖在文章《有关"协商民主"的三个关系》中对它们的异同作了说明，他指出：正是二者存在的相同相通之处决定了我们也可以使用"协商民主"的理论概念，而且应当注重吸取西方"协商民主"理论中对于我们有启迪意义的积极成分。它们之间存在的相异之处决定了我们不能生搬硬套西方的协商民主理论。④

中共中央统战部政策研究室的张献生、吴茜也持大致相同的观点，只不

---

① 林尚立：《协商政治：对中国民主政治发展的一种思考》，《学术月刊》2003 年第 4 期。

② 陈剩勇：《协商民主理论与中国》，《浙江社会科学》2005 年第 1 期。

③ 朱勤军：《中国政治文明建设中的协商民主探析》，《政治学研究》2004 年第 3 期。

④ 浦兴祖：《有关"协商民主"的三个关系》，《联合时报》2006 年 9 月 29 日。

过他们的侧重点在二者的相异之处。他们认为，虽然作为西方民主理论的新探索、新发展的协商民主可以作为发展社会主义民主政治的借鉴，但我国社会主义民主政治中的协商与西方的协商民主、与国内一些人提出的协商政治，在协商的原则、协商的基础、协商的体制机制、协商的理念方面都有重大的不同和区别，我们不能照搬照套西方的协商民主理论，不能将其作为我国社会主义政治文明建设的基本路径。在这个问题上，基本态度应当是：以我为主、为我所用。①

大部分学者还是强调协商民主在中国有广泛的适应性：协商民主虽然起源于西方，但是在中国也有着广泛的运用空间，协商民主的特点符合中国的传统文化和当前中国非竞争性的民主体制。② 虽然我国的民主政治建设过程中出现的问题与西方民主政治面临的问题存在阶段性的差异，但协商民主同样适用于中国。③ 就民主程序的价值而言，协商性民主比竞争性民主在我国更有适宜的土壤，协商民主是中国民主政治发展的方向。④

随后不久，国内更多的学者将协商民主理论与中国国情结合起来，如张献生等的《西方协商民主理论与我国社会主义民主政治》(《中国特色社会主义研究》2006 年第 4 期)、陈家刚的《协商民主与政治协商》(《学习与探索》2007 年第 2 期)、齐卫平等的《协商民主研究在中国：现实景观与理论拓展》(《学术月刊》2008 年第 5 期)、张爱军等的《协商民主的内在关联性及其定位——基于中西方协商民主发展的环境视角分析》(《中央社会主义学院学报》2008 年第 5 期)，等等。学界普遍认为，中国需要协商民主，协商民主是中国特色社会主义民主的重要形式，中国共产党的统一战线思想、中

---

① 张献生、吴茜：《西方协商民主理论与我国社会主义民主政治》，《中国特色社会主义研究》2006 年第 4 期。

② 马奔、周明昆：《概念、缘起及其在中国的运用》，《中国特色社会主义研究》2006 年第 4 期。

③ 陈剩勇：《协商民主理论与中国》，《浙江社会科学》2005 年第 1 期。

④ 胡月英：《协商民主视野下的中国政党制度》，《重庆社会主义学院学报》2005 年第 4 期。

国优秀的历史文化、中国的现实国情以及丰富的基层实践经验决定了中国的协商民主具有丰富的内生性资源及广阔的发展前景。

在达成上述共识的情况下，也有学者比较了中西方协商民主的区别，提出中国的协商民主实践不能过于依赖西方的协商民主理论。如齐卫平教授提出："中国的协商民主有其自身的生长逻辑和运作特征……用西方协商民主的理论框架来'矫正'中国的协商民主理论及其实践，既是非理性的也是毫无价值的。"① 北京大学金安平教授认为："西方的'协商民主'与中国已经存在着的政治协商是基于不同的原则和理念的。西方的'协商'民主更多的是一种理想追求，它属于价值层面的信念；而中国的'政治协商制度'则明显为实际运行的制度安排，属于经验层面的设计。"② 同时，她提出，我们可以在一种规范理论的启示下认真研究基于中国政治实践和政治资源的民主理论和模式的创造性转换。多数学者认为，如果简单地用来自西方的协商民主理论指导中国"内生的"协商民主实践，必然会出现"水土不服"的问题。但是，西方的协商民主理论毕竟是现代民主政治的重要发展和重大成果，而且与中国的协商民主实践在很多方面有共通和"耦合"之处，其中一些先进的理念、制度和方法对于中国的协商民主实践具有启示和借鉴意义。

随着协商民主理论研究与实践探索的深入，有学者结合中国多党合作的历史分析了中国协商民主的历史、经验；也有学者结合基层协商实践中的具体案例分析了协商民主的现实运行，包括浙江温岭市新河镇和泽国镇的民主恳谈会、杭州德加社区的"居民议事会"、深圳盐田的"社区议事会"、广州羊城的社区论坛、南京市民论坛等；学者们逐渐认识到不仅要发挥协商民主在中国历史悠久、经验丰富的优势，看到近年来协商民主的新进展和以后

---

① 齐卫平、陈朋：《中国协商民主60年：国家与社会的共同实践》，《中国延安干部学院学报》2009年第5期。

② 金安平、姚传明：《"协商民主"：在中国的误读、偶合以及创造性转换的可能》，《新视野》2007年第5期。

发展的前景，对这些鲜活的、丰富多样的协商民主实践进行经验总结，更要看到协商民主存在的问题及其实际运行和操作中存在的困难，包括协商主体的素质和能力问题、协商议题的确定问题、协商程序的规范化问题、协商形式的选择问题、协商民主如何制度化的问题、协商民主的运行环境的问题等。协商民主的施行还需要很多具体法律、制度的保障和完善，社会主义协商民主的广泛多层制度化发展还任重道远。

总之，十几年来，国内学界对协商民主的研究总体上呈现一种升温的态势，但在不同的年份呈现出不同的特点，特别是在 2005 年和 2012 年出现了两个大的增长拐点。2005 年以前，国内协商民主研究成果数量不多但影响较大，内容多集中于译介西方的协商民主理论。随着 2006 年初中共中央《关于加强人民政协工作的意见》的发布，协商民主研究开始改变零星、分散、不成规模的状况，在随后的几年里持续保持高温态势且相对稳定，研究内容也从译介西方转到探索中国实践，从政治领域的协商实践逐渐扩展到社会领域。党的十八大和十八届三中全会直接带来了协商民主的第二个研究高潮，此后的研究内容更多触及协商民主的实践形式、作用机理、制度和法治建设等深层次问题。2015 年年初，中共中央颁发了《关于加强社会主义协商民主建设的意见》，成为新时期指导协商民主建设的纲领性文件，协商民主研究也进入系统、整体、协同推进的阶段。

第二节　中国协商民主的特色和优势

中国特色社会主义协商民主是中国共产党和中国人民在民主形式、治理方式方面的伟大创造，是对马克思主义民主理论的丰富和发展，也是确保人民当家作主的重要形式之一。中国特色社会主义协商民主具有鲜明的中国特色、强大的比较优势和丰富的实践资源。

一、丰富悠久的内生资源

现代社会治理和国家治理需要以投票为核心的选举民主，选出具有专门知识的专家和精英来处理复杂的公共事务。但是，"投票实际上只是简单地聚合选民的利益倾向或偏好，其结果无法保证能够满足公共利益。代议体制已经无法有效实现民主政治的核心理想，基于自利观念的个人主义已经腐蚀了民主的核心理念，在一定程度上它已经和民主政府的良性运作不相容了"①。选举民主容易因缺少充分有效的公民参与而产生官僚政治、精英政治、寡头政治危险，造成多数人的暴政和政治冷漠、政治理性缺失、公共利益受损等问题。政治生态"实际上是政治系统运行散发出来的信息和导向，它对人们去追求什么有强烈的引导作用"②。上述政治生态问题呼唤产生一种能够引导公民广泛参与、平等协商、理性沟通的民主形式，协商民主正符合这种需要，有利于防范选举民主的风险、弥补选举民主的缺陷、化解选举民主带来的政治生态问题和危机。"协商民主理论是在政治学家针对代议制民主政治体制在当代发展过程中的局限，对民主本质进行了深入反思的结果，是对自由主义民主或选举民主过于强调自由而忽视平等之倾向的一种修正，是民主理论在当代的新发展。"③ 协商民主理论的产生，是对选举民主条件下政治生态问题的一种反思和应对，也是修正选举民主带来的政治生态问题的实践需求。

中国是世界上最大的发展中国家，中国的选举民主更容易受到地区发展不平衡、人口素质参差不齐等因素的影响而产生各种各样更为复杂的问题。另外，中国几千年封建社会培植的臣民文化导致公民民主意识赢弱、民众政治参与主动性缺失，一些选举活动特别是基层选举，常常需要在政党引导、

---

① 陈家刚：《协商民主与当代中国政治》，中国人民大学出版社 2009 年版，第 94 页。
② 王长江：《以党内民主改变政治生态》，《领导文萃》2015 年第 17 期。
③ 陈剩勇：《协商民主理论与中国》，《浙江社会科学》2005 年第 1 期。

行政强制甚至物质刺激的配合下才能进行。"协商民主是中国的创造，而中国现阶段民主政治中的这个创造的真正价值主要不是在于发明了协商民主的一系列形式，而在于把协商民主作为现阶段民主政治实践的主要形式，即以发展协商民主为重点。以发展协商民主为重点的潜在的也是更为实质性的含义是：不以发展选举民主为重点。这是中国民主政治建设以发展协商民主为重点的内在逻辑。"[1]

协商民主在中国有深刻的思想、理论和现实基础。我国以"和"为核心价值的传统政治文化承认、肯定多样性与多元化，强调、崇尚多元共存与和谐兼容，中国历史上倡导的"天下为公""中庸之道""和而不同""民本"思想等优秀文化传统为协商民主的产生提供了良好的精神资源和思想文化背景；马克思列宁主义统一战线理论和日益完善的民主政治理论为协商民主在中国的成长提供了理论前提和政治文化基础；近现代中国特定的政治生态环境则为协商民主提供了现实土壤。"中国特色社会主义协商民主是把'协商'看成比'竞争'更重要的民主实现手段的民主形式，是中国共产党团结全国人民，在长期革命、建设与改革过程中，发扬中国天下为公、兼容并蓄、求同存异等优秀政治传统，逐渐探索形成的能够避免西方主要国家'竞争性选举民主'弊病的特有民主形式。"[2] 简言之，中国的社会主义协商民主是内生的，是在中国特色社会主义理论体系和话语体系下的民主政治实现形式，具有鲜明的中国特色、文化背景和时代特征。"中国政治发展的现实条件、承担的历史责任和基本政治理念，共同决定了在中国民主政治发展的程序选择必须以协商为价值偏好。"[3]

---

[1] 房宁：《协商民主是当代中国民主的重要特色》，《中国政协理论研究》2018年第4期。

[2] 胡雪莲：《我国主流媒体对社会主义协商民主的促进作用》，《马克思主义研究》2018年第5期。

[3] 林尚立：《协商政治：对中国民主政治发展的一种思考》，《学术月刊》2003年第4期。

二、广泛多层的协商体系

中国共产党是中国特色社会主义事业的领导核心，体现在政治制度体系中，就是对中国革命、建设和改革各个阶段的重大决策和制度进行总体设计和战略指导，并提出一系列具有全局性、统领性、宏观性的大概念、大理论，如毛泽东思想、邓小平理论、"三个代表"重要思想、科学发展观、习近平新时代中国特色社会主义思想以及"三大改造""四项基本原则""社会主义初级阶段""社会主义市场经济体制"等具有指引性、方向性的指导思想、政策理念和战略构想。

"协商民主体系"也是其中的一个大概念。党的十八大从顶层设计的高度回应了我国日益蓬勃发展的协商民主实践，明确提出要"健全社会主义协商民主制度""完善协商民主制度和工作机制，推进协商民主广泛、多层、制度化发展"①，这标志着协商民主体系化、制度化建设被提上日程，如果说党的十八大之前的协商民主是"摸着石头过河"的过程，"摸着石头过河"的确推动了协商民主的"广泛""多层"发展，但"制度化"不足成为协商民主"常态化""规范化"发展的瓶颈。党的十八大之后的协商民主更加注重"制度化"建设，注重"顶层设计"和"摸着石头过河"相结合。此后，协商民主格局逐渐清晰。十八届三中全会进一步提出"协商民主体系"的概念，明确了"构建程序合理、环节完整的协商民主体系"的任务，对协商民主体系作了全面的规划和部署，并提出要拓宽"国家政权机关、政协组织、党派团体、基层组织、社会组织"② 5 条协商渠道，直接释放出启动协商民主建设整体推进的信号。2014 年，在庆祝中国人民政治

---

① 中共中央文献研究室：《十八大以来重要文献选编》（上），中央文献出版社 2014 年版，第 21 页。

② 《中共中央关于全面深化改革若干重大问题的决定》，《人民日报》2013 年 11 月 16 日。

协商会议成立 65 周年的讲话中，习近平总书记提出"要拓宽中国共产党、人民代表大会、人民政府、人民政协、民主党派、人民团体、基层组织、企事业单位、社会组织、各类智库等"① 10 条协商渠道，并提出要"深入开展政治协商、立法协商、行政协商、民主协商、社会协商、基层协商等多种协商"②，为协商民主体系的形成勾勒框架基础。2015 年初，中共中央颁发了《关于加强社会主义协商民主建设的意见》，这一文件又进一步将协商民主归纳为 7 条渠道，并把这 7 条渠道分成了 3 个层次，即"继续重点加强政党协商、政府协商、政协协商，积极开展人大协商、人民团体协商、基层协商，逐步探索社会组织协商"③。至此，我国由 3 个层次 7 条渠道构成的社会主义协商民主体系形成。党的十九大把"发展社会主义协商民主"作为新时代中国特色社会主义的基本方略之一，并对如何完善社会主义协商民主做了重要部署，为进一步推进社会主义协商民主建设提供了基本遵循和行动指南。

在 7 条协商渠道之中，政党协商位列榜首。在推动协商民主整体协调发展方面，政党协商具有其他协商不具有的优势和条件。"政党是把一端架在社会，另一端架在国家上的桥梁。如果改变一种表达方式，那么政党就是把社会中思考和讨论的水流导入政治机构的水车并使之转动的导管和水闸。"④在现代社会中，政党是保障国家和社会有效运转的核心要素。在中国，政党"关联我国政党制度和协商民主制度，深深嵌入了我国的国家治理体系"⑤。《关于加强社会主义协商民主建设的意见》提出要"继续重点加强政党协商"，"继续"和"重点"二词强调了政党协商在协商民主体系中的重要地位。政党协商是中国共产党与各民主党派、无党派人士在革命、建设和改革

---

① 《习近平谈治国理政》第二卷，外文出版社 2017 年版，第 297 页。
② 《习近平谈治国理政》第二卷，外文出版社 2017 年版，第 297 页。
③ 中共中央文献研究室：《十八大以来重要文献选编》(中)，中央文献出版社 2016 年版，第 293 页。
④ 王长江：《现代政党执政规律研究》，上海人民出版社 2002 年版，第 42 页。
⑤ 孙春兰：《着力推动政党协商深入发展》，《求是》2015 年第 11 期。

的不同时期协商和合作的产物。从协商形式上看，政党协商已经从新中国成立初期的"双周座谈会""协商议事会"发展为包括茶话会、座谈会、约谈沟通会、专题协商会以及书面沟通协商等在内的形式多样、机制健全的协商形式。

人民代表大会是我国根本政治制度的核心和组织形式，兼具权力机关和民意代表机关双重性质，具有立法权、任免权、监督权、重大事项决定权等职权，这奠定了人大协商在协商民主体系中的不可替代的地位。在人大工作中加强协商民主建设，能够为协商民主的广泛、多层、制度化发展开拓更为广泛的空间，同时凸显人民代表大会制度的"人民性"特征和优势。人大协商主要包括立法工作协商、监督工作协商、决定重大事项工作协商、选举任免工作协商和人大代表工作协商等。其中，立法协商是人大协商工作的重点领域，今后应建立健全人大主导立法工作的体制机制。

政府协商是协商民主在国家行政领域运行的协商民主形式。政府是国家政权机关的行政机关，是国家治理体系的重要组成部分，是政府协商的实施主体。随着政府管理向政府治理的转型，以政府机关为主体的行政协商、政府协商生发出来并不断得以发展。在协商过程中，一方面政府是推动者和组织者，为协商提供场所、制定规则；另一方面，政府也是参与协商的主体。因此，政府必须处理好权力与责任之间的关系，确保协商信息的公开、协商程序的合法、协商结果的公正等，推动以协商信息公开、协商结果反馈等为代表的协商运行机制的完善。

政协协商是以人民政协这一组织形式为依托、通过各种方式、围绕团结与民主两大主题开展协商的重要渠道。在国家层面，政协组织已经形成包括提案、经济、外事、教科文卫体等若干专门委员会在内的协商组织，在地方上已经建立了省市县三级政协会议组织。以政协会议为核心，包括政协全体会议、主席会议、常务委员会议、秘书长会议、政协党组受党委委托召开的座谈会、各专门委员会会议、常务委员专题协商会、内部协商会议等协商方式，形成了包括专题协商、对口协商、界别协商、提案办理协商等多种协商形式。

人民团体协商既不同于多发生在国家政治层面的政治协商，又不同于多发生于城乡社会自治领域的基层协商，而是发生在二者之间的中间层次的协商。① 通过发挥人民团体的桥梁和纽带作用，能够增强党的合法性基础，有效实现政治整合和社会动员。今后，"人民团体要健全直接联系群众工作机制，及时围绕涉及所联系群众切身利益的问题开展协商。拓展联系渠道和工作领域，把联系服务新兴社会群体纳入工作范围，增强协商的广泛性和代表性。积极发挥对相关领域社会组织的联系服务引领作用，搭建相关社会组织与党委和政府沟通交流的平台"②。

基层协商是"解决人民要解决的问题"的直接通道。"涉及人民群众利益的大量决策和工作，主要发生在基层。要按照协商于民、协商为民的要求，建立健全基层协商民主建设协调联动机制，稳步开展基层协商，更好解决人民群众的实际困难和问题，及时化解矛盾纠纷，促进社会和谐稳定。"③基层协商由三部分构成，乡镇、街道的协商，行政村、社区的协商以及企事业单位的协商。乡镇、街道的协商是在基层行政区划层次上的协商，行政村、社区的协商是基层自治视角的协商，企事业单位的协商是发生在众多基层单位内部的协商。

社会组织是社情民意的"晴雨表"，是群众利益的汇集器。社会组织协商能够对隐藏在社会中的顽固矛盾甚至是冲突起到提示和预警作用。社会组织本身具有的专业性、自治性和自主性使得它能够独立于政府、企业等主体之外。由于传统体制的制约造成的法制法规不健全和扶植政策不到位，我国的社会组织起步晚、发展时间短，自身管理也存在一定缺陷。目前社会组织

---

① 刘冰、布成良：《人民团体在中国协商民主中的作用》，《山东社会科学》2015年第4期。

② 中共中央文献研究室：《十八大以来重要文献选编》(中)，中央文献出版社2016年版，第297页。

③ 中共中央文献研究室：《十八大以来重要文献选编》(中)，中央文献出版社2016年版，第298页。

协商比较羸弱，协商治理能力不强，因此社会组织协商还需要继续在探索中成熟和完善。

三、良好的政治生态保障

顶层设计和制度安排为协商民主提供了制度环境。"在西方国家治理实践中的协商民主采用的'公民陪审团'、'共识会议'、'民意测验日'、'协商日'等制度，是对代议制民主的补充性制度安排，只是为克服代议制缺陷而嵌入的弥补性治理方式，并非根本性的制度设计。"① 与西方国家不同，我国的协商民主是中国社会主义政治制度体系的重要组成部分。"协商民主深深嵌入了中国社会主义民主政治全过程。中国社会主义协商民主，既坚持了中国共产党的领导，又发挥了各方面的积极作用；既坚持了人民主体地位，又贯彻了民主集中制的领导制度和组织原则；既坚持了人民民主的原则，又贯彻了团结和谐的要求。所以说，中国社会主义协商民主丰富了民主的形式、拓展了民主的渠道、加深了民主的内涵。"②

2006 年《中共中央关于加强人民政协工作的意见》明确把新中国成立以来选举民主和协商民主相结合的政治实践写到中央文件之中："人民通过选举、投票行使权利和人民内部各方面在重大决策之前进行充分协商，尽可能就共同性问题取得一致意见，是我国社会主义民主的两种重要形式。"③ 次年发表的《中国的政党制度》白皮书第一次直接把"选举民主与协商民主相结合"作为"中国社会主义民主的一大特点"提出来。党的十八大报告从顶层设计的高度提出了"完善协商民主制度和工作机制，推进协商民主

---

① 陈炳辉：《国家治理复杂性视野下的协商民主》，《中国社会科学》2016 年第 5 期。

② 《习近平谈治国理政》第二卷，外文出版社 2017 年版，第 294 页。

③ 中共中央文献研究室：《十六大以来重要文献选编》(下)，中央文献出版社 2008 年版，第 260 页。

广泛、多层、制度化发展"① 的任务。在此基础上，十八届三中全会进一步提出了"协商民主体系"的概念，2015 年初中共中央颁发的《关于加强社会主义协商民主建设的意见》勾勒了由 7 条协商渠道共同构成的协商民主体系。

党的领导和基层党组织的功能转型为协商民主提供了政治和组织保障。在中国政治生态链中，中国共产党处于核心地位，在所有的政治力量中，只有中国共产党具有把不同政党、不同民族、不同宗教信仰、不同界别、不同阶层调动和组织起来并为他们的政治参与、利益诉求提供有组织的、合法的渠道的能力和条件。党的十八大报告提出了"以服务群众、做群众工作为主要任务，加强基层服务型党组织建设"② 的任务，2014 年中共中央办公厅专门印发了《关于加强基层服务型党组织建设的意见》，明确了基层服务型党组织建设的意义、要求、任务、方法、措施等内容，为加强基层服务型党组织建设提供了遵循。衡量基层服务型党组织建设的成效，不仅要看基层党组织有没有坚强有力的领导班子和本领过硬的骨干队伍，还要看基层党组织的服务场所是否功能实用、服务载体和形式是否多样、服务制度和机制是否健全完善、服务业绩是否能够得到群众的认可。全国各地涌现出的协商民主创新思路、做法和经验很多是在探索基层服务型党组织建设过程中产生的。没有基层党建的引领和基层服务型党组织的保障，基层协商民主就失去了政治方向、组织资源，也不会创造蓬勃发展的奇迹。

群众路线为协商民主提供价值导向和实践资源。"一切为了群众、一切依靠群众，从群众中来、到群众中去"的群众路线是党在长期的革命、建设和改革实践中总结出的重要法宝，是党的根本工作路线。同时，群众路线还是一个有关民主管理和民主决策的方法问题，是我国实行协商民主必须坚持的立场和方法问题。"一切为了群众"是协商民主的出发点和落脚点，无

① 中共中央文献研究室：《十八大以来重要文献选编》（上），中央文献出版社 2014 年版，第 21 页。

② 中共中央文献研究室：《十八大以来重要文献选编》（上），中央文献出版社 2014 年版，第 42 页。

论协商什么、与谁协商、怎样协商，都是为了实现群众的利益；"一切依靠群众"规定了协商民主的主体和对象，群众是协商民主的力量源泉，要相信群众的能力并把群众组织起来；"从群众中来，到群众中去"，即公共政策建立在深入基层、深入群众进行调研，集中群众意见的基础上，并最终运用到维护群众利益的实践中。"一个政党，一个政权，其前途命运最终取决于人心向背。中国共产党、中华人民共和国的全部发展历程都告诉我们，中国共产党、中华人民共和国之所以能够取得事业的成功，靠的是始终保持同人民群众的血肉联系、代表最广大人民根本利益。如果脱离群众、失去人民拥护和支持，最终也会走向失败。我们必须把人民利益放在第一位，任何时候任何情况下，与人民群众同呼吸共命运的立场不能变，全心全意为人民服务的宗旨不能忘，坚信群众是真正英雄的历史唯物主义观点不能丢。"① 因此，群众路线是协商民主的灵魂，它不仅能够从价值、理念的高度为协商民主提供根本原则和方向引领、方法指导，而且确定了协商的主体、协商的内容、协商的方式方法。另外，群众路线为协商民主的发展提供了丰富的实践资源。各地在贯彻群众路线的过程中创造性地开展了各具特色的机制和形式，如民主恳谈、居民议事会、社区论坛、村民代表会议等，使群众路线以制度化的形式稳定下来。

四、统筹协调的推进路径

我国协商民主理论与实践总体上经历了一个从单一到多元，从理想到现实，从零敲碎打、单兵突进逐渐到系统整体协同推进的过程和趋势。在我国，无论是政治领域还是社会领域的协商民主，起初都是先从实践破题，边尝试探索边摸索经验、总结规律，然后再推进推广、制度提升。正是这种渐进、温和的"摸着石头过河"的办法创造了改革开放以来我国协商民主

---

① 《习近平谈治国理政》第二卷，外文出版社 2017 年版，第 295 页。

"广泛""多层"蓬勃发展的奇迹。目前,我国的协商民主是多层次、多主体、多领域、多场合、多形式的协商民主。从纵向上看,协商民主贯穿于从中央到地方、基层多个层级;从横向上看,协商民主内容已经广泛渗透到国家政治社会生活的各个方面;从形式看,协商民主不再局限于人民政协内部,也不再局限于中国共产党同各民主党派之间的政治协商,而是作为社会主义民主政治的独特优势,存在于政党、政府、政协、人大、人民团体、基层以及社会组织;从协商主体看,协商民主的主体涵盖了各党派、各民族、各团体、各阶层等社会各界、各方面人士。协商民主就是要充分尊重群众意愿和首创精神,高度关注人民群众的切身利益,通过各种方式、在各个层级、各个方面的协商,求得最大公约数。

《关于加强社会主义协商民主建设的意见》提出,协商民主是我国"政治体制改革的重要内容",并立足于我国正处在全面建成小康社会的决定性阶段,用"四个面对"和"五个有利于"阐述加强协商民主的重要意义。"四个面对",就是我们今天推进政治体制改革和民主政治建设,必须"面对改革开放进程中利益格局深刻调整的新形势,面对社会新旧矛盾相互交织的新变化,面对市场经济条件下思想观念多元多样的新情况,面对世界范围内不同政治发展道路竞争博弈的新挑战"①。我国的政治体制改革已进入"深水区",因此需要"驾船过河"。为避免"迷向"和"偏航",必须为"船"安装"导航仪"和"定位器",其中一个重要的方面就是把之前"摸着石头过河"时"摸"出来的经验和规律上升为制度、法律。在此大格局大视野下将发展社会主义协商民主作为政治体制改革的重要内容,表明党更加清醒地认识到当前价值观多元、民主参与热情高涨、利益诉求多样、矛盾冲突凸显、群体性事件高发的实际情况。"五个有利于",就是我们在政治体制改革和民主政治建设中推进协商民主广泛多层制度化发展,"有利于扩

---

① 中共中央文献研究室:《十八大以来重要文献选编》(中),中央文献出版社2016年版,第292页。

大公民有序政治参与、更好实现人民当家作主的权利，有利于促进科学民主决策、推进国家治理体系和治理能力现代化，有利于化解矛盾冲突、促进社会和谐稳定，有利于保持党同人民群众的血肉联系、巩固和扩大党的执政基础，有利于发挥我国政治制度优越性，增强中国特色社会主义道路自信、理论自信、制度自信"①。

推动协商民主的整体协调发展，就是要为政治体制改革提供不断完善和及时纠错的机会，降低改革的风险，同时改变各自为战的局面、节约改革的成本；就是要提高决策的科学性、增强改革措施的协调性，同时确保高层决策切合实际又与时俱进；就是要减少精英民主的弊端、摆脱西方民主话语带来的压力，同时又避免出现改革成果得不到支持、保障、推广甚至半途而废、"枪打出头鸟"的现象，更有利于从全局和整体上谋划、从高层和宏观上统筹、从系统上协调和督促落实政治体制改革和协商民主建设。

新时代我国社会主义协商民主不断推进。除了上述顶层制度安排，党中央还先后出台了专门针对人民政协协商民主的实施意见——《关于加强人民政协协商民主建设的实施意见》，专门规范城乡社区协商工作的文件——《关于加强城乡社区协商的意见》，专门规范政党协商的文件——《关于加强政党协商的实施意见》。这些具体的、专门的实施意见紧锣密鼓地出台，表明中国协商民主正在作别单纯的局部性、渐进性、摸索性进路，并在继续鼓励探索、试错、实践调适的基础上寻求整体性、系统性路径。这条路径正在成为协商民主建设的常规化路径。

党的十九大报告进一步提出："要推动协商民主广泛、多层、制度化发展，统筹推进政党协商、人大协商、政府协商、政协协商、人民团体协商、基层协商以及社会组织协商。"② 推进协商民主整体协调发展，需要宏观上

---

① 中共中央文献研究室：《十八大以来重要文献选编》（中），中央文献出版社 2016 年版，第 292 页。

② 习近平：《决胜全面建成小康社会　夺取新时代中国特色社会主义伟大胜利——在中国共产党第十九次全国代表大会上的报告》，人民出版社 2017 年版，第 38 页。

的统筹协调和具体的实施方案，需要体制机制的规范和法治体系和运行环境的保障，需要点、线、面结合，虽然这项工作已经开始并取得了一些成绩，但仍然需要进一步推进。协商民主建设的整体推进，重在改变以往的零敲碎打、单兵突进的路子，实现各个领域、各个层次、各个方面的全覆盖。协商民主的协调发展，是要在全覆盖的基础上统筹、协调各方力量，合作互动、优势互补，从而以强带弱、以先进带后进，促进各种协商的共同发展和繁荣。协商民主的协调发展包含两个方面：一是横向上的协调性。推动协商民主整体、协调发展，需要不同协商渠道和形式之间的联合、互动。二是纵向上的协调性。社会主义协商民主既是价值理想，又是政治制度和治理形式，更是社会实践和生活方式，需要加强顶层设计与"摸着石头过河"相结合，需要高层价值引领和蓝图构建、中层制度设计和政策规范、基层实践探索和经验摸索相互结合、相互促进，这是协商民主整体推进协调发展的内在要求。

"社会主义协商民主，应该是实实在在的、而不是做样子的，应该是全方位的、而不是局限在某个方面的，应该是全国上上下下都要做的、而不是局限在某一级的。"① 统筹推进各种形式的协商民主共同发展，是今后协商民主的基本方向，是新时代中国特色社会主义协商民主建设的战略任务和基本路径。推进协商民主整体协调发展既需要破解体制上存在的协商机会欠均等、协商渠道不够通畅、协商主体地位欠平等、协商内容不够具体明确、协商程序不够规范、协商资源不够充分、协商监督和反馈机制不够健全等问题，也需要在各种协商形式和渠道之间建立一种资源共享和沟通交流的机制，避免各种协商之间的"自娱自乐"现象，打通各种协商渠道之间的壁垒，增强协商民主体系的合力。同时，还要把推进协商民主作为一种责任、一种使命、一种习惯，使协商民主真正成为化解矛盾、促进和谐、提高治理成效、促进科学决策、巩固党的执政基础、改善党群干群关系的一剂良药。

---

① 《习近平谈治国理政》第二卷，外文出版社 2017 年版，第 297 页。

第一章 政党协商

"政党协商是中国共产党同民主党派基于共同的政治目标，就党和国家重大方针政策和重要事务，在决策之前和决策实施之中，直接进行政治协商的重要民主形式。"① 政党协商在我国协商民主体系中地位突出。统筹推进我国协商民主体系，需要政党协商与其他协商的协同联动，需要发挥政党协商对其他协商的引领、辐射作用。进一步加强和完善政党协商，需要明确协商双方的权责、细化协商内容、规范协商程序、健全协商机制。

第一节 民主党派的政党特殊性

性质是一种事物区别于其他事物的根本属性。政党性质是一个政党所固有的特殊品质或质的规定性，是一个政党区别于其他政党的根本属性。准确定位政党协商在协商民主体系中的地位和作用，首先需准确理解民主党派的性质、肯定民主党派的作用。

一、民主党派性质的曲折演进

政党的性质会随着历史的发展而发生变化。我国民主党派的性质先后经

---

① 《中办印发〈关于加强政党协商的实施意见〉》，《人民日报》2015 年 12 月 11 日。

历了旧民主主义政党、新民主主义政党、"资产阶级性"的政党、为社会主义服务的参政党、中国特色社会主义参政党这样一个曲折演进的过程。

（一）具有阶级联盟特点的旧民主主义政党

从成立时起，民主党派就具有典型的阶段联盟的特点。中国各民主党派是在国共两大党尖锐斗争的基本格局下逐渐孕育、产生的，所代表的是介于国共两党之间的中间势力，即民族资产阶级、城市小资产阶级以及它们的知识分子。在半殖民地半封建的社会历史条件下，民族资产阶级具有反帝反封建的革命性，同时又缺乏彻底的反帝反封建的勇气，具有妥协性。城市小资产阶级受帝国主义和官僚资本主义的压迫，有很强的革命性，同时有较大的散漫性，又经常处于资产阶级的影响之下，因此，不可能成为独立的政治力量。特别是在国共两党针锋相对的斗争中，处于两党之间的民族资产阶级和城市小资产阶级以及它们的知识分子，它们的发展空间十分有限，只能组成阶级联盟，而不可能产生强大的具有中间性质的政党。对此，周恩来这样说："旧中国外有帝国主义的侵略，内有封建主义的压迫，民族资产阶级软弱性和动摇性这个'肺病'是先天不足遗传下来的，一开始就没有力量，没有形成强大的政党。"①

民主革命时期的民主党派仍是旧民主主义政党。中国革命的领导权由哪个阶级掌握是区别中国新旧民主革命的重要标志；承认不承认中国共产党对中国革命的正确领导，是区分一个政党和政治团体政治属性的重要标志。1948年"五一口号"发布以前，民主党派并没有承认中国共产党的领导地位，它们在充当国共两党之争调停者角色的同时，希望在国共两党之间走一条自己的道路，在中国建立欧美式的资产阶级民主共和国，因而其政治理想基本上还属于资产阶级民主的范围。如民盟在京招待记者时声明保持第三者的地位："民盟从成立的时候起，就决定站在第三者的立场，努力调解国共

---

① 《周恩来统一战线文选》，人民出版社1984年版，第173页。

的武力冲突。"①

但是，由于国民党的打压，民主党派的组织被宣布为非法，一些民主党派的重要成员被国民党政府杀害，使一些人走"第三条道路"、建立"中国型民主"的愿望化为泡影，民主党派建立资产阶级共和国的幻想也只能是幻想，最终"只能在靠近共产党或靠近国民党中选择道路，而不能有其他道路"②。"五一口号"之后，各民主党派在中国共产党爱国民主统一战线的鼓舞下，在中国共产党组织的帮助、推动下，抛弃了中间路线，开始走上接受中国共产党领导的道路。

（二）具有阶级联盟特点的新民主主义政党

1948年4月30日，中国共产党为动员全国各阶层人民实现建立新中国的光荣使命，发布了纪念"五一"劳动节口号。"五一口号"一经发布，各民主党派即热烈响应，标志着民主党派抛弃了"不右倾、不左袒"的"中间路线"，公开、自觉地接受了中国共产党的领导，接受了新民主主义的路线、方针、政策等政治原则和政治方向，也标志着民主党派坚定地走上了新民主主义的道路。新中国成立后，各民主党派纷纷召开全国代表大会或中央会议，修订章程，声明自觉自愿地接受中国共产党的领导，并在自己的章程中确认他们的新民主主义性质。

从社会基础看，从"五一口号"直到1956年社会主义改造完成之前，民主党派大致可以分为三类情况：第一类是以资产阶级知识分子和民族资产阶级工商业者为主要成分的政党，如民革、民建。第二类是以小资产阶级知识分子为主要成分的政党，包括民盟、民进、农工党、九三学社。第三类是阶级性质不明确但有特殊联系对象的政党，如致公党、台盟。无论属于哪一

---

① 陈竹筠、陈起城：《中国民主党派历史资料选辑》（上），华东师范大学出版社1985年版，第260页。

② 《周恩来选集》（上），人民出版社1980年版，第285页。

类，八个民主党派的阶级联盟特点没有改变，他们无一例外都仍然是民族资产阶级、小资产阶级及其知识分子的阶级联盟特点的政党。

虽然民主党派的阶级联盟特点依然存在，但是，与民主革命时期相比，新中国成立后民主党派的成员更加纯洁、组织更加健全。新中国成立之初，各个民主党派都进行了严格的整顿和清理工作，清洗了混进民主党派组织的反革命分子和政治面目不清的人，对各自所联系的阶级阶层依据历史渊源进行了相对的分工。过渡时期总路线提出以后，各民主党派所代表的阶级和阶层也经历了深刻的社会主义改造，中国共产党还根据民主党派的社会基础状况，提出要"使民主党派的分子逐步进入社会主义"①。从此，各民主党派选定了为社会主义服务的方向，其成员也积极投入到社会主义改造和建设中去。需要注意的是，这一时期的民主党派成员还处于逐步改造之中，在各民主党派内部，虽然社会主义思想的影响日益增强，资本主义思想已日益削弱，但总的来说，各民主党派仍然是具有阶级联盟特点的新民主主义性质的政党。

（三）具有政治联盟特点的为社会主义服务的政党

1956 年年初，随着生产资料私有制的社会主义改造取得决定性的胜利，社会主义经济制度在我国开始建立，中国的政治形势和阶级关系发生了变化。在 1956 年 9 月中共八大政治报告中，根据我国社会主义改造基本完成后阶级关系的变化，刘少奇指出："中国各民主党派的社会基础是民族资产阶级、上层小资产阶级和它们的知识分子。在社会主义改造基本完成以后，民族资产阶级和上层小资产阶级的成员将变成社会主义的劳动者的一部分。各民主党派就将变成这部分劳动者的政党。"② 这就肯定了民主党派的政治面貌和组织面貌都起了根本性的变化，民主党派成员的构成和联系的范围虽然仍较广泛，但已不再是资产阶级和小资产阶级的政党，不再具有阶级联盟

---

① 《周恩来统一战线文选》，人民出版社 1984 年版，第 248 页。
② 《刘少奇选集》（下），人民出版社 1985 年版，第 246 页。

的特点，而转变为一部分社会主义劳动者和爱国者的为社会主义服务的政党。

（四）"资产阶级性"的政党

随着对生产资料私有制的社会主义改造的基本完成，民主党派的性质实现了根本转变。但是，由于中国共产党内"左"倾错误的发展，自 1957 年 6 月全国范围的反右派斗争开始后，中国共产党关于民主党派性质的提法摇摆不定，多次反复。8 月 29 日，《人民日报》发表社论文章《各民主党派的严重任务》，指出："就现状说，各民主党派在总的方面还是资产阶级性的政党，还没有成为真正为社会主义服务的政治力量。"① 对此，有的学者指出："在政治上，本来已经宣布知识分子是工人阶级的一部分，却又重新给知识分子戴上资产阶级知识分子的帽子；本来交出生产资料的工商业者已经处于由剥削者向劳动者转变的过程中，却又断言'他们基本上没有抛弃资产阶级的反动立场'；本来已经承认民主党派是为社会主义服务的政治团体，却又简单地宣称'他们过去和现在都是资产阶级政党'，几近把民主党派及其成员在社会主义革命和建设中的贡献一笔抹煞。民主党派面临存亡的危机，政治地位一落千丈。"② 民主党派被定性为资产阶级政党，这违背了实事求是的原则，也挫伤了民主党派的积极性。

（五）具有政治联盟特点的为社会主义服务的参政党

党的十一届三中全会后，中共中央在政治上大力拨乱反正，全面落实统一战线政策，对民主党派的性质、任务和作用都作了明确的规定。根据国内阶级状况的根本变化和民主党派新的政治表现，在 1979 年全国政协五届二次会议开幕词中，邓小平正式宣布：我国的民主党派"都已经成为各自所联系的一部分社会主义劳动者和一部分拥护社会主义爱国者的政治联盟，都

---

① 《各民主党派的严重任务》，《人民日报》1957 年 8 月 29 日。
② 萧超然、晓韦：《当代中国政党制度论纲》，黑龙江人民出版社 2000 年版，第 86—87 页。

是在中国共产党领导下为社会主义服务的政治力量"①。在中共中央正确思想的指引下，各民主党派于1979年10月11日至22日分别召开了中断约20年之久的全国人民代表大会，修订章程，对各自党派的性质重新界定，一致认定自己的政治联盟特点和"为社会主义服务"的政党性质。

1989年，《中共中央关于坚持和完善中国共产党领导的多党合作和政治协商制度的意见》（14号文件）发布。14号文件明确指出："中国共产党是社会主义事业的领导核心，是国家的执政党。各民主党派是各自所联系的一部分社会主义劳动者和一部分拥护社会主义的爱国者的政治联盟，是接受中国共产党领导的，同中国共产党通力合作、共同致力于社会主义事业的亲密友党，是参政党。"② 至此，我国的民主党派有了明确的定性。1993年，民主党派的"参政党"地位被写入宪法。民主党派成为与执政党一样享有宪法规定的权利义务范围内的政治自由、组织独立和法律地位平等的政党。2002年党的十六大明确提出，在社会变革中出现的新的社会阶层都是中国特色社会主义事业的建设者，2004年全国人大十届二次会议新修订的宪法增加了"社会主义事业的建设者"的内容。这样，民主党派就从"劳动者"和"爱国者"的政治联盟，发展成为"劳动者""建设者"和"爱国者"的政治联盟。2005年颁发的《中共中央关于进一步加强中国共产党领导的多党合作和政治协商制度建设的意见》对民主党派在新世纪新阶段的性质再次予以明确肯定并进一步完善："在新世纪新阶段，民主党派是各自所联系的一部分社会主义劳动者、社会主义事业建设者和拥护社会主义爱国者的政治联盟，是接受中国共产党领导、同中国共产党通力合作的亲密友党，是进步性与广泛性相统一、致力于中国特色社会主义事业的参政党。"③

---

① 《邓小平文选》第二卷，人民出版社1994年版，第186页。
② 中共中央文献研究室：《十三大以来重要文献选编》（中），人民出版社1991年版，第822页。
③ 中共中央文献研究室：《十六大以来重要文献选编》（中），中央文献出版社2005年版，第674页。

（六）中国特色社会主义参政党

2013 年初，习近平总书记在与党外人士共迎新春时明确提出：各民主党派是与中国共产党通力合作的中国特色社会主义参政党。2015 年颁发的《中国共产党统一战线工作条例（试行）》对民主党派的性质进行了新的界定，"民主党派是接受中国共产党领导、同中国共产党通力合作的亲密友党，是中国特色社会主义参政党"①。这一论述，是对我国各民主党派的政党性质和政治地位的科学论断。这一论断，将中国特色社会主义与参政党直接联结起来，正面回答了新世纪新阶段中国参政党姓"社"的根本问题。中国共产党与各民主党派的合作是建立在共同思想政治基础上的，在今天，这个共同思想政治基础就是中国特色社会主义。"中国特色社会主义参政党"的提出，表明了民主党派的中国特色社会主义性质，"这是中国共产党对民主党派自身发展光辉历程的充分肯定，是对各民主党派同中国共产党同舟共济光辉历史的充分赞誉，也是对民主党派在致力于中国特色社会主义伟大事业中形成的时代进步性给予的科学判断和实事求是的评价，反映了民主党派在与中国共产党团结合作中不断进步和发展的历史规律，深刻揭示了各民主党派是坚持和发展中国特色社会主义的重要力量，充分肯定了各民主党派在中国特色社会主义伟大事业中的重要地位和作用，必将进一步增强民主党派的主人翁责任感和使命感，进一步增强民主党派对中国共产党的领导、中国特色社会主义道路的政治认同，进一步调动他们致力于中国特色社会主义事业的积极性，进一步推进团结、合作、和谐的政党关系的发展，为坚持和发展中国特色社会主义、实现中华民族伟大复兴的中国梦增添新的动力"②。

---

① 《中国共产党统一战线工作条例（试行）》，《人民日报》2015 年 9 月 23 日。
② 袁廷华：《"中国特色社会主义参政党"的提出、内涵及意义》，《中央社会主义学院学报》2014 年第 2 期。

二、民主党派的政党特色

民主党派的政党特色突出地表现在三个方面：在社会基础上，民主党派的阶级性不明显，而具有鲜明的政治联盟特点；在党际关系上，民主党派不与中国共产党竞争政权，而是接受中国共产党领导、同中国共产党通力合作的亲密友党；在党政关系上，民主党派既不是执政党，也不是在野党或反对党，而是中国特色社会主义参政党。

（一）社会基础：政治联盟

马克思主义认为，政党是阶级的政治组织，是特定阶级利益的集中代表者，阶级性是政党的本质属性。一般来讲，考察一个政党的性质，通常首先从其成员的构成和阶级成分入手，判断其阶级属性。但是，随着现代社会的发展、阶级阶层的复杂化，政党和阶级的关系出现了许多新的复杂、特殊的情况：有时一个阶级不只有一个政党，而是有几个甚至多个政党；有时一个政党不只是由一个阶级创立，而是几个阶级联合成立一个政党；等等。

在资本主义发展的早期，政党的阶级性非常明显，阶级立场非常鲜明：资产阶级政党毫不回避地宣称代表资产阶级的利益，无产阶级政党公开维护无产阶级的利益。第二次世界大战以后尤其是 20 世纪 80 年代以来，科技革命和经济全球化，引发了产业结构、社会结构的深刻变化。这些变化的直接后果是塑造了一批不同于传统工人阶级和资产阶级的中产阶级，也有人称之为中间阶层。随着这一阶层的崛起和政治影响的扩大，其政治态度成为左右政治局势的关键因素。出于选举和执政的需要，西方政党开始抛开原有的阶级立场，转而向中间靠拢：右翼政党不再赤裸裸地宣称代表资产阶级利益，制定政策时借用左翼倡导的社会公正思想，注意考虑到中间阶层的利益；左翼政党也通过纲领政策的调整逐渐走上"全民党"的道路，号称是全体人民的党。如德国社会民主党强调必须得到多个社会群体的支持，组建"在社会和文化上更加复杂、更加多元化的公民联盟"①,"德国社会民主党已经从一个要求进行革命的无产阶级的阶级政党发展成为一个包括广大公民阶层在内的改良主义方向的全民党"②。这样,政党原有的阶级界限、社会基础、政策分野日趋模糊和淡化,出现了"左翼不左,右翼不右"的现象。对于这种趋向,有学者分析指出:"政党具有两种属性——阶级性和社会性,阶级性是政党的本质属性,但是从社会经济发展的要求、政治发展的要求、各政党的发展历史和发展趋势、各国的社会阶层结构等角度来看,政党的社会性发展趋势越来越明显,这是政党的共同发展趋势。"③

考察民主党派的性质,也应该从其成员构成和他们所联系的人们的阶级成分入手。民主党派成立时,其成员主要是民族资产阶级、城市小资产阶级和同这些阶级、阶层相联系的知识分子;还有从国民党内分化出来的民主派、反对派及其他爱国民主人士,包括爱国华侨和港澳同胞(如民革主要由国民党内爱国民主的反蒋派组成,民盟在香港、澳门、新加坡、马来西亚等地的华侨中都有组织活动);还有极少数"党外布尔什维克"(如沈钧儒、李公朴、史良、章乃器、陶行知、王造时等)和中国共产党党员。因此,从产生之日起,民主党派就不是单一阶级的政党,而具有明显的阶级联盟特点,他们的纲领、主张、方针、口号也有差异。正如周恩来在1948年1月为中共中央起草《关于当前民主党派工作的意见》的党内指示中所指出的:"这些党派虽带有中间性,但其组织成分又常从统治阶级内部的反动派一直包含到进步分子,如民主同盟、国民党革命委员会、民主建国会等皆是,而其中政治倾向又从君主立宪一直到新民主主义革命都有。"④ 虽然民主党派成员在具体利益方面可能有所不同,政治倾向也不完全一致,但他们反帝爱国,争取实现民族独立和解放、国家富强和民主的愿望是一致的,因此他们

---

① 王长江:《现代政党执政规律研究》,上海人民出版社2002年版,第370—371页。
② 张世鹏:《德国社会民主党纲领汇编》,北京大学出版社2005年版,第157页。
③ 冯甫:《政党阶级基础发展趋势探析》,《广西社会科学》2006年第3期。
④ 《周恩来选集》(上),人民出版社1980年版,第284—285页。

能够结合在一起组成阶级联盟的政党。

正是由于民主党派成员构成的特殊性，在讨论民主党派问题时，我国一般不采用"阶级基础"的提法，而是代之以"社会基础"。随着社会的发展和阶级阶层的变化，我国各民主党派的社会基础也不断发生变化。社会主义改造完成以后，民主党派转变为一部分社会主义劳动者和拥护社会主义的爱国者的政治联盟。这个政治联盟包括知识分子、工商业界人士、与国民党有历史联系的人士、在大陆的台籍人士、归侨和侨眷人士。这些人士大部分是由民主革命时期同中国共产党共同奋斗，在过渡时期自觉接受社会主义改造的民族资产阶级、上层小资产阶级及其知识分子转变而来的。

由于中国共产党内"左"倾思想的影响，民主党派一度被认为是资产阶级性质的政党。党的十一届三中全会后，中共中央对民主党派的性质重新作了科学的界定。在新的历史时期，各民主党派的社会基础主要是一部分社会主义劳动者、社会主义事业的建设者和拥护社会主义的爱国者。社会主义劳动者，与剥削者相对立，是指在生产过程中依靠自己劳动所得而不是占有他人劳动成果获取社会财富的人。当前，民主党派成员中有多种劳动者，主要包括学者、教师、医生、科学家、工程师、律师、记者、演员、作家、艺术家、公务员等。社会主义建设者，指的是新的社会阶层。新的社会阶层广泛分布在新经济组织和新社会组织中，涉及我国经济社会生活的各个领域、各个行业。由于这些人生活在社会主义制度下，接受的是社会主义传统教育，他们既爱国又拥护中国共产党的领导和中国特色社会主义制度，他们当中的非中共人士也是民主党派社会基础的一部分。拥护社会主义的爱国者也是民主党派成员的一个组成部分，他们生活在中国特色社会主义制度下，在政治上接受中国共产党的领导、拥护社会主义，在思想上拥护中国特色社会主义。

（二）党际关系：新型政党关系

党际关系也是政党性质的一种实现和表现。党际关系是政治系统重要而敏感的组成部分，党际关系是否民主和谐是政治系统是否民主的关键。党际关系是"一个国家的各个政党在领导、控制、组织或参与国家政治生活的过程中形成的，以特定的政治权力和政治利益分配为内容的政治关系"①。民主党派与中国共产党是新型政党关系，一方面，民主党派接受中国共产党的领导；另一方面，民主党派与中国共产党通力合作。

按照西方政党理论，不存在一个党领导另一个党的问题，也没有一个党公开承认接受其他政党的领导。"中国也有各种党派和团体。中国的各种党派是有差别的，并不是在一个水平上，有领导和被领导的分别。"② 我国各民主党派承认接受共产党的领导，这是中国民主党派的基本特点之一。曾经，民主党派不承认中国共产党的领导，但是，最终中国共产党以自己的先进性赢得了各民主党派的认同，1948 年"五一口号"发表以后，民主党派自觉、主动地接受了中国共产党的领导。此后，民主党派这一政治立场就从未改变过。新中国成立后，各民主党派的历次代表大会都把接受中国共产党的领导作为重要内容写入章程。在中国共产党领导下，各民主党派与中国共产党长期共存，互相监督，团结合作，为共同的目标奋斗，是民主党派区别于其他政党的根本特点所在。

需要指出的是，中国共产党对民主党派的领导，不是上下级的组织领导关系，也不是通过发号施令、包办代替、组织干涉进行直接的行政性领导，而是政治原则、政治方向的领导，主要靠中国共产党正确的路线、方针、政策的领导，靠共产党员模范作用的影响。原民建中央主席孙起孟曾作过一个形象的比喻，他说：多党合作好比是交响乐团，在作曲的时候，大家都可以提意见，各民主党派都应该积极参与，最后公认由共产党博采众长来定谱。此外，乐团还要有一个指挥，按照乐曲的总谱来指挥整个乐团的演奏。乐团里有大提琴手、小提琴手等几十上百个演奏家，人们都各有专长，甚至自成

---

① 杨宏山：《当代中国政治关系》，经济日报出版社 2002 年版，第 112 页。
② 张献生：《中国民主党派的基本特点》，《中共长春市委党校学报》2006 年第 5 期。

一家，但如果各行其是，乐团就无法奏出和谐、动听的乐曲，关键要有一个统一的指挥。演奏多党合作这个"交响曲"的指挥者就是中国共产党。

各民主党派接受中国共产党的领导，并在与中国共产党长期共同奋斗的过程中亲密团结、合作共事，建立了"肝胆相照、荣辱与共"的挚友、诤友关系。这也是民主党派与西方政党所不同的显著特点之一。在西方政党制度下，各政党代表不同群体、集团、阶层和派别的利益，政党存在的目的就是为了夺取政权、执掌政权，这决定了各政党之间是一种竞争关系。为了赢取选举的胜利，各政党展开激烈的较量和竞争，在竞争的过程中，各政党通常会采取合法反对原则。特别是在英国，反对党被称为"忠诚的反对党""女王陛下的反对党""建设性的反对党"。但是，为了政权目标，各政党之间经常相互指责、抨击、攻讦、谩骂，有时候也会采用各种不正当、不规范甚至非法的手段，比如贿选、诉诸暴力等。选举结果揭晓之后，执政党与在野党还会为维持已经执掌的政权或者为将执政党赶下台而继续进行长期的明争暗斗。在多党制国家，政党之间也会基于相似的利益要求而结成执政党联盟，出现政党间的暂时合作。但是，这种合作只是权宜之计，是脆弱的、短暂的、策略性的。一旦政党间的利益出现分化或冲突，政党间的合作关系就会破裂。

与西方政党之间的关系不同，中国共产党与各民主党派在国家政治生活中不是相互倾轧、势不两立的竞争关系，而是通力合作的亲密友党关系。在处理政党之间的关系问题上，中国共产党与民主党派遵循尊重、信任、平等的原则，共产党尊重民主党派的自主、独立、合法的地位，切实尊重并保障各民主党派享有的宪法规定的权利和义务范围内的政治自由、组织独立和法律地位平等。民主党派在与中国共产党长期共存中风雨同舟、和衷共济、荣辱与共，而不是与中国共产党钩心斗角、尔虞我诈、互相攻讦、竞争政权。

民主党派与中国共产党虽然不相互竞争但互相监督。这种互相监督是新型政党关系的重要内容，也是民主党派与共产党荣辱与共、肝胆相照的重要体现。互相监督主要是民主党派监督共产党，中国共产党支持民主党派进行民主监督。民主党派通过善意的批评、建议等方式对中国共产党实施监督，做到知无不言、言无不尽，是为了支持中国共产党领导和执政，更好地实现中国特色社会主义建设事业。因此，互相监督不是互相倾轧、彼此攻击，而是团结合作。民主党派与中国共产党在互相监督中体现挚友、净友和畏友的关系。

（三）党政关系：参政党

政党与政权紧密联系：政党的一切政治活动最终都是和政权相联系的，或者是夺取政权、执掌政权，或者是参与政权、巩固政权。政党与政权紧密联系是政党区别于一般政治组织、社会团体的根本标志，也是政党存在和发展的根本目的所在。在一个国家中，代表统治阶级掌握或领导国家政权、负责组织政府的政党即为执政党，与执政党相对的就是非执政党。

世界各国对非执政党的称呼是不一样的，西方国家一般将非执政党称为"在野党"。在野党同执政党一样，绝大部分（无产阶级政党除外）都是资产阶级政党，都是为了维护资产阶级统治的稳定，保持资产阶级的执政地位。在这一前提下，由竞选获胜的政党或政党联盟负责组织政府；竞选失败的政党充当在野党。这就决定了执政党与在野党的地位都不是固定的，大选获胜的党成为执政党，执掌政府并通过政府行使国家权力，贯彻本党政策；在野党则是潜在的政府，为了获得掌握政权的机会而不断积蓄、扩大自己的力量，或者寻求与大党联合，同时对执政党进行牵制和监督，攻讦执政党的失误，以便乘机取而代之，由在野党转化为在朝党。这样就形成了资本主义国家多党制或两党制的轮流执政。

中国则把非执政的八个民主党派称为"参政党"。中国的参政党和西方的在野党、反对党有很多共同特点，比如都不是执政党，都对执政党负有监督的责任，都具有合法地位，都忠于现实的政党制度。但是，"参政党"概念是中国特色社会主义政党制度中一个全新的、具有特定含义的概念，它不是指的"参与执政"或"联合执政"的党，也不是"轮流坐庄"的在野党和反对党，而是世界政党政治中出现的一种既非执政党、亦非在野党的新的类型的政党。它不像西方的在野党那样与执政党相对立、相抗衡，也不与中国共产党分享领导权，更不可能成为执政党，而是在接受中国共产党领导的前提下，在坚持四项基本原则的基础上作为执政的中国共产党的合作者参加国家政权。民主党派成员担任人大代表，是按照程序由人民选出的，以人民代表的身份参加活动，行使代表权力，而不在人大中组织"议会党团"和以党派身份进行活动。民主党派成员在政府中担任领导职务，不是根据政党的席位来分配的，不是代表民主党派，而是经过推荐、协商、考察和组织人事部门依法任命，他们在政府部门同中国共产党干部一样，都是国家公务员，必须严格遵守政令、法纪，全心全意为人民服务。这就从根本上消除了一个国家内部由于各党派之间的相互争斗给国家带来的种种不利影响。这是民主党派的个性，是民主党派区别于其他政党的特殊性。

三、民主党派的认识误区

2018年新政协章程提出："在人民革命、建设、改革事业中同中国共产党一道前进、一道经受考验并作出重要贡献的各民主党派，已经成为各自所联系的一部分社会主义劳动者、社会主义事业的建设者和拥护社会主义的爱国者的政治联盟，是中国特色社会主义参政党，日益发挥其重要作用。"[1]这是对民主党派政党性质和历史作用的准确定位。但是，由于受"左"、右倾错误的影响以及某些别有用心的人的误导，也由于我国的多党合作实践确实存在一些不尽如人意的地方等原因，一些人对民主党派的政党性质、属性及其地位和作用还存在种种误解甚至是恶意歪曲和攻击。

（一）"雷同论"

"雷同论"思想由来已久。早在20世纪60年代，就有激进主义人士提

---

[1] 《中国人民政治协商会议章程》，《人民日报》2018年3月28日。

出民主党派"一年改造成左派，两年加入共产党"的目标设想。今天，还有不少人从民主党派的指导思想、奋斗目标、成员素质与中国共产党"雷同"出发对民主党派的性质提出质疑，我们姑且称之为"雷同论"。"一个新的纲领毕竟总是一面公开树立起来的旗帜，而外界就根据它来判断这个党。"①"雷同论"认为，世界上鲜有自愿接受其他政党的领导的政党，各民主党派既然在政治上接受中国共产党的领导，坚持中国共产党制定的社会主义初级阶段基本路线、基本纲领，以中国共产党提出的统一祖国、振兴中华、实现中华民族伟大复兴为奋斗目标，并要求自己的成员学习作为中国共产党指导思想的马列主义、毛泽东思想、邓小平理论、"三个代表"重要思想、科学发展观和习近平新时代中国特色社会主义思想，而且他们的政治纲领充分反映了中国共产党的政治要求，他们的意识形态具有鲜明的共产党意识形态的色彩，因此民主党派就是中国共产党的延伸。

在世界各国政党发展的历史上，确实是少有自愿接受其他政党领导的政党，而我国的民主党派自愿接受中国共产党的领导是因为在当时民主党派原有的政治理想无法实现的情况下，他们逐渐认识到了中国共产党的先进性，进而选择了接受中国共产党的领导，开始了新的生存和发展道路。接受中国共产党的领导是历史发展的必然，也是民主党派自愿、自觉的选择。

各民主党派政党纲领中所反映的内容确实具有中国共产党的意识形态色彩，但这些内容又是被载入宪法的国家意识的组成部分，是为全国人民所遵循和认同的思想意识，是执政的中国共产党把自己的思想意识上升为国家意识、人民意识的结果，是政党学所讲的政党意识形态社会化的体现。一种意识形态一旦实现了社会化，那么它就不再仅仅是对特定政党的规范，而是上升为全社会的要求，是为全社会共同遵守、为之奋斗的理想、目标。既然民主党派接受中国共产党的领导，那么，他们学习作为中国共产党指导思想的马列主义、毛泽东思想、邓小平理论、"三个代表"重要思想、科学发展观

---

① 《马克思恩格斯选集》第 3 卷，人民出版社 1995 年版，第 325—326 页。

和习近平新时代中国特色社会主义思想，他们的政治纲领充分反映中国共产党的政治要求，这是很正常的，也是应该的。

而且，在世界范围内，政党的纲领、主义、奋斗目标相互雷同和重叠的情况是经常出现的，并不是中国多党合作政党制度特有的现象。资产阶级政党建立时都声称以平等、博爱、自由、民主、人权等为基本信仰；无产阶级政党都以马克思主义、共产主义作为本党的信仰和奋斗目标。民主党派和中国共产党都是社会主义中国的政党，他们在纲领、目标上出现所谓"雷同"也未尝不可，并不能因此就认为民主党派是中国共产党的延伸。

何况，我国各民主党派虽然都以建设中国特色社会主义、统一祖国、振兴中华、实现中华民族伟大复兴为共同奋斗目标，但在具体政策、工作重点方面却有自己的特色。如民革除规定各项工作都要以服务于经济建设为中心之外，还特别强调其工作重点是促进祖国统一；民进强调以教育为立国之本，坚持把教育放在经济发展战略的首要位置；农工党强调致力于医药卫生事业的改革和发展；致公党强调要维护归侨、侨眷以及海外侨胞的合法权益，发挥与海外社团的广泛联系；台盟强调要为实现祖国统一，实现台湾人民的利益而奋斗。因此，以纲领主张雷同为由来怀疑民主党派的政党性质的观点是站不住脚的。

（二）"非党论"

在对民主党派政党属性的确认上，有人片面地理解政党的政权目标，曲解我国的民主党派的政党属性，别有用心地恶意攻击我国的多党合作事业和政党制度，认为民主党派根本就不是政党，即民主党派"非党论"。持这种观点的人坚持认为政党之所以是政党就在于它是"以执掌国家政权、通过执政以实现自己的政治纲领为目的的，尚未闻有不以执政为目的而成立政党者"①。民主党派不以谋取政权为目标，那么民主党派当然就不能被称为

————————

① 萧超然、晓韦：《当代中国政党制度论纲》，黑龙江人民出版社2000年版，第4页。

政党。

　　判断一个政治组织是不是政党，其要素标准主要有政权目标、政治纲领、组织系统等。我国的民主党派有完备的政治纲领，有各自完整的组织系统，而且在我国的政治生活中有着十分重要的政治地位和作用，这是无可辩驳的。就民主党派是否有明确的政权目标这一问题，目前确实存在争议。其争议的焦点在于"政权目标"到底是指什么。"非党论"坚持认为"政权目标"就是指以夺取政权、执掌政权为目标，以此标准来衡量，民主党派就不是政党，这样就否定了民主党派的政党属性，进而否定了我国的多党合作事业与中国共产党领导的多党合作和政治协商制度。

　　我们承认政党是围绕国家政权进行活动的组织，但"政党并非都以执政为目的，执政并非构成政党的惟一要素"①。"政权目标"不能仅仅理解为以夺取政权、执掌政权为目标，巩固政权、参与政权也是围绕政权目标进行的活动。民主党派的历史和现实都表明民主党派不是以夺取政权、执掌政权为目标的党。民主革命时期，中国民主党派的政纲主要是反帝爱国和争取民主，而并不以夺取政权或领导国家政权作为最终政治目标。现在，我国的民主党派为巩固人民民主专政的国家政权而奋斗，积极参加国家政权，参与国家大政方针和国家领导人选的协商，参与国家事务的管理，参与国家方针、政策、法律、法规的制定和执行。这说明民主党派的政权目标（巩固政权、参与政权）是明确的，民主党派是政党，这是不容置疑的。

　　各国政党的产生和发展各具特色，我国的"各个民主党派，不论名称叫什么，仍然是政党，都有一定的代表性。但不能用英、美政党的标准来衡量他们。他们是从中国的土壤中生长出来的"②。认为我国的民主党派不符合西方国家政党的定义，不以取得执政权和执政党的地位为目标就不是政党的看法是错误的，是混淆政党特殊性和一般性的表现。坚持这种观点就否定

①　萧超然、晓韦：《当代中国政党制度论纲》，黑龙江人民出版社 2000 年版，第 4 页。
②　《周恩来统一战线文选》，人民出版社 1984 年版，第 171 页。

了民主党派的政党属性，进而必然否定中国共产党领导的多党合作和政治协商制度。

（三）"西化论"

在政权问题上，有人认为参政党就是"参与执政""联合执政"的党。以此片面理解为基础，再加上实践中很多时候民主党派没有受到充分重视，他们认为共产党领导、多党派合作，共产党执政、多党派参政的政治格局和多党合作的新型政党关系是不合理的，他们甚至声称为了防止中国共产党成为像苏俄的共产党、希特勒德国的纳粹党以及意大利的法西斯政党那样的"独裁党"，为了防止出现"一党专制"的现象，我国应该"西化"，像西方那样实行"多党竞争制"。我们可以把这种观点称为"西化论"。

"西化论"是国际敌对势力企图通过经济全球化使中国在政治领域"与国际接轨"，企图以议会制和多党制取代我国的人民代表大会制度和共产党领导的多党合作和政治协商制度的典型表现。我国的民主党派是参政党，其拥有的参政权不是对中国共产党拥有的独享性、全面性执政权的分割和分享，而是处于从属与辅助的地位，因此不存在所谓"参与执政"或"联合执政"的问题。各民主党派在国民党占统治地位的时候，就不曾有过夺取政权的想法，更没有夺取政权的可能。各民主党派自从与中国共产党携手合作、形成多党合作制度以来，从来也没有把执掌国家政权确定为各自奋斗的政治目标。这是由我国的具体的历史条件和现实条件决定的。而且，我国的参政党所拥有的参政权是相对全面的，这种相对全面的参政权体现和实现于人大、政府以及政协中，并且受到宪法和法律的确认和保障，不需要通过西方的竞争制、议会制去获取，所以根本不需要采取"多党竞争制"。

各国的历史传统、经济文化发展水平和社会制度不同，其政治制度和政党制度必然不同，没有也不可能有一个放之四海而皆准的政治制度和政党制度模式，没有也不可能存在统一适用于各国的"民主模式"。确立和实行适合各国国情的政治制度和政党制度，要借鉴人类政治文明的有益成果，但绝不能照抄照搬别国政治制度的模式，而必须从本国的国情出发，以本国的政治制度、文化传统、经济基础为依据。否则，必然会给国家带来灾难性的、无法挽回的后果。20世纪90年代初，非洲许多国家在西方国家的压力下，盲目实行西方的多党制，结果给非洲带来的不是民主，而是政党斗争、民族分裂和种族仇杀。曾被喻为"非洲瑞士"的多哥，一度社会骚乱和暴力冲突不断，全国经济几乎陷入瘫痪。而我国政党制度却在20世纪90年代全球多党制的风潮中经受住了严峻的考验，并历经70年的风雨历程而卓然独立，表现出强大的防震抗风险能力。

"就政治发展而言，重要的不是政党的数量而是政党制度的力量和政党制度的适应性，政治稳定和经济发展的先决条件在于一个保证促进现代化的政党制度。"[1] 我国的多党合作制度与新中国相伴而生，深深植根于中华民族的沃土之中，符合我国国情和政治生态，因而具有旺盛的生命力。"说它是新型政党制度，新就新在它是马克思主义政党理论同中国实际相结合的产物，能够真实、广泛、持久代表和实现最广大人民根本利益、全国各族各界根本利益，有效避免了旧式政党制度代表少数人、少数利益集团的弊端；新就新在它把各个政党和无党派人士紧密团结起来、为着共同目标而奋斗，有效避免了一党缺乏监督或者多党轮流坐庄、恶性竞争的弊端；新就新在它通过制度化、程序化、规范化的安排集中各种意见和建议、推动决策科学化民主化，有效避免了旧式政党制度囿于党派利益、阶级利益、区域和集团利益决策施政导致社会撕裂的弊端。它不仅符合当代中国实际，而且符合中华民族一贯倡导的天下为公、兼容并蓄、求同存异等优秀传统文化，是对人类政治文明的重大贡献。"[2] 无论是中国共产党还是各民主党派、无党派人士，都要倍加珍惜、自觉维护并不断完善我国的新型政党制度。

---

[1] 周淑真：《政党和政党制度比较研究》，人民出版社2001年版，第341页。
[2] 《坚持多党合作发展社会主义民主政治 为决胜全面建成小康社会而团结奋斗》，《人民日报》2018年3月5日。

（四）"摆设论"

对于民主党派的作用，由于现实条件的制约和主观认识水平的局限，社会上对民主党派作用的认识还没有上升到应有的高度，淡化民主党派作用的"摆设论"是最典型的表现。"摆设论"可以说是一个历史问题。20世纪50年代，就有人认为民主党派所起的作用只是"一根头发"的作用，提出"麻烦论"。70年代有人提出要解散民主党派，以保持"革命的纯洁性"。改革开放后，人们的思想从"左"的禁锢中解放出来，多党合作有了很大的发展。但直到现在还有一些人甚至部分党员干部对民主党派的作用缺乏正确认识。比如，有的认为民主党派可有可无，或当成负担，或当成民主的摆设、"花瓶"；有的不尊重民主党派的自主地位，对党派工作不放手、不放心、甚至包办党派工作；有的在民主党派面前盛气凌人，居高临下，不愿意接受民主党派的监督。这些观点虽然表现有所不同，但本质上都是淡化民主党派的作用，把民主党派作为"摆设"，我们可以把它们统称为"摆设论"。

"摆设论"是弱不禁风的。因为，无论从历史还是现实来看，民主党派都是我国政治生活中的一支重要力量。各民主党派形成时期的政纲，主要是反帝爱国和要求民主，它与中国共产党的最低纲领即在新民主主义革命阶段的纲领的要求基本一致，因而在长期的革命和建设实践中，民主党派与中国共产党能够在共同的政治基础上建立起不同程度的合作关系，并形成了许多优良传统，在中国革命、建设和改革事业中发挥了积极的作用。"各民主党派同中国共产党长期风雨同舟、患难与共，为中国革命、建设、改革事业作出了重要贡献。"① 这种概括是符合实际的，是经实践证明了的。

抗日战争时期，各民主党派同中国共产党合作，共同为坚持抗战、反对投降，坚持团结、反对分裂，坚持进步、反对倒退而协力奋斗；抗战胜利

---

① 中共中央文献研究室：《十六大以来重要文献选编》（中），中央文献出版社2006年版，第260页。

后，他们同中国共产党一起，为反对国民党反动派的内战、独裁政策，争取和平、统一和民主而作出努力。社会主义改造和建设时期，民主党派以饱满的热情，踊跃投身于各方面建设事业，为巩固人民民主专政的国家政权，加快社会主义建设事业，建立了新的功勋。

改革开放和现代化建设新时期，各民主党派选择人民群众关心、党政部门重视的课题，组织研究，积极主动向党政部门提出建设性意见；通过各种方式，广开言路、才路，充分发挥各民主党派人士及其所联系的各界人士的专长和作用，为改革开放和社会主义现代化建设出力献策。在巩固和发展安定团结的局面，发展社会主义民主，健全社会主义法制，实现"一国两制"、推进祖国的完全统一等方面都作出了重大贡献。可以说，回顾我们所走过的路，我们能够在中国革命、建设和改革中取得如此大的成就，都是中国共产党与民主党派亲密合作、风雨同舟、荣辱与共、团结奋斗的结果。淡化民主党派作用的"摆设论""花瓶论"是弱不禁风的，是经不起时间和实践检验的。

中国特色社会主义进入新时代，为多党合作更好地发挥作用提供了广阔舞台。当前，在推动实现中华民族伟大复兴的中国梦中，民主党派也是不容忽视、不可替代的角色。由于民主党派具有联系各界群众、联系海外的广泛性以及政治资源丰富、人才荟萃、智力密集和位置超脱的特点，民主党派可以协调冲突、化解矛盾、凝聚人心，团结一切可以团结的力量，调动一切积极因素推进中国特色社会主义建设；可以冷静客观地对执政党的决策提出科学可行的意见和建议，减少决策失误，避免人民利益受损，等等。而且，作为中国特色社会主义参政党，各民主党派都是国家治理的重要主体，是国家治理的参与者、监督者和智囊团，事实上发挥着促进科学民主决策的中国特色新型智库作用以及推进国家治理体系和治理能力现代化的作用。民主党派要加强与中国共产党的合作协商，巩固和发展最广泛的爱国统一战线，最大限度把各阶层各方面的智慧和力量凝聚起来，最大限度把全社会全民族的积极性、主动性、创造性发挥出来，共同为实现中华民族伟大复兴的中国梦而奋斗。

第二节　政党协商在协商民主体系中的
首要地位和比较优势

《关于加强社会主义协商民主建设的意见》从宏观上描绘了协商民主的新蓝图，并构建了由 3 个层次 7 条协商渠道共同构成的协商民主新格局："继续重点加强政党协商、政府协商、政协协商，积极开展人大协商、人民团体协商、基层协商，逐步探索社会组织协商。"① 在这一新格局中，政党协商位居 7 条协商渠道之首，属于"继续""重点"加强的任务，对其他形式和渠道的协商民主具有示范、引领和辐射作用。从理论上分析政党协商在整个协商民主体系中的重要地位和作用，从实践上分析政党协商存在的现实问题，有针对性地提出完善政党协商进而推动协商民主整体协同发展的具体建议，对凸显我国协商民主的中国特色和比较优势，推进"四个全面"战略布局都具有重要意义。

一、政党协商的首要地位

中共中央《关于加强社会主义协商民主建设的意见》首次将"中国共产党同各民主党派的政治协商"明确为"政党协商"，提出要"继续重点加强政党协商"，"继续"和"重点"的措辞强调了两层意思：一是政党协商是我国协商民主的"重点"；二是政党协商一直是我国协商民主的"重点"，过去是、现在是，而且这种重要地位还要"继续"下去。《关于加强社会主

---

① 中共中央文献研究室：《十八大以来重要文献选编》（中），中央文献出版社 2016 年版，第 293 页。

义协商民主建设的意见》把"继续加强政党协商"章节放在协商民主建设的重要意义、指导思想、基本原则和渠道程序等"总纲"后的第一位，位列 7 条协商渠道之首。2015 年底，《关于加强政党协商的实施意见》进一步提出了"三个重要"，再次强调了政党协商的价值："政党协商是中国共产党领导的多党合作和政治协商制度的重要内容，是社会主义协商民主体系的重要组成部分，是中国共产党提高执政能力的重要途径"①。在 7 条协商渠道共同构成的协商民主体系和新格局下，为什么要把政党协商放在首位，并且用一个"重点"和三个"重要"来凸显其价值和意义？

（一）政党协商是协商民主的开创者和奠基者

我国的协商民主发端于政党协商和政协协商，即"先从政治领域起航，再到政治和社会两大领域齐头并进。"② 早在新民主主义革命时期，为了反对国民党的独裁统治、推翻"三座大山"、争取民族独立和人民解放，作为革命党的中国共产党就已经尝试与作为中间势力的各民主党派进行协商、合作，并创造了"协商建国"的佳话。新中国成立后，执政的中国共产党与民主党派就恢复国民经济、进行土地革命、制定宪法、抗美援朝等内外事务进行协商。改革开放以来，中国共产党和民主党派围绕发展中国特色社会主义开展了广泛深入的协商，实现了决策的科学化、民主化，促进了经济社会快速发展。可以说，政党协商贯穿于我国革命、建设和改革事业的全过程，没有政党协商，就没有社会主义协商民主的悠久历史、深厚底蕴和丰富实践。

（二）政党协商是协商民主的带动者和引领者

我国的政党协商是在长期的革命、建设、改革实践中形成的。与其他协

---

① 《中办印发〈关于加强政党协商的实施意见〉》，《人民日报》2015 年 12 月 11 日。
② 齐卫平、陈朋：《中国协商民主 60 年：国家与社会的共同实践》，《中国延安干部学院学报》2009 年第 5 期。

商形式相比，政党协商的经验更为成熟、形式更为丰富、制度更为健全，特别是长期的协商实践形成的协商精神、协商原则、协商理念作为无形的资源可以对其他协商渠道形成辐射和示范。民主党派属于精英型政党，其成员多是各行业各领域的专业人才，是"有一定代表性的人士"，而且不少在政协、人大、政府、企事业单位以及一些社会组织中任职。在政协协商中，民主党派可以作为界别以集体名义参与协商，还可以作为政协委员以个人名义参与协商；在人大协商中，民主党派成员可以以各级人大代表的身份提建议。这样，民主党派成员可以把参与政党协商过程中积累的经验甚至一些成熟的可推广的方法和程序传播到政协协商、人大协商、政府协商、社会协商、基层协商中去。

（三）政党协商是协商民主的参照系和辐射源

相比其他协商民主渠道，政党协商不仅历史悠久、形式多样、经验丰富，而且制度化程度最高。政党协商不仅有作为国家意志的宪法的保障，还有作为我国基本政治制度之一的政党制度——中国共产党领导的多党合作和政治协商制度的保障。这一制度经过了抗日战争和解放战争时期的磨合、酝酿以及新中国成立七十年来特别是改革开放四十多年的发展和完善，已经成为中国的基本政治制度。政党协商是中国政党制度的基本实现形式，加强政党协商有利于健全和完善我国的政党制度，推动统一战线事业蓬勃发展。而且，在长期的实践中，政党协商探索形成了一系列相配套的制度体系，包括《中共中央关于进一步加强中国共产党领导的多党合作和政治协商制度建设的意见》《中共中央关于加强人民政协工作的意见》《中国共产党统一战线工作条例（试行）》《关于加强政党协商的实施意见》等，这些文件对政治协商的性质、内容、方式、程序、保障机制等作了具体规定，不仅为继续加强政党协商指明了方向、提供了遵循，也为推进其他协商渠道的制度建设奠定了基础、提供了参考。另外，政党协商相对成熟的经验特别是协商价值、协商理念、协商精神、协商原则可以作为参照系和辐射源，并自然地融入整个政治过程和社会生活中。

二、政党协商的比较优势

政党协商状况取决于政党关系状况，而政党关系能否和谐，主要取决于政党制度、政党体制的文明程度以及在这种政党制度、政党体制下各个政党之间尤其是执政党与非执政党之间有无根本矛盾和利害冲突。在中国，"新型政党制度把政党制度从旧的刻板印象中解放出来，以问题为导向，创造了有事多商量、遇事多商量、做事多商量的协商民主新形态。不仅代表广泛的直接利益，更代表深刻的根本利益；不仅代表短期利益，更代表长期利益；不仅代表界别局部利益，更代表全国各族各界全局利益；不仅代表流动的民意，更代表稳固的民心"①。

（一）历史比较优势

在全国政协十三届一次会议联组会上，习近平总书记提出"新型政党制度"的重大政治论断。新型政党制度和多党合作的政党关系是马克思主义政党理论和统战学说与我国实际相结合的产物，它是经历了竞争性政党关系尝试的失败和垄断性政党关系的彻底破产后，在长期的民主革命斗争中探索和总结出来的最适合我国具体国情的一种政党关系模式。

1. 竞争性政党制度和政党关系的尝试失败

实行竞争性的政党关系是中国政党关系的第一次尝试。清末民初，随着各种社会政治团体的大量建立及其展开活动，竞争性政党关系拉开了序幕。辛亥革命后，中华民国临时政府颁布了具有资产阶级共和国宪法性质的《临时约法》，允许人们结社组党，并全面照搬西方的议会政治。一时间，

---

① 中央党校习近平新时代中国特色社会主义思想研究中心：《新型政党制度是伟大的政治创造》，《学习时报》2018 年 6 月 19 日。

各类政治团体蜂拥而起，出现了党派林立的局面。接踵而来的是围绕着组阁而开始的政党的联合、分化与竞争。在反动势力面前，各种政治力量只有联合起来才能完成艰巨的革命任务，而效仿西方采取竞争性政党制度却加剧了各政党间的互相争斗和彼此厮杀，在客观上削弱了民主的力量。袁世凯趁机篡取政权，解散国民党，取消国会，恢复帝制，竞争性政党关系昙花一现即宣告失败。

2. 垄断性的政党制度和政党关系彻底破裂

血的事实和惨痛的教训，使得孙中山把眼光转向俄国，从俄国革命中寻找解决中国民主革命任务的出路。联俄、联共、扶助农工"三大政策"的提出，促成了国共两党的第一次合作，第一次国内革命战争也因此进入新高潮。北伐战争的胜利，推翻了北洋军阀的统治。但是，"四一二"反革命政变后，以蒋介石为代表的右翼势力，实行了垄断性的政党关系。一党专制、军事独裁加上特务统治，从思想、理论和组织上置一切政党于死地，成为国民党专制统治的主要特征。"从此以后，内战代替了团结，独裁代替了民主，黑暗的中国代替了光明的中国。"① 一党专制违背了中国人民要求民主、和平、团结、进步的愿望，最终导致了国民党政治上的孤立、经济上的崩溃和军事上的失败。

3. 协商合作的新型政党制度和政党关系是历史必然

"社会主义不是少数人——一个党所能实现的。"② 中国革命任务的艰巨性迫使各阶级、阶层和政党间必须进行必要的联盟及合作，不这样就无法形成有影响的政治势态，甚至也无法生存下去。适应这一要求，中国共产党采取了正确的适合中国国情的政治动员和政治参与手段，领导、发动各阶层成立相应的各种组织，并帮助民族资产阶级和上层小资产阶级成立进步的民主党派。"我们自己要有主张，但一定要和人家协商，不要把自己孤立起来，

---

① 《毛泽东选集》第 3 卷，人民出版社 1991 年版，第 1036 页。
② 《列宁选集》第 3 卷，人民出版社 1972 年版，第 483 页。

要发挥各民主阶级各人民团体的作用。"① 在民主党派反对一党独裁、要民主、争自由的斗争中，共产党始终支援、引导民主党派与国民党进行合法的斗争。"党外人员愿与我党合作与我党尊重党外人员，是彼此合作中不可缺一的条件。"② 共产党的真诚、无私促使民主党派在感情上倾向与共产党合作，与中国共产党风雨同舟、荣辱与共。在中国共产党成为执政党后，继续保持和发展了同各民主党派的团结合作关系，形成了中国共产党与各民主党派团结合作、共同管理国家事务的政治关系格局。"党派的存在与否，不取决于任何政党或个人的主观愿望，而是由客观的历史发展所决定的。"③ 民主党派的成立、存在和发展，确立和实行中国共产党领导的多党合作和政治协商制度，建立协商合作的新型政党关系是包括民主党派在内的全体中国人民自觉的、历史的选择。

（二）结构功能优势

结构功能的研究方法是政治学研究的基本方法。不同政治体系中的政党制度和政党关系，具有不同的结构模式，形成特有的政治功能。新型政党制度是中国经济社会结构背后的"政治制度密码"，具有核心一元性和结构多元性的特点，这种"一与多"的结构模式与我国政治、经济、文化、社会结构中"一"与"多"的基本结构形式和谐统一，具有强大的兼容性、适应性和强大的弹性、张力，因此具有旺盛的生命力。

多党合作、政党协商符合中国经济结构的要求。从我国社会经济结构看，社会主义初级阶段形成了以社会主义公有制为主体、多种所有制经济共同发展的基本经济制度，以按劳分配为主体、多种分配方式并存的分配制度，体现了人们共同利益的一致性和具体利益的差别与矛盾。这种经济

---

① 《建国以来毛泽东文稿》第 4 册，中央文献出版社 1990 年版，第 635 页。
② 《毛泽东文集》第二卷，人民出版社 1993 年版，第 397 页。
③ 《周恩来统一战线文选》，人民出版社 1984 年版，第 347 页。

结构特点，决定了我国政治结构也应具有相应的特点，决定了必须由代表全体人民利益的中国共产党领导；同时也必须要求代表和反映不同阶层、社会群体的具体利益、愿望和要求，并协助中国共产党和国家做好这些阶层和社会群体的工作的民主党派参政。多党合作关系模式正适应了这一要求。

多党合作、政党协商适应中国政治结构的要求。从我国政治结构看，我国是工人阶级领导的、以工农联盟为基础的人民民主专政的政权，是工人阶级同人数众多的其他劳动阶层和爱国者的联盟。一切权力属于人民，以议行合一的人民代表大会制度为根本政治制度。这一政体是广泛民主与高度统一的结合。因此，它一方面必须由工人阶级及其政党实行领导，另一方面又需要包括民主党派、无党派人士在内的社会主义劳动者、社会主义事业的建设者、拥护社会主义的爱国者、拥护祖国统一和致力于中华民族伟大复兴的爱国者共同参与国家事务，共同管理国家。与我国国体、政体相适应、相配套，我国必然实行中国共产党领导的多党合作和政治协商制度。

多党合作、政党协商是中国文化结构的要求。从我国文化结构看，由社会主义经济、政治结构所决定，我国政治文化结构模式是马克思主义意识形态主导性与文化形态多样性的结合与统一。一方面，马克思主义政治文化居于整个政治文化结构的核心地位。另一方面，不同民族、不同阶层、不同社会群体及文化程度的差异又决定了公民政治文化的差异性和多样性。多党合作、政党协商与我国政治文化结构具有相适应性，这一政党关系体现了马克思主义政治文化的主导性，同时，在爱国主义、社会主义两面旗帜下，在四项基本原则基础上，坚持先进性与广泛性、主导性与多样性的统一，弘扬主旋律，提倡多样化，实行百花齐放、百家争鸣，实现文化的和谐，为社会良性运转提供精神、智力支持。

多党合作、政党协商是中国社会结构的要求。目前我国社会结构从相对单一向渐次多元演进，社会结构的急剧变化使利益主体出现了多元化趋势。

这就要求政治体系把纷繁复杂的各群体的利益要求纳入政治过程，以提供足够的政治参与的渠道满足诸多利益群体的要求。因而，能否正确处理各阶级阶层、各利益群体之间的关系问题是能否保证我国民主政治发展的焦点问题。通过团结民主党派，可以将思想观念、价值取向、利益要求不同的社会阶层和群体联合和团结起来，为国家的经济建设、社会稳定和国家统一等各方面作出重大贡献。

多党合作核心一元性和结构多元性的特点决定了它能够广纳群言、博采众议，形成让人讲话、让人愿意讲话、让人敢讲话、让人敢讲真话的氛围和融洽和谐、良性互动的局面，从而在功能上能实现政治整合与政治参与、高度集中与广泛民主的统一，利益表达的广泛性与利益综合的全面性的统一，以及合作协商与民主监督的统一。政党协商的参与主体是政党，而政党具有利益综合、利益表达、整合社会、服务社会的功能。加强政党协商是适应当前价值观多元、民主参与热情高涨、利益诉求多样、矛盾冲突凸显、群体性事件高发的实际需要。

整合社会利益，促进民主发展。多党合作、政党协商能够提供一种有效的民主机制和利益协调机制，使不同利益群体的特殊利益在不超出社会整体利益的范围内得到协调，使人们的社会行为与国家发展目标一致，从而避免冲突，保证人民民主权利的实现。正如费孝通所指出的："民主党派的作用是使各方面的意见都能够充分地得到反映，使共产党的决策更正确，更广泛地代表人民的利益。共产党是先锋队，要用自己的威信协调各种社会矛盾，因此要'纯'。民主党派要协助了解和反映社会各方面的情况和意见，因此要'杂'，就是要广泛和包容。10 亿人民利益有所不同，观点有差别，所以在振兴中华的伟大事业里要有一个广泛联系的统一战线。民主党派就是先锋队和广大群主之间的结合部。"[①]

扩大政治参与，维护政治稳定。政治参与作为实现公民政治权利的主要

---

① 《费孝通文集》第 11 卷，群言出版社 1999 年版，第 435—436 页。

途径，最终将推动政治民主和政治发展，从根本上促进政治稳定。但现实生活中的政治参与并不总是与政治稳定成正比关系。当政治参与的规模逐渐扩大，容纳和汇聚多种利益要求的政治机制尚不健全时，社会个人和群体的政治行为就有可能冲破社会秩序和法律规范，给社会带来不稳定因素。中国的多党合作在组织和动员群众政治参与、维护社会稳定中具有独特的特点和优势。有中国共产党的领导，动员和组织的政治目标和方向十分集中和明确；有多党派的合作，在动员和组织上就减少了强制性，增加了示范性，扩大了动员的群众基础，就能更好地完成某个目标和任务，同时为社会、政治稳定提供了条件和保证。

发挥监督功能，实现政治廉洁。实现政治廉洁必须反对腐败。而"没有监督，就难以有效防止腐败"[1]。我国多党合作的政党体系是一个广泛的政治联盟，中国共产党与民主党派之间既有领导与被领导关系、协商与合作关系，同时双方还存在监督与被监督关系。在这种"多重化的党际关系"[2]模式下，民主党派和无党派人士"能够对于我们党提供一种单靠党员所不容易提供的监督，能够发现我们工作中的一些我们所没有发现的错误和缺点，能够对于我们的工作作出有益的帮助"[3]。中国共产党接受民主党派的批评和监督，有利于集思广益，取长补短，克服缺点，减少失误。中国共产党最初提出多党"长期共存"的目标之一就是为了"互相监督"，减少和避免腐败现象的滋生和蔓延，实现政治廉洁。

扩大统一战线，推进祖国统一。统一战线是中国共产党的一大法宝。统一战线具有了解社情、反映民意、争取人心、凝聚力量，维护民族团结、反对民族分裂，抵制西方敌对势力和宗教极端势力的渗透和颠覆，反对台湾"独立"、维护国家统一的重要职责。多党合作关系下各政党都有自己的社

---

① 《十五大以来重要文献选编》（中），人民出版社 2001 年版，第 1497 页。

② 王邦佐：《中国政党制度的社会生态分析》，上海人民出版社 2000 年版，第 335 页。

③ 《邓小平文选》第一卷，人民出版社 1994 年版，第 225 页。

会基础，都代表着一部分群体，他们彼此之间亲密合作，必然会促进各党派所代表的社会各阶级、阶层和各种社会力量的团结与合作，有利于扩大社会主义统一战线、推进祖国统一大业的实现。

"从协商建国、民主建政，到重大建设、深化改革，再到精准扶贫、基层治理，协商民主广泛、多层、制度化发展。这一民主新形态能够真实、广泛、持久代表和实现广大人民根本利益、全国各族各界根本利益，有效地避免了以往政党制度民主代表少数人、少数利益集团的弊端，实现了世界政党政治发展史上理论与实践创造性结合的伟大变革。"① 当前，我国已经具备或正在形成进一步优化新型政党制度和政党关系模式的若干有利条件。例如，中国共产党和各民主党派都更加重视加强自身建设、整个社会团结和谐的政治局面、为中国共产党和各民主党派所高度认同中国梦及中华民族伟大复兴、建成现代化强国的奋斗目标等。因此，要充分利用这些条件，采取切实措施，在新时代进一步发展和完善多党合作关系。

（三）制度设计优势

"政治制度是用来调节政治关系、建立政治秩序、推动国家发展、维护国家稳定的，不可能脱离特定社会政治条件来抽象评判，不可能千篇一律、归于一尊。"②

中国实行的是中国共产党领导的多党合作和政治协商制度，这一制度的基本内容充分体现了政党关系的民主性。第一，中国共产党是执政党，八个民主党派是参政党，而不是在野党和反对党。九个政党之间是合作协商关系，是亲密友党关系。第二，中国共产党和各民主党派合作的首要前提是坚持中国共产党的领导，但是，共产党对各民主党派的领导是政治领导，不是组织领导，民主党派享有宪法规定的权利和义务范围内的政治自由、组织独

---

① 中央党校习近平新时代中国特色社会主义思想研究中心：《新型政党制度是伟大的政治创造》，《学习时报》2018 年 6 月 19 日。

② 《习近平谈治国理政》第二卷，外文出版社 2017 年版，第 286 页。

立和法律地位平等。第三，中国共产党与各民主党派之间的合作坚持"长期共存，互相监督，肝胆相照，荣辱与共"的基本方针，"长期共存、互相监督的方针，实际上是扩大民主"①。第四，中国共产党和各民主党派都在宪法和法律范围内活动，都没有超越宪法和法律之外的特权。第五，中国人民政治协商会议是多党合作的机构和平台，它本身就是我国政治生活中发扬社会主义民主的重要形式。第六，中国共产党和各民主党派的合作主要体现在政治协商、民主监督和参政议政工作中。"中国共产党历来高度重视多党合作。中国共产党领导的多党合作和政治协商制度，既强调中国共产党的领导，也强调发扬社会主义民主。政治协商、民主监督、参政议政，就是这种民主最基本的体现。坚持中国共产党的领导，不是不要民主了，而是要形成更广泛、更有效的民主。"② 政治协商是实行科学民主决策的重要环节，"人民通过选举、投票行使权利和人民内部各方面在重大决策之前进行充分协商，尽可能就共同性问题取得一致意见，是我国社会主义民主的两种重要形式"③；民主监督是为了发展民主，"无论党内的监督和党外的监督，其关键都在于发展党和国家的民主生活"④；各民主党派参政的基本点是参加国家政权，参与国家大政方针和国家领导人选的协商，参与国家事务的管理，参与国家方针、政策、法律、法规的制定执行，"一个参加三个参与"本身就是民主的体现。

也就是说，一方面，我国的多党合作以中国共产党的领导为前提，不是多党轮流执政，也不是多党联合执政。中国共产党的领导是多党合作的基本前提和根本保证，也是各民主党派的自觉选择。"我们经常说，没有中国共产党的领导，中国人民就不可能取得国家独立、民族解放和社会

---

① 《周恩来统一战线文选》，人民出版社 1984 年版，第 351 页。

② 《坚持多党合作发展社会主义民主政治 为决胜全面建成小康社会而团结奋斗》，《人民日报》2018 年 3 月 5 日。

③ 中共中央文献研究室：《十六大以来重要文献选编》（下），中央文献出版社 2008 年版，第 260 页。

④ 《邓小平文选》第一卷，人民出版社 1994 年版，第 215 页。

主义的胜利。我们也经常说，没有中国共产党领导的统一战线和多党合作，就不可能最大限度地把全民族一切爱国进步的力量团结和调动起来，去实现我们共同奋斗的目标。"① 可以说，在中国共产党领导下，各民主党派与共产党长期共存，互相监督，团结合作，为共同的目标团结奋斗，是我国多党合作的政党关系区别于西方多党竞争的根本特点和优势所在。

另一方面，在多党合作关系下，各民主党派与中国共产党的关系是肝胆相照、荣辱与共的挚友、诤友关系，是参政党与执政党在国家政治生活中亲密团结、合作共事的关系，而不是钩心斗角、尔虞我诈、互相攻讦、彼此倾轧的势不两立关系。这种团结合作关系，"既能实现广泛的民主参与，集中各民主党派、各人民团体和各界人士的智慧，促进执政党和各级政府决策的科学化、民主化，又能实现集中统一，统筹兼顾各方面群众的利益要求；既能避免一党执政缺乏监督的弊端，又可避免多党纷争、互相倾轧造成的政治混乱和社会不安定团结。"②

另外，政治协商是我国多党合作的重要形式。协商要求利益相关方在相互尊重、相互宽容的基础上差分冲突、理性讨论、交流沟通、达成共识、团结合作。我国政党关系区别于西方政党关系的特点就在于它以合作而不是以竞争为主旋律。在我国，各党派对国家事务的看法以及各政党之间关系的处理主要靠协商，各政党之间的互相监督也主要是通过平等的、经常的协商讨论、交换意见来实现。"协商式民主强调的是整合，其作用主要在凝聚、包容，它提倡求同存异、相互理解，能够尊重多数、保护少数，广泛听取各方面意见，有利于形成和谐的氛围，维护稳定的局面。协商式民主也可以发挥纠错的作用，如开展民主监督，但其监督形式主要是

---

① 中共中央文献研究室：《江泽民论有中国特色社会主义》（专题摘编），中央文献出版社 2002 年版，第 352 页。
② 国务院新闻办公室：《中国的民主政治建设白皮书》，《人民日报》2005 年 10 月 25 日。

不具有法律强制性的批评、建议，在一般情况下它的着眼点是在弥补不足、帮助改善，所以总体上也可以算作包容、整合的范畴。"① 政治协商是实行我国多党合作、互相监督的重要形式，是协商式民主的基本实现途径之一。

总之，政党协商最能凸显社会主义协商民主的中国特色和比较优势。多党合作的基本特征就是共产党领导、多党派合作，共产党执政、多党派参政。这种政党关系综合了多党制和一党制下政党关系各自的长处，同时又避免了多党竞争和一党专制的种种弊端，从而实现了"共产党领导"与"多党派合作"的最佳结合和"共产党执政"与"多党派参政"的最佳统一。与西方政党协商的缺位相比，中国政党协商要有位、有为、有威得多。在西方，协商民主从一开始便是以反思和批判选举民主的姿态出现的，目的在于减少、弥补选举民主的不足，而且多在政治哲学而不是政治科学的讨论范畴中，缺乏系统性的、整体性的、制度性的安排，再加上西方政党制度中的竞争性因素，西方协商民主的主体多是指公民、社团、社会组织等，政党之间的关系主要是通过选举民主即竞争性的方式调整。我国则不同，中国共产党和各民主党派不是竞争关系，而是合作关系、友党关系，政党之间不是通过选举民主而是通过协商民主来规范和调整的。政党协商在我国协商民主中发挥着"开路者""领头雁""压舱石"和"风向标"的作用，这是我国社会主义协商民主的一大特色。"目前，中共中央总书记每年固定 4 次召开协商座谈会，分别就经济社会发展的建议、半年度经济工作、中央全会文件、中央经济工作会议文件等内容，与民主党派中央和无党派人士代表协商，这是其他国家的执政党不可能做到的。"②

---

① 陈惠丰：《中国政党制度的发展完善与人民政协》，《中央社会主义学院学报》2004 年第 4 期。

② 孙春兰：《着力推动政党协商深入开展》，《求是》2015 年第 11 期。

第三节 政党协商的"非常态"
现象和常态化路径

中国共产党领导的多党合作和政治协商制度内含了协商民主的基因和条件，但是，在实际的政治生活中，我国的政党协商优势与"理应如此"的期望相比还存在一定的差距。中国共产党在整个国家和多党合作中特殊的地位和影响决定了它在推进政党协商中的首要责任，完善政党协商的首要和根本任务就是发展中国共产党党内民主。

一、政党协商的"非常态" 现象及其原因

高质量的协商必须建立在协商双方真正独立平等的地位、自由充分的对话、宽容理性的氛围的基础之上。虽然宪法和法律赋予民主党派与中国共产党平等的法律地位，但中国共产党和民主党派在国家权力体系中的地位不同，中国共产党处于执政地位，民主党派处于参政地位。这种权力地位的不同反映在多党合作和政治协商实践中，多党合作和政治协商是中国共产党领导和主导的，党的领导往往更多地被强调，多党合作和政治协商往往被弱化。

(一) 政党协商的主体

政党协商的主体，也就是政党协商的双方。在《关于加强社会主义协商民主建设的意见》发布之前，学界对政党协商的主体存在争议，主要有以下四种观点。第一种观点认为，政党协商是中国共产党和八个民主党派之间的直接协商。第二种观点认为，除了中国共产党和八个民主党派之间的直接协商之外，中国共产党在人民政协同各民主党派的间接协商也属于政党协

商。第三种观点认为，除了中国共产党同八个民主党派之间的协商以外，八个民主党派之间的协商也是政党协商。第四种观点认为，除中国共产党和民主党派之外，无党派人士和工商联也是政党协商的主体。原因在于，从实践和政治惯例看，中国的无党派人士虽然不是政党但具有"党派性"，工商联作为具有统战性的人民团体长期以来一直是政治协商的重要组成部分，因此他们也是政党协商的主体。

《关于加强社会主义协商民主建设的意见》明确了政党协商的主体是中国共产党同八个民主党派，但同时把中国共产党在人民政协同各民主党派的间接协商划归为政协协商的范围。对于无党派人士和工商联，《关于加强社会主义协商民主建设的意见》提出，"无党派人士是政治协商的重要组成部分，工商联是具有统战性的人民团体和民间商会，有关部门要为无党派人士和工商联参加协商做好联络服务"①，而且把这句话放在了"加强政党协商"这部分内容中，这就意味着无党派人士和工商联不是其他协商的主体，而是政党协商的主体。2015 年 5 月颁发的《中国共产党统一战线工作条例（试行）》中明确提出，政党协商是中国共产党同民主党派的政治协商。随后发布的《关于加强政党协商的实施意见》这样界定政党协商的含义："政党协商是中国共产党同民主党派基于共同的政治目标，就党和国家重大方针政策和重要事务，在决策之前和决策实施之中，直接进行政治协商的重要民主形式。"② 从这个定义看，政党协商的主体是中国共产党和民主党派。但是，文件同时指出："无党派人士是政治协商的重要组成部分，参加政党协商。工商联是具有统战性的人民团体和商会组织，参加政党协商。"③ 据此，无党派人士和工商联参加政党协商，也应该是政党协商的主体，但不是主要的参与主体。综上，政党协商的主体一般仍是指中国共产党与八个民主党派。

---

① 中共中央文献研究室：《十八大以来重要文献选编》（中），中央文献出版社 2016 年版，第 294 页。

② 《中办印发〈关于加强政党协商的实施意见〉》，《人民日报》2015 年 12 月 11 日。

③ 《中办印发〈关于加强政党协商的实施意见〉》，《人民日报》2015 年 12 月 11 日。

（二）从协商主体看政党协商的"非常态"现象

从在政党协商中起主导作用的中国共产党一方看，政党协商"非常态"现象表现在三个方面。其一是选择性协商：有的基层党员干部政党协商意识有待提高，对本来应该协商的问题，却只选择一部分问题进行协商。其二是被动性协商：有的党员干部缺乏主动协商的意识，不能主动自觉地提出协商议题，不能主动地将政治协商纳入决策程序，也不主动地督促协商结果的落实。其三是象征性协商：违背"协商于决策之前和决策实施之中"的原则，把政党协商变成情况通报，民主党派没有时间准备，也没办法真正参与协商。

民主党派作为政党协商另一主体，在协商中存在很多不足之处，表现在以下几个方面：一是不要协商，即没有主动协商的要求。有的错误地认为在政党协商中，中国共产党是主体，民主党派是客体，政党协商是中国共产党派下的政治任务。不要协商的实践表现是不能主动自觉地提出协商议题，不能积极地开展协商调研。二是不懂协商。有的错误地认为，政党协商作用和影响比较小，参与协商主要是签到、开会、表态，是走形式、走过场，那么，协商前不需要花费时间和精力展开全面、深入的调研和认真的准备工作，在协商过程中也无需负责任地提出有价值的意见建议。三是不敢协商。不敢提出与中国共产党意见不同的看法，即使提意见或建议也是避重就轻，或轻描淡写或只谈枝节问题，对协商结果能否落实也不敢跟踪和监督。四是不会协商。政党协商是高层次的、政治性和组织性很强的协商，所协商的内容多是关乎国家经济和社会发展以及群众利益相关的重大问题。目前来看，民主党派提出的协商议题，有的缺乏全局性和整体性，有的缺乏前瞻性、宏观性；对一些具体问题所做的调研报告、所提提案，有的缺乏针对性和可操作性，难以满足社会需求和形势需要，对党政科学决策很难产生实际作用和参考价值。

上述现象的出现是多方面原因综合作用的结果。首先，从中国共产党一方看，有的党员干部把本是"分内"的统战工作当成可有可无的工作，不积极主动地与民主党派进行协商和合作；有的对多党合作制度认识不深入，对统战知识了解和掌握不够多，对民主党派的性质和地位理解不到位；有的在协商过程中以"领导者"自居，在协商过程中提前"定调"，影响或左右协商意见；有的缺乏"雅量"，不能听到不同意见；有的对民主党派的协商能力、协商作用不认同；有的对协商程序、协商技巧把握不好，协商前不通报情况、不给民主党派留出准备时间，协商过程中交流沟通不深入，协商结果反馈和处理不够及时；等等。

其次，从民主党派一方看，有的"角色"意识不强，认识不到他们是政党协商的重要主体，是政党协商的"半边天"，没有民主党派的参与就没有了政党协商。此外还有历史、文化、组织、体制等方面的原因。由于社会基础的复杂性和政党性质的特殊性，民主党派在历史上很长一段时间内被认为是被改造的对象，直到今天，民主党派的政党属性也一直备受争议。从文化原因看，我国曾长期处于封建社会，传统文化中的等级意识、官僚本位羁绊着民主党派的思维。从组织因素看，与中国共产党相比，民主党派的组织化程度相对宽松，其成员多是"个体化"的精英，不易形成高度整合的组织力量。另外，民主党派存在组织"趋同化"、后备力量薄弱的问题，在社会分工越来越细、矛盾和问题越来越尖锐复杂、需要协商的问题难度越来越大的情况下难以适应。

在组织因素中，干部是最为重要的因素。民主党派干部是民主党派的骨干，也是国家干部的重要组成部分。民主党派要按照《中华人民共和国公务员法》《党政领导干部选拔任用条例》对干部进行管理，党派机关干部退（离）休、年度考核、奖惩，都执行国家统一的干部政策。毛泽东提出，对民主党派"要给事做，尊重他们。当做自己的干部一样，手掌手背都是肉，不能有厚薄。对他们要平等，不能莲花出水有高低"①。这是民主党

---

① 中共中央统战部研究室：《历次全国统战工作会议概况和文献》，档案出版社1988年版，第6页。

派履行职能的必备条件。周恩来也曾说："非党人士要有职有权。"① 在中国共产党成为执政党后组建的第一届中华人民共和国中央政府中，有将近半数的领导成员来自民主党派和无党派人士。中央人民政府 6 位副主席中，有 3 位是民主党派人士；政务院 4 位副总理中，有 2 位是民主党派和无党派民主人士；政务委员 15 人中，有 9 人是党外人士。1956 年社会主义改造基本完成后，在国家机关中仍有许多民主党派人士担任着重要的领导职务。随着 20 世纪 50 年代后期"左"的思想的影响，民主党派在政权机构和政府机关担任领导职务的人士逐渐减少。党的十一届三中全会后，随着多党合作的恢复和完善，民主党派人士在人大和政府等国家政权机构中所占比例呈上升趋势，但民主党派干部在整个干部队伍中所占的比例仍然较小。

从体制因素看，互相监督是中国政党制度一项很重要的制度设计和安排。当年保留民主党派的一个非常重要的考虑，就是希望民主党派能够监督共产党："我们有意识地留下民主党派，让他们有发表意见的机会"②。中国共产党与民主党派"长期共存，互相监督"方针的内在逻辑也是如此，"长期共存"的目标之一就是"互相监督"，主要是民主党派监督共产党。这是因为，民主党派的监督具有许多独特的优势：民主党派是政党，其对共产党的监督是高层次的政治监督；民主党派是参政党，具有与执政党不同的视角，而且"一个参加三个参与"便于民主党派实施监督活动；民主党派成员知识层次和知名度较高且"下通各界，上达中央"，具有明显的智力优势和能力优势。如果能真正发挥出民主党派作为监督主体的这些优势，就"能够对于我们党提供一种单靠党员所不容易提供的监督"③。"从总体上讲，无论是执政党干部，还是参政党骨干，对于严格意义上的党际互相监

---

① 《周恩来统一战线文选》，人民出版社 1984 年版，第 175 页。
② 《毛泽东文集》第七卷，人民出版社 1999 年版，第 34 页。
③ 《邓小平文选》第一卷，人民出版社 1994 年版，第 225 页。

督，特别是对于参政党监督执政党，认识上还不够清晰，实际运作中还存在明显的差距。"① 政治协商和参政议政工作也存在着同样的问题。

二、政党协商的常态化路径和推进机制

"完善政党协商制度决不是搞花架子。"② 搞好政党协商，需要中国共产党和各民主党派共同努力，需要从提高协商双方的协商意识和协商能力入手，民主党派重在提高主体意识、民主意识和协商能力，中国共产党重在改变领导方式、提高协商技巧和协商艺术。

（一）民主党派

作为政党协商的参加者、推动者和实践者，民主党派在政党协商中担负着重要责任。为此，民主党派首先要变要我协商为我要协商。一要增强角色意识，认识到自己是政党协商的"主体"。《中国共产党统一战线工作条例（试行）》首次把"参加中国共产党领导的政治协商"③ 列为民主党派的三项基本职能之一，这就意味着政党协商的"主体"是民主党派的基本角色，政党协商工作是民主党派的本职工作，做不好政党协商工作就是失职。二要自信，民主党派多是各行业各领域的专业人才和中高级知识分子，专业素质高、技术能力强，要相信自己能够提出"含金量"高的对策建议。三要主动，既要勇敢地接受中国共产党提出的协商议题，又要积极主动地开展调研、提出议题发起协商，向中国共产党反映自己的意愿和想法。

其次，变不懂协商为真懂协商。民主党派应该意识到协商的价值所在，

---

① 浦兴祖：《试论努力开发中国政党制度中党际"互相监督"的政治资源》，《云南行政学院学报》2003 年第 5 期。

② 《坚持多党合作发展社会主义民主政治　为决胜全面建成小康社会而团结奋斗》，《人民日报》2018 年 3 月 5 日。

③ 《中国共产党统一战线工作条例（试行）》，《人民日报》2015 年 9 月 23 日。

意识到自己在协商中的使命和责任。在协商过程中不能敷衍应付，而是要以集体理性和责任心，理性地表达诉求，负责任地提出有说服力的观点、负责任地回应中国共产党提出的议题、负责任地提出修改完善的建议，做到言之有物、言之有据。

再次，变不敢协商为敢于协商。民主党派是中国共产党的"诤友"，"诤友"就不能搞"一团和气"，而是要知无不言、言无不尽，与中国共产党坦诚地交流、沟通意见；要讲真话、谏真言，有理性批评的勇气，要勇敢地承担起监督责任，督促协商结果的落实。

最后，变不会协商为会协商。民主党派应正视自身的缺陷和不足，认真学习政党协商相关的理论知识；有组织地开展协商意识和协商能力的培训，包括政治素质、大局意识、协调关系化解矛盾的能力、服务社会的能力、提出和分析问题的能力、运用现代科学技术进行信息收集和分析的能力以及解决自身问题的能力，打好提高协商质量的基础；通过多种方式如现场模拟、专题讲座和课堂教学培养民主党派的综合素质；注重人才队伍建设，教育、培养一些政治素质好、协商能力强的人组成专门的协商团队，为政党协商提供组织和人才保障；开展经验交流和推广，把政党协商中比较典型的成功案例和经验介绍给民主党派成员，发挥其榜样作用和示范效应。

（二）中国共产党

中国共产党在政党协商中承担着首要责任，完善政党协商关键在于中国共产党。在西方，政党是在民主政治中产生的，民主催生了政党。而中国不一样，政党在中国出现的时候，中国实行的还是专制制度，是政党推动了中国的民主化。而且，中国的民主进程是在中国共产党的主导下推动的。中国共产党不仅是中国特色社会主义事业的领导核心，对国家和社会生活实施政治、思想和组织领导，而且是唯一的执政党，执掌国家立法、司法和行政等全部国家权力。无论是领导还是执政，中国共产党都是全心全意为人民服务的党，都是为了实现人民的民主权利。"党对国家政治生活的领导，最本质的内容就是组织和支持人民当家做主。"① 可见，发展民主必须以坚持党的领导为前提。政党协商也不例外。

处理好中国共产党的党内民主与民主党派独立自主之间的关系。中国共产党的党内民主是民主党派独立自主性的保障性条件。中国政党协商尤其强调中国共产党的领导，这是我国政党制度最本质的特征。坚持中国共产党的领导，目的是保持各民主党派与中国共产党的政治方向一致。但是，如何处理好共产党的领导与各民主党派的独立自主性之间的关系，使他们在中国政党制度内稳定有序又有活力地开展工作，这是一个关键的问题。而这一问题归根结底还是中国共产党如何实现领导的问题。毛泽东曾对党的领导权问题作过阐述："所谓领导权，不是要一天到晚当作口号去高喊，也不是盛气凌人地要人家服从我们，而是以党的正确政策和自己的模范工作，说服和教育党外人士，使他们愿意接受我们的建议。"② 他还要求共产党员"以互助互让和同生死共患难的精神，以尊重合作中各政党独立性的立场，以谦和互敬互商的工作态度"③ 来处理与各党派之间的关系。要做到这一点，中国共产党必须充分尊重民主党派的自主权，尊重民主党派在法律上的平等地位，更好地保护民主党派的正当权益不受侵害，放手让民主党派独立自主地开展工作，让各民主党派自由自主地决定他们的内部事务。否则，中国政党制度的优势可能会因为民主党派独立性的弱化而弱化，制度设计的政党协商优势也会因此而弱化。

中国共产党党内民主是民主党派职能正常发挥的关键因素。从当前民主党派职能发挥看，无论是政治协商、民主监督还是参政议政，都需要中国共产党创造平等合作的平台，拓宽畅通的沟通渠道，营造透明、安全、和谐的

---

① 中共中央文献研究室：《十三大以来重要文献选编》（中），人民出版社 1991 年版，第 942 页。

② 《毛泽东选集》第 2 卷，人民出版社 1991 年版，第 742 页。

③ 中央档案馆：《中共中央文件选集》第 11 册，中共中央党校出版社 1991 年版，第 754 页。

政治环境。为此，中国共产党必须进一步健全和完善重要情况和重大问题通报制度、政务和党务公开制度，扩大和保障民主党派的知情权；以更加包容的姿态、开阔的胸襟主动、自觉地接受民主党派的监督，用刚性的法律条文明确监督的内容和形式，保障民主党派的监督权利，对于拒绝接受监督特别是打击报复监督者的给予严肃的处分和惩罚；提供良好的制度环境和政治空间，鼓励、保障民主党派自由、平等、信任地与中国共产党展开多方位、多领域、多层次的交流、沟通、对话。只有做到了上述这些，制度设计的政党协商优势才能真正发挥出来。

改善领导方式、提高协商艺术和协商技巧是完善政党协商的重要途径。首先，推进中国共产党党内民主。既然中国共产党的党内民主状况是决定党际关系状况和政党协商走向的决定性和主导性因素，那么，中国共产党在推进政党协商中理所当然地应承担主要的政治责任。"政党要创造民主，政党自身必须民主。不实行民主的政党，遑论创造政治文明、领导政治文明。"①所以，完善政党协商的基本方向仍然是民主，而且首先是中国共产党党内民主。在实践中，中国共产党要按照民主的要求、方式和程序办事，特别是在决策过程中和干部任命过程中，要积极培育党内的民主作风、民主习惯和民主文化、民主氛围，以党内民主的发展增强对民主党派的吸引力和感召力，示范和带动民主党派的政党建设和政党协商的发展。

其次，提高协商艺术和协商技巧。第一，中国共产党要充分认识到政党协商的价值和意义，充分理解政党协商是促进科学民主决策的必经环节和步骤，不能为协商而协商。第二，中国共产党必须摈弃政治优越感和权力中心意识，学习掌握政党协商理论和协商方法，把握政党协商规律，提高协商艺术和协商技巧；应虚怀若谷、包容多样、互谅互让、求同存异、集思广益，创造民主党派乐意讲话、敢讲真话、敢于提出不同意见的和谐氛围，让民主党派更积极参与政党协商；应鼓励各民主党派主动寻找有价值的议题并开展

① 许耀桐：《政治文明与民主政治》，《社会科学战线》2003 年第 4 期。

切实有效的调研，推进民主党派以主动负责的姿态介入国家政治生活。第三，切实为政党协商创造良好的条件。积极帮助民主党派改善工作和生活条件，增强相互之间的信任和情感；为民主党派提供稳定的信息渠道、配备高质量的人员和充足的活动经费支持。另外，由于民主党派干部的选拔和任免坚持"党管干部"原则，为了提高政党协商的质量，中国共产党在做民主党派干部工作时应考虑到对其协商能力和协商意识的考察、培养，要为民主党派搭建平台，从成员发展、干部培养、正职实职安排等方面，特别是在一些关键岗位和优势政治资源的分配时，要切实考虑民主党派的长远发展。

（三）协商程序和机制

近几年来，无论是中央还是地方，政党协商理论和实践都取得了可喜的成绩。《关于加强政党协商的实施意见》进一步明确了政党协商的概念，规范了政党协商的内容、程序和保障机制，规定了知情明政、工作联系、考察调研和协商反馈机制，并对四种机制作出了具体明确规范，使政党协商有制可依、有规可守、有序可循。但是，与政党协商制度优势及现实需求相比，政党协商实践特别是地方的政党协商仍然存在不小的差距，政党协商仍然需要进一步加强和完善。

1. 明确协商双方的权责

政党协商的制度基础是中国共产党领导的多党合作和政治协商制度，这一制度包含了三个关键词，即"中国共产党领导""多党合作"和"政治协商"。而在少数地方和领域，党的领导往往更多地被强调和重视，多党合作和政治协商往往被忽视和弱化。民主党派也存在协商积极性不高、协商能力不足的缺陷，致使政党协商的制度优势不能充分释放。"接受共产党的领导和各民主党派的独立活动这两个方面都是政治生活的良好发展所必需的。"①

---

① 王邦佐：《中国政党制度的社会生态分析》，上海人民出版社 2000 年版，第343 页。

因此有必要制定相应的法律法规，在可能的范围内对协商双方的权责、资源配置进行合理的规范。一方面明确党的领导是政治领导，是把握原则和方向，起到总揽全局协调各方的作用。"坚持中国共产党的领导，不是不要民主了，而是要形成更广泛、更有效的民主。我们应该不忘多党合作建立之初心，坚定不移走中国特色社会主义政治发展道路，把我国社会主义政党制度坚持好、发展好、完善好。"[①] 中国共产党必须改善领导方式、提高协商能力和协商艺术。另一方面确保民主党派的组织独立，确保民主党派享有与中国共产党平等参与协商活动的权利；民主党派也应意识到自己是政党协商的"主体"，从而主动担责、理性建言，同时注重协商能力的提升。

此外，行使权力就要接受监督和制约，当前特别需要制定相关的法律法规，对中国共产党和民主党派在政党协商中应该享有的权利和承担的义务进行明确的规定和划分，同时制定相应的责任追究机制，确保协商双方的协商权利不受侵害，避免协商行为因"领导人的看法和注意力的改变而改变"[②]，调动民主党派参与协商的主动性和积极性，确保协商资源的公平分配、协商过程的公开透明以及协商结果的公正有效，确保民主党派提出的合理建议被纳入决策环节。发挥报刊、网络等媒体的作用，既要充分肯定和鼓励政党协商中比较好的做法和经验、先进的个人和单位，并将它们推介出去，又要敢于曝光那些态度不端正的单位和个人，奖善罚恶，奖惩分明。

2. 细化协商内容

《关于加强政党协商的实施意见》就中央层面的政党协商规定了七大方面的内容，从措辞来看，纳入政党协商视野的都是些"重要""重大"问题，但有的表述过于笼统和宏观，到底重要、重大到什么程度才算重要和重大，不好把握、不便操作。而对于地方的政党协商，文件没有做出相应的规定，因此，各地应出台相应的规范性文件以明确政党协商的内容。

[①] 《坚持多党合作发展社会主义民主政治 为决胜全面建成小康社会而团结奋斗》，《人民日报》2018年3月5日。

[②] 《邓小平文选》第二卷，人民出版社1994年版，第146页。

3. 规范协商程序

《关于加强政党协商的实施意见》对中央层面的会议协商、约谈协商、书面协商三种协商形式的流程进行了细化和安排，突出了实践性和可操作性，但有些流程还不够具体。在地方层面，近几年有些省市根据当地的情况尝试制定了相关的政党协商法规、规程，但是也存在各种各样的问题。为此，可以在《关于加强政党协商的实施意见》的基础上引入 5W2H 分析法（七何分析法），即 WHAT（什么）+WHY（为什么：原因和理由）+WHEN（时间）+WHERE（地点）+WHO（主体）+HOW（方式方法）+HOW MUCH（程度、数量），在协商前、协商中、协商后三个重要环节都按照 5W2H 的要素设计问题，比如，议题是什么、为什么提出这一议题、由谁提出议题、什么时间通报给对方、在哪里协商、由谁来主持、如何开展调研、协商结果由谁落实、落实情况由谁监督和反馈等，然后针对这些问题制定出一套操作性强的实施办法和细则。这样，政党协商的每个环节、每个步骤都用一定的制度和"规矩"把它们固定下来，保障协商有法可守、有章可依、有规可循、有序可遵。

4. 健全协商机制

没有规矩，不成方圆。政党协商的效果既取决于协商双方对协商重要性的认识程度，取决于协商双方的主动和自觉程度，取决于协商双方协商能力的高下，更取决于将双方联结起来的协商机制是否健全。一是知情明政机制和工作联系机制。虽然目前已经初步形成了一些信息公开和通报的渠道，包括情况通报会、专题报告会、对口联系制度等，但党派获取信息的渠道仍然较少，特别是一些核心的信息，造成信息不对称、不均衡，这必然导致民主党派因掌握信息不全而难以把握相关议题的整体情况，所提出的协商意见难免笼统。目前，需要在《关于加强政党协商的实施意见》的基础上制定一些细则，明确哪些部门和单位需要向民主党派报送经济社会发展的重要信息，并规定报送频率和时间；明确规定应提前多久把与议题相关的信息传达给民主党派；重大事件和突发事件应及时通报；民主党派需要查询相关信息时相关单位应予以支持；加强对口联系制度的落实；等等。

二是考察调研机制。目前，民主党派中央开展的考察调研一般是中共中央委托的调研项目和中共中央统战部确定的调研题目。至于地方民主党派开展什么样的调研、怎么样开展调研，需要做出相应的制度安排。另外，可以尝试建立相应的机制发挥民主党派的比较优势和整体优势。比如，在涉及我国台湾问题的公共政策时，台盟就应该发挥自身政党特色和比较优势，主动请缨并进行跟踪调研，在掌握第一手资料的基础上提出有针对性的对策建议。为了发挥民主党派的整体优势，可以尝试建立一个网络平台，实时发布政党协商的相关信息，集中高等院校、科研机构以及社会组织中民主党派成员的智慧和力量，提高民主党派成员对协商的参与度，最大限度地凝心聚智。

三是协商反馈机制。协商结果的采纳和办理落实情况是检验政党协商是否有效的关键。由于有"协商于决策之前和决策实施之中"原则的规定，一些地方党委不得不在重大决策之前先行协商，但实际上并不重视协商结果的落实和反馈。因此，有必要制定出一个更具体的协商反馈办法，及时将协商结果的处理情况反馈给各民主党派，对于合理的建议应落实相关单位限时办理，对于没有采用的意见建议应给出理由和解释。对于落实不力、推诿扯皮的部门和单位应给出惩处办法。

另外，可以尝试建立干部考评和奖惩机制，将开展政党协商的情况纳入领导干部的考核体系中来；探索建立监督或评估政党协商的专门机构，对政党协商的各个环节进行有效监督，确保民主党派提出的合理建议被纳入决策环节。

第二章 人大协商

立法协商是科学立法、民主立法、依法立法的实践要求，是对传统立法程序的创新和完善。但是，在立法协商中，党、人大、政协和社会公众各有不同的角色定位。党是立法协商的领导力量，人大是立法协商的主导机关，政协是立法协商机构和平台，社会公众是立法协商的力量源泉。推动立法协商向好发展，必须改善党的领导方式，健全人大主导立法协商工作的体制机制，厘清人民政协在立法协商中的职责边界，提升社会公众参与立法协商的积极性和协商效能。

第一节 人大选举与人大协商的优势互补和协同发展

在不同历史时期，人们对"民主"概念有着不同的理解，由此也出现了许许多多不同称谓的民主理论，如精英民主、多元民主、直接民主、间接民主、竞争民主、参与民主、代议民主、协商民主、自治民主、自由主义民主、共和主义民主、马克思主义民主等。这些形形色色的民主理论都认同民主目标的合理性，其差别就在于它们对如何实现民主即民主的模式或途径有不同的理解。民主实践必须建立在本国具体的国情与经验之上，国情不同，各国的民主形式也不可能完全一致，关键是根据各自的历史文化传统、现实环境和条件持续不断地进行实践尝试、制度建设，然后再进行实践调适和创新。"照抄照搬他国的政治制度行不通，会水土不服，会画虎不成反类犬，甚至会把国家前途命运葬送掉。只有扎根本国土壤、汲取充沛养分的制度，才最可靠、也最管用。"①

一、选举+协商：中国互补互动的双轨民主模式

我国采取的是"选举+协商"的民主模式："人民通过选举、投票行使权利和人民内部各方面在重大决策之前进行充分协商，尽可能就共同性问题取得一致意见，是我国社会主义民主的两种重要形式。"② 选举民主和协商民主都是实现民主目标的重要模式，二者既有区别又有联系。选举民主是最直观的民主模式，人民代表大会制度是中国选举民主的核心制度载体；协商民主是最具中国特色的民主模式，中国共产党领导的多党合作和政治协商制度是中国特色协商民主最为典型的制度安排。

选举民主是现代民主政治的标志。选举是公民按照一定的程序表达自己意志的行为。西方的许多民主理论都把选举作为其民主理论的核心。比如，精英民主理论的集大成者、美国学者约瑟夫·熊彼特就指出："民主方法就是那种为作出政治决定而实行的制度安排，在这种安排中，某些人通过争取人民选票取得作决定的权力。"③ 塞缪尔·亨廷顿在他的《第三波——20世纪后期民主化浪潮》一书中则把熊彼特的思想作了进一步的发挥。他认为："民主政治的核心程序是被统治的人民通过竞争性的选举来挑选领袖。"④ 而

① 《习近平谈治国理政》第二卷，外文出版社 2017 年版，第 286 页。
② 中共中央文献研究室：《十六大以来重要文献选编》（下），中央文献出版社 2008 年版，第 260 页。
③ ［美］约瑟夫·熊彼特：《资本主义、社会主义与民主》，吴良健译，商务印书馆 1999 年版，第 395—396 页。
④ ［美］塞缪尔·亨廷顿：《第三波——20 世纪后期民主化浪潮》，刘军宁译，上海三联书店 1998 年版，第 4 页。

且他指出，"如果用普选的方式产生最高决策者是民主的实质，那么民主化过程的关键点就是用在自由、公开和公平的选举中产生的政府来取代那些不是通过这种方法产生的政府"①。乔·萨托利认为："民主是择取领导的竞争方法的副产品。其所以如此，是因为选举权会以反馈方式让当选者留心其选民的权力。简言之，竞争的选举产生民主。"② 科恩在其《论民主》一书中把民主定义为一种"社会成员大体上能直接或间接地参与，或可以参与影响全体成员的决策"③ 的社会体制。虽然这些民主理论观点侧重点有所不同，但它们的共性在于都把"选举"作为其理论的核心内容。

经过多年的发展，选举民主成为一种相对比较成熟的民主范式，成为目前世界各国普遍采用而且在今后相当长时间内或许仍将继续采用的民主的重要形式。现代大多数国家都实行代议民主制，而代议民主的基本前提就是代表的选举，公民通过投票选举这一制度化的通道来表达他们自己的内心意愿和政策偏好，从而对增强公民的归属感和责任感、调动他们广泛参与政治的热情产生积极作用。而且，通过定期的选举，人民还可以撤换他所不满意的代表，直至重新组建新的政府，这样就使政权权威的产生和公共政策的制定具备了合法性的前提。可以说，选举最能直观地反映出人民当家作主的民主本质。一个国家选举制度的民主性及其完善程度可以直观地反映出该国的政治民主化水平。甚至可以说，没有广泛的选举就没有代议制度，也就没有现代民主政治。选举为现代政治生活注入了活力。

协商民主是民主理论和实践的新发展。在肯定选举是民主的主要形式的同时，还应当看到民主具有广泛的内涵，选举不是民主的唯一形式。"人民代表大会是权力机关，有了人大，并不妨碍我们成立政协进行政治协商。各

---

① [美] 塞缪尔·亨廷顿：《第三波——20 世纪后期民主化浪潮》，刘军宁译，上海三联书店 1998 年版，第 7 页。
② [美] 乔万尼·萨托利：《民主新论》，冯克利、阎克文译，东方出版社 1998 年版，第 171 页。
③ [美] 科恩：《论民主》，聂崇信、朱秀贤译，商务印书馆 2004 年版，第 10 页。

党派、各民族、各团体的领导人物一起来协商新中国的大事非常重要……人大的代表性当然很大，但它不能包括所有的方面，所以协商仍有存在的必要。"① 20 世纪后期在西方兴起的协商民主"指的是这样一种治理形式，平等、自由的公民借助对话、讨论、审议和协商，提出各种相关理由，尊重并理解他人的偏好，在广泛考虑公共利益的基础上，利用理性指导协商，从而赋予立法和决策以政治合法性"②。协商民主是在反思和批判传统选举民主模式在当代发展过程中的局限的基础上提出的，它对于培育公民积极的政治心态、消融冲突、消除政治异化、实现政治自治、推动科学决策和节约政治成本等都具有十分积极的意义。协商民主能够破解选举民主的困境，弥补选举民主的缺陷，是对选举民主模式的完善和补充。协商民主的提出标示了"民主理论的一种新发展，或者说民主理论的转向"③。"民主走向协商，表明人们在持续关注着民主的真实性：在多大程度上，民主控制是实质性的而不是象征性的，而且公民有能力参与其中。"④

"中国能够实行什么样的民主……有一个'路径依赖'的问题。"⑤ 中国传统政治文化中蕴含着协商精神。恩格斯曾说过："历史从哪里开始，思想进程也应当从哪里开始，而思想进程的进一步发展不过是历史过程在抽象的、理论上前后一贯的形式上的反映。"⑥ 我国以"和"为核心价值的传统政治文化对多样性和多元化的肯定以及对多元共存和发展的强调，与现代民主政治的基本精神具有一定的契合性，这种具有协商精神的文化基础为协商民主政治的确立提供了良好的精神资源和文化背景。中国共产党自成立以来就一贯坚持民主协商与党的领导相统一，坚持统一战线与武装斗争相结合。

---

① 《建国以来毛泽东文稿》第 4 册，中央文献出版社 1990 年版，第 633—634 页。

② 陈家刚：《生态文明与协商民主》，《当代世界与社会主义》2006 年第 2 期。

③ 陈家刚：《协商民主》，上海三联书店 2004 年版，第 1 页。

④ ［澳］约翰·S. 德雷泽克：《协商民主及其超越：自由与批判的视角》，丁开杰等译，中央编译出版社 2006 年版，第 1 页。

⑤ 李君如：《中国能够实行什么样的民主？》，《北京日报》2005 年 9 月 26 日。

⑥ 《马克思恩格斯选集》第 2 卷，人民出版社 1995 年版，第 43 页。

中国共产党与各民主党派及其他社会力量从"联合革命"到"协商建国"再至"合作治国"的内在逻辑奠定了以后政治协商的基石,由此也产生了新中国成立后民主模式的"路径依赖"问题。

选举民主与协商民主是两种不同的民主模式,它们之间的区别是显而易见的,但二者都是中国特色社会主义的两种基本的民主形式,它们之间具有密不可分的联系。

首先,二者都是实现民主的不可缺少的模式,它们在目标、宗旨、原则和功能上有很多共同之处。黄卫平教授指出:虽然竞争性民主与协商性民主的价值理念、运作思路和方式方法迥异,但都是以利益分化及价值多样的多元社会为基础的,其根本目的都是为了协调和解决社会利益矛盾,都强调公民和组织通过制度化的程序及机制参与政治生活;二者优劣势同在;竞争和协商从来就是以相互结合的方式融合在民主政治的现实操作之中的。① 换句话说,虽然选举民主与协商民主的运作方法和程序过程有所不同,但无论是选举还是协商,都是健全民主制度、规范民主形式、完善民主程序最终抵达民主价值的形式和手段;从本质上说,二者都应该以维护公民的应有权利、实现主权在民,使最广大的人民享有最充分的民主为宗旨;都强调公民和组织通过制度化的程序及机制参与政治生活,都应以宪法和法律为依据,都要求参与者的机会平等,都应遵守公开、公平、公正原则;从功能上说,二者都有助于避免社会暴力与冲突、保障公民政治权利、促进政治参与、促进公共政策的科学制定、降低民主的社会成本、增强政治合法性等。

其次,二者各有利弊,互相补充。选举民主与协商民主在民主政治中都发挥着不可替代的作用,但它们都不是完备的无懈可击的理论和实践模式。"不管选举对民主政治有多么地关键,也仅仅是周期性地举行,并且只允许

---

① 黄卫平、陈文:《我国民主政治发展的现实选择——对"竞争性民主"与"协商性民主"的思考》,《理论探讨》2005 年第 6 期。

公民在政党提供的高度集中的对象里选择，特别是民主化的早期阶段，这种情况容易衍生出让人眼花缭乱的变种"①，诸如贿选、虚报选票数、假票等选举舞弊现象。"在竞争性体制中被异化为选票，公民的情感、个性、价值观和多元偏好被简化为选票数量的数学运算。"② 因此我们在认识到选举对民主政治的巨大意义的时候，还必须考虑到选举并不是政治生活的一剂灵丹妙药，选举本身不能解决所有的政治问题。协商可以包容各方、平等交流、理性讨论，有利于加强沟通、增进理解、形成共识，能够使我们的民主更广泛、更充分、更充满活力，在一定程度上可以弥补选举民主的不足。"在中国共产党统一领导下，通过多种形式的协商，广泛听取意见和建议，广泛接受批评和监督，可以广泛达成决策和工作的最大共识，有效克服党派和利益集团为自己的利益相互竞争甚至相互倾轧的弊端；可以广泛畅通各种利益要求和诉求进入决策程序的渠道，有效克服不同政治力量为了维护和争取自己的利益固执己见、排斥异己的弊端；可以广泛形成发现和改正失误和错误的机制，有效克服决策中情况不明、自以为是的弊端；可以广泛形成人民群众参与各层次管理和治理的机制，有效克服人民群众在国家政治生活和社会治理中无法表达、难以参与的弊端；可以广泛凝聚全社会推进改革发展的智慧和力量，有效克服各项政策和工作共识不高、无以落实的弊端。这就是中国社会主义协商民主的独特优势所在。"③

协商民主建构于特定的基础之上，它的实际运行需要一系列现实条件的保障，如果这些条件不能满足，协商民主就会面临诸多困境，比如协商主体地位不平等、信息不对称、协商渠道不畅通等都会影响协商的成效。正因为此，自提出以来，协商民主也遇到了观望、论争、批评甚至贬斥。即便如

---

① ［法］让-马里·科特雷、克洛德·埃梅里：《选举制度》，张新木译，商务印书馆1996年版，第102—103页。

② 郑慧：《中国的协商民主》，《社会科学研究》2012年第1期。

③ 《习近平谈治国理政》第二卷，外文出版社2017年版，第295—296页。

此，"甚至批评者也倾向于承认民主协商的自然魅力"①，包括其对理性、包容性、多元性、平等性、公共性、程序性等价值方面的追求等。因此，对于选举民主和协商民主来讲，不是某一种民主形式天然地优于另一种民主形式，也并非要在二者之间作出"单项选择"，而应把这两种民主形式结合起来，把两种民主形式的优点都突出出来。

再次，二者又具有互动作用，它们常常以相互结合、相互渗透、相互交织的方式融合在民主政治的现实实践之中。选举中有协商，协商中也有选举。在代表和委员的产生程序上，我国人大代表、党代会代表的产生，从代表候选人的推荐提名，到确定代表候选人预备人选、初选名单，都要经过多次协商、反复酝酿，广泛听取意见；政协委员虽由协商产生，政协工作也主要采取尊重多数、理性协商、求同存异的原则，但政协常委等一些人选的产生也还是需要经过选举程序。在组织形式上，在政协组织中有中国共产党的代表；在全国和地方各级人大中也有民主党派及无党派人士担任领导职务或代表。正如有些学者所强调的：协商民主与选举民主两种形式在我国政治生活中是相辅相成、相互补充、不可缺少的，无论是选举还是协商，对实现我国政治生活的民主化都具有不可替代的作用；二者是互相联系、互相渗透、交织在一起的，不仅选举中有协商，而且协商中也有选举表决；它们是平等的，不存在高低贵贱之分。② 选举民主和协商民主"不是非此即彼、相互对立，而是互为补充、相辅相成。选举与协商往往互相渗透，选举中有协商，协商中有选举。选举并不只是最后的投票，在投票之前也有大量的沟通和协商。选举之前越充分协商，选举的质量越高、效果越好。协商也不仅仅是意见的交流和讨论，协商之后的共识往往对决策产生重要影响，是完善决策的重要来源"③。在制度安排上，二者相互融合的明显表现就是中国共产党领

① 陈家刚：《协商民主》，上海三联书店 2004 年版，第 43 页。
② 陈惠丰：《试析协商民主的含义》，《人民政协报》2006 年 12 月 26 日。
③ 张献生、吴茜：《试论中国社会主义协商民主制度》，《政治学研究》2014 年第 1 期。

导的多党合作和政治协商制度与人民代表大会制度是作为统一的制度体系而存在的，由此构成了我国现行政治制度的基本框架。在开会的时间和议程安排上，政协全国委员会全体会议与全国人大全体会议同期举行，政协可对人民代表会议将要讨论的问题提出意见或提交议案，可对国家机关及其工作人员进行批评监督，政协委员也列席全国人大会议的一些重要议程。

世界上的任何一种民主，都是具体和相对的，而不是抽象和绝对的。习近平总书记强调，"实现民主的形式是丰富多样的，不能拘泥于刻板的模式，更不能说只有一种放之四海而皆准的评判标准"[1]。选择什么样的民主模式，必须从本国的具体情况出发，充分考虑本国的社会结构、历史背景、文化传统、政治制度和经济发展水平，探索符合时代发展趋势和具体国情的模式。"我国的民主制度是'选举+协商'的民主制度。"[2] 如果把民主政治建设比喻为一辆驶向民主目标的列车的话，选举民主和协商民主则是车之两轨，只有二者并行不悖，相互配合，民主政治建设才能顺利达到目标。但如果缺少其中任何一条，或者任何一条遭到破坏，民主列车就会偏离方向。在中国，协商民主与选举民主是互相交融、互为补充、相得益彰的关系。重视"政协民主"，并不意味要将它与"人大民主"完全"等质齐观"，更不是要淡化"选举民主""人大民主"。同样，承认它们的"质"的区别，也不是要贬低"政协民主"乃至"协商民主"。我们需要的是推进两种民主形式的共同发展，使它们各见功效，各显特色，互相补充，相得益彰。[3] 正如习近平总书记在庆祝中国人民政治协商会议成立 65 周年大会上的讲话时所强调的："在我们这个人口众多、幅员辽阔的社会主义国家里，关系国计民生的重大问题，在中国共产党领导下进行广泛协商，体现了民主和集中的统一；人民通过选举、投票行使权利和人民内部各方面在重大决策之前进行充分协商，尽可能就共同性问题取得一致意见，是中国社会主义民主的两种重

---

① 《习近平谈治国理政》第二卷，外文出版社 2017 年版，第 292 页。
② 李君如：《协商民主：重要的民主形式》，《文汇报》2006 年 7 月 27 日。
③ 浦兴祖：《有关"协商民主"的三个关系》，《联合时报》2006 年 9 月 29 日。

要形式。在中国，这两种民主形式不是相互替代、相互否定的，而是相互补充、相得益彰的，共同构成了中国社会主义民主政治的制度特点和优势。"①当然，民主目标的实现也不是一朝一夕完成的，只有协商民主和选举民主双轨并行，中国的民主政治建设才能持续健康发展。

二、人大选举+人大协商： 协同发展的人大民主

民主的本质是人民当家作主。如列宁所说，一方面，"群众应当有权为自己选举负责的领导者。群众应当有权撤换他们。群众应当有权了解和检查他们活动的每一个细节"②；另一方面，民主"不仅仅需要民主形式的代表机构，而且需要建立由群众自己从下面来全面管理国家的制度，让群众有效地参加各方面的生活，让群众在管理国家中起积极的作用"③。在社会主义中国，不仅要实现一切国家权力属于人民，更要通过民主实践直接、有效地行使权力真正实现人民当家作主。"社会主义民主不仅需要完整的制度程序，而且需要完整的参与实践。人民当家作主必须具体地、现实地体现到中国共产党执政和国家治理上来，具体地、现实地体现到中国共产党和国家机关各个方面、各个层级的工作上来，具体地、现实地体现到人民对自身利益的实现和发展上来。"④

人大选举是中国选举民主的核心制度安排。人民代表大会制度是我国社会主义选举民主的核心制度安排。我国是社会主义国家，社会主义民主以人民当家作主为核心，以主权在民为最高原则。人民代表大会制度是我国根本的政治制度，以人民代表大会制度为制度载体的选举民主是实现中国民主政治的必要条件。在工人阶级及其政党的领导下，人民根据宪法和法律的规定

① 《习近平谈治国理政》第二卷，外文出版社 2017 年版，第 293 页。
② 《列宁全集》第 34 卷，人民出版社 1985 年版，第 143—144 页。
③ 《列宁全集》第 29 卷，人民出版社 1985 年版，第 287 页。
④ 《习近平谈治国理政》第二卷，外文出版社 2017 年版，第 292 页。

和程序选举人民代表，由人民代表选举国家各级领导成员，组成国家权力机关、司法机关和行政机关，代表人民行使国家权力，管理社会的经济、政治、文化等各项事业。人民代表大会制度是人民通过选举、投票行使权利的主要渠道和制度保证。如果没有人民代表的民主选举，或民主选举流于形式，主权在民抑或人民当家作主都将失去实现的平台而成为仅仅具有宣传意义的空洞口号。

为了保障人大代表的民主选举真正得到落实，我国选举法明确规定了选举权的普遍性和平等性原则、直接选举和间接选举并用原则、差额选举原则、无记名投票原则、选举权利保障原则，还规定了选区的划分办法、选民登记办法、代表候选人的提出和确定程序、投票选举程序等，从法律上保证了选民的民主权利神圣不可侵犯，从具体的实施办法和操作程序上确保了选民民主权利的实现。

人大协商是社会主义协商民主的重要组成部分。追根溯源，我国的权力机关设置是建立在协商民主基础上的。具有协商民主因素的"三三制"苏维埃民主政权是中国权力机关的雏形，最能代表中国协商民主特色的中国人民政治协商会议在新中国成立之初代行了全国人大的职权。1954 年开始逐步建构起来的人民代表大会制度虽然是正式意义上的选举民主形式，但中国共产党并没有排除或废弃协商民主形式，而是仍然保留了人民政协的机构设置和实践形式，即使在人大选举实践中，也不是一蹴而就地完全实行选举民主。

在中国发展协商民主"可以视为是不实行竞争性选举、关闭权力竞争通道条件下，对民主机制的一种救济，即以重点发展协商民主救济缺乏竞争性选举民主带来的缺失"①。在今天的中国政治实践中，进一步推进和扩大竞争性选举的政治愿望和政治空间都是相对较小的，相反，近些年党的政治

①　房宁：《协商民主是当代中国民主的重要特色》，《中国政协理论研究》2018 年第 4 期。

报告、政治文件对推进协商民主制度建设和政治实践的热情却比较高。2006年2月颁发的《中共中央关于加强人民政协工作的意见》首次提出"人民通过选举、投票行使权利和人民内部各方面在重大决策之前进行充分协商，尽可能就共同性问题取得一致意见，是我国社会主义民主的两种重要形式"①。此后，协商民主就逐渐进入人们的视野。但直到接近10年之后的2015年，才产生"人大协商"的概念。从我国协商民主的发展进程看，最初的协商民主多是指以中国共产党领导的多党合作和政治协商制度为载体的协商民主，即政协协商和政党协商。而提到人大，人们想当然地想到的是选举、投票，这种习惯性思维常常把人大和协商民主分离开来，削弱协商在人大工作中的作用和分量，影响人大工作和职能的发挥。事实上，人大不是协商民主的对立物，只有把人大和协商结合起来，在协商民主中增加人大协商的形式，才能为协商民主的广泛、多层、制度化发展开拓更为广泛的空间；只有在人大工作中加强协商民主建设，才能凸显人民代表大会制度的"人民性"特征和优势，同时推进人大的制度完善和实践创新。

人民代表大会制度是我国人民行使国家权力的机关，是保证人民当家作主的根本政治制度。在我国，人大代表由人民直接或间接选举出来代表人民统一管理国家事务，人民不仅有权选择人大代表并随时向他们反映自己的要求，而且有权监督、依法撤换或罢免人大代表，因此说，人民代表大会制度能够体现我国"一切权力属于人民"的社会主义民主本质，保证国家权力体现人民意志。《中共中央关于全面深化改革若干重大问题的决定》提出"拓宽国家政权机关的协商渠道"②，为人大工作引入协商民主制度、更好地发挥人大功能提供了依据。在此基础上，2015年《关于加强社会主义协商民主建设的意见》才第一次提到人大协商，要求各级人大"依法行使职权，

① 中共中央文献研究室：《十六大以来重要文献选编》（下），中央文献出版社 2008 年版，第 260 页。

② 《中共中央关于全面深化改革若干重大问题的决定》，《人民日报》2013 年 11 月 16 日。

同时在重大决策之前根据需要进行充分协商，更好汇聚民智、听取民意，支持和保证人民通过人民代表大会行使国家权力"①。在人大工作中加强协商民主建设，能够丰富民主形式、拓宽民主渠道、健全民主制度，为协商民主提供更宽广的空间，更好地推动人民当家作主的实现；能够推动人大工作与时俱进，改善人大工作的方式方法，增添人大工作的时代性和民主性，进一步彰显人大制度的优势。

有人说，既然人大代表是人民民主选举产生出来代表人民行使国家权力的，只要发挥好人大代表的作用就可以了，那为什么还需要进行协商呢？如前所说，人大选举民主只是解决了"谁"来代表人民行使国家权力这一核心问题，至于人大代表采取什么样的方式代表人民以及能不能真正完全代表人民等问题就不是单靠选举就能解决的了，这就需要在人大选举民主基础上继续探索人大协商民主。也就是说，在人大制度范围内，不是只有选举民主这一单一选择，也要采取协商民主的方式，即"选举+协商"的民主形式。但是，需要明确的是，提倡人大协商，不是要延缓选举民主，也不是要代替选举民主，选举民主仍然是人大民主的主要形式。

"把协商纳入到政治中来最常规的做法就是试图把协商因素吸纳到成规的国家制度中来，主要是立法机关和法院。"②《关于加强社会主义协商民主建设的意见》提出"深入开展立法工作中的协商""发挥好人大代表在协商民主中的作用""鼓励基层人大在履职过程中依法开展协商，探索协商形式，丰富协商内容"③ 等，这就意味着立法协商是人大协商的重点，人大代表是人大协商的重要主体，基层人大在人大协商中发挥着重要作用。

对于人大协商的概念，《关于加强社会主义协商民主建设的意见》并没

①　中共中央文献研究室：《十八大以来重要文献选编》(中)，中央文献出版社 2016 年版，第 294 页。

②　何包钢：《协商民主：理论、方法和实践》，中国社会科学出版社 2008 年版，第 25 页。

③　中共中央文献研究室：《十八大以来重要文献选编》(中)，中央文献出版社 2016 年版，第 295 页。

有给出界定。学界一般把人大的职能定位和协商民主概念结合起来理解人大协商，比如，"人大协商民主是各级人民代表大会及其常委会在依法行使立法、重大事项决定、人事任免和监督等法定职权的过程中，围绕经济社会发展的重大问题以及涉及人民群众切身利益的实际问题，通过各种途径与形式在人大代表之间和与人民群众进行充分协商"①；有的侧重于从协商内容角度界定人大协商，比如，人大协商是指人大"围绕行使立法权、重大事项决定权、人事任免权、监督权，以法律法规立改废释及经济社会发展重大问题、涉及群众切身利益的实际问题等为内容"② 的协商；有的侧重于从决策角度界定人大协商，比如，人大协商指的是人大"在党的集中统一领导下，围绕党委重大决策、政府着力推进、社会普遍关注的人大职权范围内的重要议题，运用多种方式，在决策之前和决策之中根据需要进行充分协商"③；也有的侧重于人大协商中的立法职能，比如，"人大协商主要是指人民代表大会制度中立法过程中所体现的协商原则、协商方法、协商程序等的总称"④。

第二节　立法协商：人大协商的重点

人大协商主要包括立法工作协商、监督工作协商、决定重大事项工作协商、选举任免工作协商和人大代表工作协商等。其中，立法协商是人大协商工作的重点领域，推动人大立法协商最为关键的是要健全人大主导立法工作的体制机制，发挥人大及其常委会在立法工作中的主导作用。

---

① 范会勋：《中国社会主义协商民主问题研究》，中共中央党校 2014 年博士学位论文。
② 肖永明：《协商民主：人大不应"缺席"》，《人大研究》2015 年第 3 期。
③ 山东省人大常委会研究室课题组：《对地方人大协商主体的确定及其优势分析》，《山东人大工作》2017 年第 5 期。
④ 姜其沅：《我国社会主义协商民主完善研究》，山东大学 2015 年博士学位论文。

一、立法协商： 立法工作中的协商民主

从根本上说，立法协商是民主立法的要求。早在 1982 年全国人民代表大会常务委员会工作报告中就明确提出立法要充分走群众路线。1997 年，党的十五大报告强调："依法治国，就是广大人民群众在党的领导下，依照宪法和法律规定，通过各种途径和形式管理国家事务，管理经济文化事业，管理社会事务，保证国家各项工作都依法进行，逐步实现社会主义民主的制度化、法律化，使这种制度和法律不因领导人的改变而改变，不因领导人看法和注意力的改变而改变。"[1] 为了规范立法活动，提高立法质量，发挥立法的引领和推动作用，保障和发展社会主义民主，2000 年，第九届全国人民代表大会第三次会议通过《中华人民共和国立法法》，在"总则"第五条中明确规定：立法应当体现人民的意志，发扬社会主义民主，坚持立法公开，保障人民通过多种途径参与立法活动。

党的十八大报告提出了立法协商的思路："支持人大及其常委会充分发挥国家权力机关作用，依法行使立法、监督、决定、任免等职权，加强立法工作组织协调""加强重点领域立法，拓展人民有序参与立法途径。"[2] 在此基础上，党的十八届三中全会报告首次正式提出要"拓宽国家政权机关、政协组织、党派团体、基层组织、社会组织的协商渠道。深入开展立法协商、行政协商、民主协商、参政协商、社会协商"[3]。党的十八届四中全会报告进一步指出："健全立法机关和社会公众沟通机制，开展立法协商，充分发挥政协委员、民主党派、工商联、无党派人士、人民团体、社会组织在

① 《改革开放三十年重要文献选编》（下），人民出版社 2008 年版，第 906 页。
② 《坚定不移沿着中国特色社会主义道路前进　为全面建成小康社会而奋斗》，《人民日报》2012 年 11 月 9 日。
③ 中共中央文献研究室：《十八大以来重要文献选编》（上），中央文献出版社 2014 年版，第 528 页。

立法协商中的作用，探索建立有关国家机关、社会团体、专家学者等对立法中涉及的重大利益调整论证咨询机制。"① 随后，在中共中央《关于加强社会主义协商民主建设的意见》中第一次提出了人大协商的概念并把立法协商作为人大协商的重点：要"深入开展立法工作中的协商。制定立法规划、立法工作计划，要广泛听取各方面的意见和建议"②。

立法协商是协商民主在立法工作中的体现和应用。"立法协商本质上是一种提炼民意、凝聚民智的方式，通过立法机关与社会各方的沟通协商，在对各种不同的观点和意见进行比较、辩论、权衡、妥协和商谈的基础上，尽可能地形成共识，从而使制定的法律具有较好的民意基础，更好地体现公共利益和民众福祉。"③ 人民代表大会制度是坚持党的领导、人民当家做主、依法治国三者有机统一的根本政治制度，人大立法协商就是人大及其常委会在法律文件的立、改、废之前与其他国家机关、民主党派、人民团体、社会组织、社会公众等进行协商的过程，是集中民智、体现民意、维护民利的过程。只有经过了开门立法、协商立法的程序，人大所立之法才是"合法之法"。这也是近年来无论是中央还是地方都在积极推动公民参与立法的内在驱动。另外，虽然说人大立法的主导权在人大，但人大立法常常受党委和政府的立法动议影响。因此，引入协商民主是削减行政主导因素、积极回应社会诉求的必然要求。

对于立法协商概念，学界有不同的理解，有的侧重于"立法"，有的侧重于"协商"。这里试举几例。（1）"立法协商就是指在立法过程中，有立法权的有关机构，按照规定的程序与有关机构、部门、或人士，或面向社会公众，就立法的内容和有关事项通过座谈、沟通、论证、听证、评估、

---

① 《中共中央关于全面推进依法治国若干重大问题的决定》，《人民日报》2014年10月29日。
② 《关于加强社会主义协商民主建设的意见》，《人民日报》2015年2月10日。
③ 戴激涛：《立法协商：理论、实践及未来展望》，《天津行政学院学报》2017年第4期。

征求意见等形式征集意见与建议，并作出反馈的体现协商民主的行为。"①
（2）"立法协商，是指具有立法权的人大及其常委会或其行使相关立法权限
的法定主体，在立法活动中与特定或者不特定主体之间的协商民主活动。"②
（3）"立法协商，是指政协有关专门委员会和政协委员，在立法机关初审之
前，对有关法律法规草案进行论证、协商，发表意见和建议的活动。"③
（4）"立法协商，是指政协委员或者政协有关专门委员会，针对相关法律法
规草案，在立法机关初审之前对草案的论证、协商。"④　其中，（1）和（2）
强调的是有立法权的机构（人大）开展的协商活动，（3）和（4）强调的则
是政协（政协委员和专门委员会）在立法协商中的作用。

二、人大主导立法协商的法理及其实现机制

党的十九大报告提出："推进科学立法、民主立法、依法立法，以良法
促进发展、保障善治。"⑤ 立法协商是有立法权限的法定主体依照法定职权
和程序在立法过程中广纳群言、集中民智的过程。立法协商是协商民主在立
法工作中的体现和应用，是立法机关依法行使职权的重要形式，是科学立
法、民主立法、依法立法的必然要求。自党的十八届三中全会首次正式提出
"深入开展立法协商"⑥ 的要求以来，无论是中央还是地方都积极探索立法
协商并取得了一定成效。在中央层面，《安全生产法》《促进科技成果转化

①　陈建华：《立法协商主体探析》，《河北法学》2016 年第 3 期。
②　郭杰：《立法协商初探——以协商民主理论为视角》，《特区实践与理论》2014
年第 5 期。
③　林忠武：《关于立法协商与依法治理的思考》，《政协天地》2005 年第 12 期。
④　侯东德：《我国地方立法协商的理论与实践》，法律出版社 2015 年版，第 8 页。
⑤　习近平：《决胜全面建成小康社会　夺取新时代中国特色社会主义伟大胜
利——在中国共产党第十九次全国代表大会上的报告》，人民出版社 2017 年版，第 38—
39 页。
⑥　中共中央文献研究室：《十八大以来重要文献选编》（上），中央文献出版社 2014
年版，第 528 页。

法》《快递条例》《水污染防治法》等多部法律在修订前都在政协开展了立法协商。在地方层面，各地探索出形式多样的立法协商实践，逐步实现从"闭门立法"到"开门立法"，提高了地方法规的科学性、民主性。比如，北京市政协通过界别渠道组织政协委员围绕《北京市大气污染防治条例（草案）》开展立法协商，拓展了协商民主的新领域、新途径。在理论研究层面，学界围绕立法协商问题开展了探索性研究并产生了一系列创新性的研究成果。但不可否认的是，我国的立法协商还存在协商主体定位不清晰、协商制度不健全、协商程序不规范、协商效力难保障等问题。包括党、人大、政府、政协、社会公众在内的政治主体和各方力量在立法协商中分别扮演什么样的角色、发挥什么样的作用，如何处理他们之间的关系以形成立法协商的主体合力，是需要进一步深入思考的问题。

（一）改善党对立法协商的领导方式

党领导立法，是全面依法治国的重要内涵和题中应有之义。党和法、党的领导和依法治国是高度统一的。《中共中央关于全面推进依法治国若干重大问题的决定》提出："坚持党的领导，是社会主义法治的根本要求，是党和国家的根本所在、命脉所在，是全国各族人民的利益所系、幸福所系，是全面推进依法治国的题中应有之义。"[①]"把党的领导贯彻到依法治国全过程和各方面，是我国社会主义法治建设的一条基本经验。"[②] 全面依法治国是涉及立法、执法、司法、守法等各个环节在内的庞大的系统工程，立法是全面依法治国系统工程的重要环节，立法工作必须坚持党的领导。同理，作为立法工作重要环节的立法协商也必须坚持党的领导。

党领导立法协商是党领导立法原则在协商实践中的具体实施和遵循，是

---

① 《中共中央关于全面推进依法治国若干重大问题的决定》，《人民日报》2014 年10 月 29 日。

② 《中共中央关于全面推进依法治国若干重大问题的决定》，《人民日报》2014 年10 月 29 日。

做好立法协商工作的根本原则，问题是如何实现党对立法协商工作的领导。党要领导好立法协商，首先要准确理解"党的领导"的内涵。早在 1991 年通过的《中共中央关于加强对国家立法工作领导的若干意见》中就明确规定，党对立法工作的领导主要实行政治即方针政策的领导。2016 年发布的《中共中央关于加强党领导立法工作的意见》也沿用类似的提法。可见，党对立法工作的领导主要是政治领导，目的是把方向、定原则。在立法协商工作中，党的领导主要体现为确立指导思想、指引政治方向及审批立法规划等。

其次，正确理解并处理好集体领导和个人分工负责的关系。党领导立法主要是党委以集体的名义向立法机关提出立法建议，是组织行为和集体行为。"共产党的领导是指党的集体领导，党的中央和党的各级领导机构（省、市、县委员会等）的领导。"① 同时，集体领导必须和个人分工负责相结合，党委主要负责同志要履行"领导立法工作第一责任人"的职责，对于重点立法工作要"亲自过问"、重要立法项目要"亲自推进"、重大立法问题要"亲自协调"。需要强调的是，"亲自过问""亲自推进""亲自协调"都必须建立在民主决策、集体领导的基础上，任何党委负责人和领导都不能以个人意志代替集体和组织、以权力压制民主、以言代法、以言废法、徇私枉法。但是，在一些地方，党委提出立法建议的方式存在误区，主要以党委书记、副书记、常委通过批示的形式做出，而较少以党委的名义、集体的名义提出，甚至个别地方出现了党委负责人不顾立法条件和权限直接向人大提出立法要求、为人大"命题立法"的现象。② 这种做法显然超出了个人的职责权限，是对集体领导的悖弃，是必须要加以改正的。

---

① 《周恩来选集》（下），人民出版社 1984 年版，第 392 页。

② 秦前红：《依规治党视野下党领导立法工作的逻辑与路径》，《中共中央党校学报》2017 年第 8 期。

再次，在方式方法上，党的领导必须"以党的正确政策和自己的模范工作"① 来实现。为此，一要发挥党总揽全局、协调各方的作用。"党对立法的领导在功效上应体现于以民主协商为路径的多元利益的协调、动员和整合能力。"② 由于立法工作涉及多方面的利益调整和资源分配，需要处理和协调政府、企事业单位、社会组织、人民团体和社会群体等方方面面的关系，仅仅依靠立法机关的力量往往不能很好地协调这些关系，这就需要发挥党的政治优势、组织优势，"把党总揽全局、协调各方同人大、政府、政协等依据宪法法律履行职能、开展工作统一起来，善于使党的主张通过立法程序成为国家意志"③，提高立法效率和立法质量。二要充分发挥人大及其常委会中党员代表和委员的作用。在立法协商实践中，人大及其常委会中党员代表和委员要充分发挥作用，通过其先进言行影响其他协商主体，而不是靠党员代表在人大及其常委会中的简单多数。三要贯彻群众路线。各级党委要深入实际调查研究，最大限度地集民意、汇民智，要通过对社会不同群体意见、建议的综合和分析，从大局上掌握社情民意和舆情动态，准确把握社会的立法需求。

最后，妥善处理党的领导和立法机关依法履职的关系。《中共中央关于加强党领导立法工作的意见》在强调党的领导的同时提出了具体的要求，即党领导立法工作必须在宪法法律范围内进行，不允许随意干预甚至替代立法活动；要做好党领导立法工作程序与立法程序的对接，不允许以党内程序代替立法程序。按照这些要求，在立法协商工作中，无论中央还是地方，党都不能侵犯立法机关的法定职权，不能事无巨细地包揽立法协商具体事务，不能随意干预立法协商的程序。相反，各级党委要尊重、支持立法机关在立法协商工作中的权力，为立法机关开展立法协商活动创造

---

① 《毛泽东选集》第 2 卷，人民出版社 1991 年版，第 742 页。

② 高中、廖卓：《立法原则体系的反思与重构》，《北京行政学院学报》2017 年第 5 期。

③ 戴激涛：《立法协商：在立法中践行群众路线》，《学习时报》2017 年 9 月 11 日。

条件。

（二）实现和维护人大对立法协商工作的主导权

立法协商的主导权来源于立法主导权。在我国，人民是依法治国的真正主体和力量源泉，而人民代表大会制度是实现人民当家作主的根本制度保障。由人民选出人大代表组成代议机关通过法律的形式表达人民利益诉求，是人大立法正当性、合法性的根基所在。因此，无论是全面推进依法治国的纲领性文件——《中共中央关于全面推进依法治国若干重大问题的决定》，还是"管法的法"——《中华人民共和国立法法》，都强调有立法权的人大及其常委会在立法工作中的主导作用。《中共中央关于加强党领导立法工作的意见》更是强调了人大的立法主导权及立法协商的任务，要求健全有立法权的人大主导立法工作的体制机制，按照科学立法、民主立法的要求，加强立法协商，健全立法起草、论证、协调、审议机制。立法协商是服务于立法工作的，是为了集民意汇民智，使立法真正体现人民民主。"立法机关是立法活动的主导机关，当然也是立法协商活动的主体和主导机关，应在立法协商过程中充分发挥主导者和组织者的作用。"[①]

人大主导立法，即"有立法权的人大对立法选项与规划、立法过程、立法结果具有真正实质意义上的决定权。"[②] 人大主导权体现在立法工作中，就是立法程序的启动、各参与主体工作的协调、最终的审议和决定权等都属于人大或其常委会。但是，实践中人大作为立法机关在立法中的主导地位不明确，发挥作用也不到位。在我国，除了人大以外，享有立法权的行政机关也可以立法。行政机关立法的内容主要是与政府职能相对应的行政法规、行政规章。"从法理上说，人大立法与政府立法是一种主导和从属的关系，或者叫支配与服从关系。前者处于主导、支配和优势地位，后者则处于从属、

---

① 戴激涛：《立法协商：理论、实践及未来展望》，《天津行政学院学报》2017 年第 4 期。

② 封丽霞：《人大主导立法之辨析》，《中共中央党校学报》2017 年第 5 期。

补充和服从的地位。"① 当前强调人大在立法中的主导地位，很大程度上就是针对"当前立法权高度行政化、政府部门强势主导立法""人大立法权、尤其是人民代表大会立法权的虚置弱化以及由此形成的立法过程中'人民形式上有权、实际上无权'"② 的实际状况而提出的。

实现和维护人大对立法协商工作的主导权，首先要做的是实现和维护人大对立法工作的主导权。而人大能不能主导立法，从根本上取决于人大自身的审议和表决能力。当前人大内部行政化、人大议事规则的不健全、人大代表立法调查手段和技术落后等弊端削弱了人大审议和表决的能力，削减了人大在立法中的话语权。"如果人大代表的产生过程缺乏民众参与和认同，如果人大代表难以将各种社会诉求带到立法机关并对立法过程施加影响，那么势必造成人大代表立法职能的边缘化、表面化和虚置化。"③ 因此，"健全人大审议民主和表决民主的体制机制，是保证人大主导立法的根本手段"④。

其次，强化"人民代言人"和"立法主导者"的角色意识。"各级人大是代表人民行使国家权力的国家机关，具有'人民利益'代表者和'人民意志'表征者的法定身份，这是其最大的政治优势和立法的正当性基础。"⑤ 因此，人大要明确树立"代表人民立法"的责任感和荣誉感，强化其在立法工作中的主导意识，要有"舍我其谁"的责任、勇气和信心，主动承担并充分发挥其主导立法的责任，防止人大立法主导权的虚化和旁落。

再次，加强立法协商的体制机制建设。《关于加强社会主义协商民主建设的意见》从宏观上提出了立法协商的努力方向，包括建立健全法律法规

---

① 李克杰：《"人大主导立法"原则下的立法体制机制重塑》，《北方法学》2017年第 1 期。
② 封丽霞：《人大主导立法的可能及其限度》，《法学评论》2017 年第 5 期。
③ 封丽霞：《人大主导立法的可能及其限度》，《法学评论》2017 年第 5 期。
④ 刘松山：《人大主导立法的几个重要问题》，《政治与法律》2018 年第 2 期。
⑤ 封丽霞：《人大主导立法之辨析》，《中共中央党校学报》2017 年第 5 期。

起草协调机制，立法论证、听证、评估机制，重大利益调整论证咨询机制，法律法规草案公开征求意见和公众意见采纳情况反馈机制以及法律法规规章起草征求人大代表意见制度等，为人大立法协商提供了宏观指导。为进一步明确立法协商的内容、主体、程序、形式，可以借鉴政协协商、政党协商、社区协商等制度化建设的经验，① 制定并出台关于立法协商的专门实施意见或办法，使立法协商有具体明确的制度保障和程序规范。除此之外，完善人大立法协商，还应建立、健全与人大立法协商相关的配套制度建设，如立法专家顾问制度、立法信息公开制度等。

最后，处理好党的领导权与人大主导权的关系。从根本上说，人大主导立法与党领导立法是一致的，二者都是为了实现好、维护好、发展好人民群众的根本利益。加强和改善党对立法协商工作的领导与支持人大对立法协商工作的主导，其实是一个问题的两个方面。加强党对立法协商工作的领导，就要改善党的领导方式，减少党对人大立法协商工作的直接干预，增强人大的立法协商主导权。换句话说，支持人大依法履职本身就是改善党对立法协商的领导的重要内容。一方面，在立法协商过程中，人大及其常委会必须自觉增强党领导立法协商工作的意识，始终贯彻党的主张和政策。同时，在遇到难以协调的利益矛盾和难以解决的利益问题时，人大及其常委会需要报请党委并寻求党委来协调、整合各种利益关系，平衡各种资源配置。另一方面，人大及其常委会要在党的领导和支持下独立自主地履行法定职权，更加主动、积极地致力于立法协商工作，充分发挥其在立法协商中的主导权。

需要注意的是，强调人大对立法和立法协商的主导权，不是指人大对所有立法和立法协商都具有主导权。对于与政府职能相关的行政立法，政府的经验更丰富，更具有高质量立法的能力，因此更具主导权。同样，对于规范

---

① 2015 年，《关于加强人民政协协商民主建设的实施意见》《关于加强城乡社区协商的意见》和《关于加强政党协商的实施意见》先后出台，政协协商、社区协商、政党协商有了专门的制度依据。

党组织和党员工作、行为的党内法规的立、改、废，党最具主导权。

（三）厘清人民政协在立法协商中的职责边界

《中共中央关于全面推进依法治国若干重大问题的决定》提出："充分发挥政协委员、民主党派、工商联、无党派人士、人民团体、社会组织在立法协商中的作用，探索建立有关国家机关、社会团体、专家学者等对立法中涉及的重大利益调整论证咨询机制。"① 政协是中国人民爱国统一战线的组织，是中国共产党领导的多党合作和政治协商的重要机构，是我国政治生活中发扬社会主义民主的重要形式，这种特殊的定位决定了政协是最方便把方方面面的力量组织、团结和凝聚起来的机构和平台。在政协平台上进行立法协商，是政协作为专门协商机构的分内之事，是政协履行政治协商、民主监督、参政议政职能的重要内容。

从中央和各地实践来看，目前的立法协商"主要是通过中国人民政治协商会议等组织机构或者通过征求相关人士和普通公民对法律草案的意见等方式进行的"②，政协已经成了立法协商的重要机构和平台，相关主体在政协平台上积极联动，对于立法机构科学立法、民主立法，提高立法质量发挥了积极作用。但是，对于政协在立法协商中的角色、权责边界，无论是理论上还是实践中都存在一些认识误区。在理论上，有人把政协作为立法协商的主体，比如，有观点认为，立法协商是立法机构和人民政协就法律的立、改、废进行协商的专门活动，"立法协商是主体双方的共同行为，一方必须是人民政协，另一方则是立法机构"③。也有人明确把立法协商模式总结为"政协主导模式"和"人大主导模式"："目前，我国已经形成了包括'广

---

① 《中共中央关于全面推进依法治国若干重大问题的决定》，《人民日报》2014年10月29日。

② 赵吟：《立法协商的风险评估及其防范》，《中共浙江省委党校学报》2013年第2期。

③ 常纪文：《关于立法协商的几个基本问题》，《中国科学报》2014年5月9日。

东经验''广西经验'在内的'人大主导模式',包括'南京经验''福州经验'在内的'政协主导模式'"①;"从协商发起和主导部门的维度,立法协商主要可以分为'人大主导的立法协商''人民政协主导的立法协商''政府部门主导的立法协商''人民团体主导的立法协商'四类"②。这显然背离了人大主导立法的原则。在实践中,有的地方立法机构错误地认为,立法协商工作属于协商民主范畴,立法协商是政协的本职工作,和立法机关关系不大,有的甚至根本不关心、不参与政协组织的立法协商。

上述观点和做法实际上是由对人大和政协的性质、地位、职能的认识不清醒、不到位引起的。作为协商民主的重要渠道和专门协商机构,人民政协当然应该是立法协商的重要渠道和协商平台,这是各地在立法协商中多强调发挥政协的平台作用的重要原因。但是,不能因此认为政协是立法协商主体和立法主体,也不能把政协作为唯一协商渠道和形式。第一,立法协商的形式和渠道有很多,如听证会、座谈会、专家咨询会等,以政协为平台、到政协听取意见和建议只是诸多形式中的一种。认为人民政协必然是立法协商的一方,实质上排除了人大和政协以外的其他社会主体的平等参与机会。

第二,政协不是协商主体。参加政协的各民主党派和无党派人士、各人民团体、各少数民族和各界代表,港澳台同胞、归国侨胞和特邀人士在政协平台上就立法的相关问题开展讨论、协商,为立法机关提供意见和建议。换言之,政协各组成界别和政协委员可以以立法协商主体的身份参与立法协商,但作为一个组织的人民政协不能作为立法协商主体与立法机关进行立法协商。应有效区分政协与政协参加单位、界别、政协委员在性质和职责上的不同,"如果说要把人民政协当成立法协商的主体之一,那么参加人民政协的各有关单位、界别、个人就被人民政协代表了,立法协商到头来就成了人

---

① 梁芷铭、许珍:《我国立法协商的现实困境及完善路径》,《领导科学》2017年第35期。

② 隋斌斌:《当前中国立法协商基本问题探讨》,《党政干部学刊》2017年第8期。

大与政协二者的协商，这显然不符合我国的政治运行的特点和有关规定"①。

第三，政协不是立法主体。政协不是权力机关和行政机关，不具有立法功能，因此不能作为立法主体。立法协商的过程本是立法机关与其他参与者之间的互动。政协只是为立法协商搭建平台，组织和推动立法协商，不能因此把政协当成立法协商的主体与立法机构协商立法或共同立法。同时，政协不是决策机构，没有决策的权力。立法机构到政协组织的立法协商会听取意见和建议，或政协把协商意见和建议反馈到人大，只是立法机关广泛征集民意的过程和渠道，不能因此把政协组织立法协商混同于、等同于政协介入立法过程或干预立法。政协立法协商具有建议性、建设性和参考性，而不具有决定性、制约性和执行性，"政协参与地方立法协商，是一种'政治参与'而非'法律参与'"②。中共中央《关于加强社会主义协商民主建设的意见》把立法协商工作纳入到人大协商部分而不是政协协商部分，也有这个道理。

"人民政协参与立法协商主要有三种模式：人民政协直接对接人大或政府、人民政协通过同级党委为中介参与立法协商，以及政协委员以个人身份参与人大或政府的立法协商。"③ 从实践来看，虽然各地都非常重视政协在组织立法协商过程中的主体地位，但并没有把政协作为立法协商的独立主体，这点也可以从各地立法协商的相关制度设计和安排上看出来。如福州市《关于加强地方立法协商工作的实施意见》是以"福州市政协与市人大常委会"的名义出台的，《大连市制定地方性法规和政府规章政治协商程序的暂行规定》则是以"大连市人大、市政府、市政协"名义共同出台的，武汉《市政府法制办公室加强与市政协社会法制委员会地方立法协商工作的实施

---

① 张献生：《关于立法协商的几个基本问题》，《中央社会主义学院学报》2014 年第 5 期。

② 殷啸虎：《推进政协参与地方立法协商的思考》，《联合时报》2014 年 9 月 19 日。

③ 白帆、谈火生：《人民政协参与立法协商：模式、特征和原则》，《当代世界与社会主义》2018 年第 2 期。

方案》是以"武汉市政府法制办与市政协社会法制委"名义制定的。可见，虽然各地制度设计主体各有不同，但都没有把政协单独作为立法协商主体的。各地的相关制度安排为政协参与立法协商提供了文本规范和实践操作依据。

人民政协参与人大立法协商取得了一定成效。在中央层面，2014年3月，中共中央将国务院法制办提交的《安全生产法》修订草案交给全国政协并由其就《安全生产法》修正的问题组织立法协商。这是全国政协双周协商座谈会组织的第一次以法律修订为协商议题的协商。随后，全国政协针对《促进科技成果转化法》的修订、《快递条例》的制定、《水污染防治法》的修订开展了多次立法协商。

在地方层面，政协参与立法协商实践模式多样。在江苏省南京市，2004年，市人大法制委与市政协社法委共同签订了《关于加强南京市地方立法协商工作的意见》，建立了立法协商工作联席会议制度。为了更好地参与立法协商，南京市政协成立了专门的"立法协商咨询小组"，制定了《市政协立法协商咨询小组工作简则》和《南京市政协开展立法协商工作的运作办法》，为立法协商工作提供运行机制和操作流程。市政协每年需根据立法规划和计划草案，与市人大法制委共同协商确定当年的立法协商计划和协商重点。然后，市政协按照专业对口原则，组织立法协商小组征求意见，并将征求的意见在规定时间内以书面形式报送市人大法制委。市人大法制委也需在适当时间将协商结果的最终采纳情况反馈给市政协。比如，在《南京市城市绿化条例》立法协商的过程中，市政协提出的"加大对擅自移树、砍伐树木等破坏绿化的行为处罚力度"等6条建议和意见经与相关部门反复协商后写入了法律条文之中；《南京市国有土地上房屋征收与补偿办法》出台前，南京市政协围绕拆迁当事人的合法权益保护等问题进行了跟踪调研，在此基础上提出了《进一步完善征地拆迁政策，妥善解决安置补偿矛盾》等13份提案。"拆迁评估和补偿全程公开、半数拆迁户反对补偿方案则应开听证会，评估机构由拆迁户投票选择"等法律条文都建立在充分吸纳市政协在立法协商中所提建议的基础上。这些只是南京市政协参与协商立法的一个缩影。经过十多年的实践探索和经验总结，目前，政协立法协商已经成为南京市政协履职的一个重要平台和渠道，同时，立法协商推动了地方立法从"闭门立法"到"开门立法"，提高了地方法规的科学性、民主性及其针对性、实效性。

浙江省杭州市在立法协商探索中较为注重发挥政协的作用。针对地方立法存在的保护部门利益、群众参与积极性不高、立法质量不高等问题，从2009年初开始，杭州市政协社法委就多次主动与市人大法工委等部门进行沟通、协商，在不断总结地方立法协商经验的基础上制定了《关于建立立法协商机制　充分发挥人民政协在立法中作用的实施意见》，该文件对立法协商的六个重要机制和环节做了明确规定：立法计划的意见反馈机制、立法项目的协商通报机制、立法前协商的流程规范、市政协立法协商力量的组建、立法后的评估机制、开展委托第三方起草立法项目，这样，政协参与人大立法协商便有序可依、有法可循。①

北京市首次真正意义上的立法协商是从制定《大气污染防治条例》开始的。2013年底，北京市委常委会将市人大常委会党组报送的《北京市大气污染防治条例（草案）》交由市政协党组。随后，市政协党组成立了由政协主席主持的立法协商工作领导小组，以邮件等形式将相关资料发给各个界别，各个界别分别组织调研、讨论。在不到一个月的时间里，市政协共组织了30次各界别及专家组座谈会，形成了《委员意见建议汇总稿》，最后协商工作领导小组把各界别的意见建议集中起来，并召开了立法协商工作座谈会，市人大常委会负责人现场听取了各界别政协委员的意见建议。市政协将各方面的意见汇总、归纳，经市政协常委会审议通过后报送市委，再由市委批转市人大常委会党组。市人大常委会收到报告后，经认真研究、分析和采

---

① 李宏、孙奕：《杭州市政协确保立法协商制度到位》，《人民政协报》2010年1月19日。

纳，对《北京市大气污染防治条例（草案）》进行修改。对建议的办理情况，市人大常委会党组报告市委，市委办公厅函告市政协办公厅。① 据统计，"在围绕《北京市大气污染防治条例（草案）》开展的立法协商中，参加座谈和反馈意见的委员达 744 人，占委员总数近 98%……市政协针对《北京市大气污染防治条例（草案）》的立法建议送达市人大常委会后，相关专门委员会经过认真研究，对《条例（草案）》中的 61 条内容进行了 83 处修改。《北京市居家养老服务条例（草案）》修改后，全文 27 条，吸收或部分吸收政协委员意见的条文有 21 条。"②

（四）提升社会公众参与立法协商的积极性和协商效能

人民是立法的真正主体。"法的合意性首先决定于立法过程中的合议所展现的参与的广泛程度和代表的深厚程度。"③ 只有经过了开门立法、协商立法的程序，所立之法才是"合法之法"。人大立法本身就已经包含了民主立法的内涵和要求，即依托人民代表大会制度和人民代表大会这个代议机构形成广泛的民意代表性，促进社会共识的形成。但是，在人大的民意代表性不充分、代表的履职积极性不高、履职能力不均衡的情况下，单凭人大自身的力量并不能满足当前社会多元、复杂的利益分配需求和民主期冀。因此，《关于加强社会主义协商民主建设的意见》在人大协商部分提出了"制定立法规划、立法工作计划，要广泛听取各方面的意见和建议"④ 的要求。立法协商就是要广泛听取社会各方面的意见和建议，使所立之法能够真实、有效地反映人民意志和人民利益，这既是人民民主、主权在民原则的本质要求，也是科学立法、提高立法质量的基本途径。参与立法协商的任何组织和个

---

① 崔晨：《立法协商　迈出协商民主新步伐》，《北京观察》2014 年第 1 期；余荣华：《北京探路政协立法协商》，《人民日报》2014 年 4 月 16 日。

② 《发挥政协委员在立法协商中的作用》，《人民政报》2015 年 7 月 17 日。

③ 孙潮、徐向华：《论我国立法程序的完善》，《中国法学》2003 年第 5 期。

④ 中共中央文献研究室：《十八大以来重要文献选编》（中），中央文献出版社 2016 年版，第 294 页。

人，都可以基于立法的公共性、协商的民主性对法律草案平等地发表意见，但这并不意味着这些组织和个人能够与人大"分享"立法权，协商过程中的任何意见和建议都是"咨询"性质的，协商意见和建议能否转化为具有法律效力的法律条文，最终决定权在于人大。

从目前的立法协商实践看，我国公民参与立法协商的积极性有待进一步提高。一些地方遭遇到法律草案公布之后少人问津的尴尬，比如辽宁省葫芦岛市人大在制定《水源地保护条例》的过程中就出现了只有一名网友回复意见的"冷遇"。① 究其原因，一是我国仍有不少公民欠缺公共理性和公共精神，公众参与立法协商的主动意识淡薄。二是参与立法协商存在知识和专业障碍，公众会因此产生参与无用、协商无效等观念。三是受长期存在的"精英立法"思想影响，对参与立法协商缺乏积极性。个别地区或部门在立法协商工作中的"走过场"现象和协商渠道有限、反馈机制的不完善、协商意见得不到采纳等问题，削减了公众参与立法协商的热情。

"相较于选举，立法和政策实施过程更关乎百姓的切实利益，这个过程的'参与——回应'才能真实地反映一个国家的政治过程，从而更能反映程序的公正与否。"② 在人大主导立法的前提之下，调动公众参与立法协商的热情和积极性，拓宽公众有序参与立法的方式和渠道，包括立法协商座谈会、听证会等，通过网上听证、微信、微博等方式，最大限度地征求公众意见。要加大立法信息公开力度，为公众完整、准确地了解立法信息，提高参与有效性创造条件。要建立、完善协商成果运用及反馈机制，对于立法协商中的意见和建议，无论采纳与否，都要及时向公众反馈；对于有代表性的观点、有争议的问题，要做出有针对性的解释和说明，这既是对民意的尊重，也是对立法决策正当性、合理性的监督。同时，立法机关必须摈弃"官本

① 于力、张海英：《关于立法协商的实践探索》，《辽宁省社会主义学院学报》2017 年第 4 期。

② 杨光斌：《从国际政治比较看"治理民主"的优势——基于一些国家的民主政治演变为政治冲突之思考》，《北京日报》2015 年 6 月 15 日。

位"意识，健全与社会公众的协商沟通机制，在立法协商过程中与其他协商主体平等地开展协商，而不应忽视、屏蔽甚至压制其他参与主体的意见，否则，协商就失去了其本应有的意义。

另一方面，立法是一项复杂的专业性、技术性工作，需要参与主体具有一定的参与能力和素质。事实上，不同参与主体的专业素质、能力和影响力是不同的。"随着政治日趋复杂，知识——认知能力和控制力——也会越来越成为问题……我们正在陷入'知识危机'。"① 普通公民的相关知识储备较少，具有良好法律理论素养和丰富实践经验又能积极参与立法协商的人不是很多。这是各地立法协商参与主体有限、协商效果不好的重要原因，也是立法机关将立法协商多局限在人大法工委、政府法制办、政协社法委等范围的重要原因。

"公民必须在智能上有所准备，以便担负管理时所必须完成的任务。"② 因此，人大应建立科学的遴选机制，把那些具有协商素质和能力、具有相关立法方面的专业素养，能够理性、自主地表达自己的观点并包容不同观点的人纳入立法协商的主体范围。除了人大代表、政协委员、民主党派成员之外，还可以邀请一定数量的专业人士参与立法协商，比如高校和科研机构相关领域的专家学者、法律实务工作者，提高协商工作的专业性和权威性。另外，全面依法治国战略的落地落实需要大量立法方面的人才，特别是在立法法修改后，所有设区的市都具有地方立法权，但各地立法人才不足，容易导致立法中的不作为、乱作为或越权立法、为局部利益和部门利益立法、侵犯立法客观性和公正性的问题。解决这一问题，就需要通过适当的方式逐步培养专业化的立法协商主体，比如可以尝试在人大系统全面开展立法知识和技术的培训，使从事立法工作的相关人员掌握立法和立法协商的技术和规则。

---

① ［美］乔万尼·萨托利：《民主新论》，冯克利、阎克文译，东方出版社 1998 年版，第 135 页。

② ［美］科恩：《论民主》，聂崇信、朱秀贤译，商务印书馆 1988 年版，第 166 页。

第三章 政府协商

政府协商是协商民主在行政领域的实现形式，是政府与社会就经济社会发展重大问题和涉及群众切身利益的实际问题进行民主协商、科学决策的过程。随着政府管理向政府治理的转型，以政府机关为主体的政府协商不断发展和完善。特别是在基层，政府协商已经成为必需的民主形式和治理机制。

第一节　政府协商的发展历程和实践形式

中共中央《关于加强社会主义协商民主建设的意见》将政府协商与政党协商、政协协商并列为需要"重点加强"的协商形式，相比政党协商和政协协商，政府协商还是一个新概念和新表述。但是，从实践来看，政府协商在我国已经产生多年且积累了一定的经验。

一、政府协商的发展历程

政府协商实践由来已久。早在抗日战争时期，为了团结一切可以团结的力量共同参加抗战，中国共产党不仅积极倡导并推动建立了抗日民族统一战线，而且在抗日根据地建立了一种崭新的统一战线性质的政权，即"三三制"抗日民主政权。"无论何人，只要不投降不反共，均可参加政府工作。

任何党派，只要是不投降不反共的，应使其在抗日政权下面有存在和活动之权。"① "我们需要的是民主，而不是替天行道的'明主'，所以一切抗日人民的代表，都一定要享有在议会里讲话、在政府里办事的机会和权利。""共产党人必须和其他党派及无党派人士多商量，多座谈，多开会，务使打通隔阂，去掉误会，改正相互关系上的不良现象，以便协同进行政府工作与各项社会事业。"② 根据"三三制"的规定，在参议会和政府组成人员中，不仅有代表工人阶级和贫农的共产党员，还有其他阶级阶层的代表，包括代表和联系广大小资产阶级的非党左派进步分子以及代表中等资产阶级、开明绅士的中间分子，三部分人员大体上各占三分之一，这就从制度上为党外人士以一定比例进入政权并享有发言权提供了保障。虽然有了制度的规定，但由于中国共产党在根据地占有绝对的政治优势，再加上中国共产党长期以来在人民心目中建立起来的崇高威望，在实践过程中往往会有多于三分之一的共产党员被选到政权机关中。为此，中国共产党各级组织严格自我约束并采取了一些补救办法，如对于落选的党外候补议员，由政府出面酌量聘请，或者由共产党员辞职由党外候补议员补上，通过这些办法来保证"三三制"政权的名副其实和组织上的圆满实现。"三三制"政权是一个包容性强、代表性广的民主政权，很好地适应了当时抗日民族统一战线的需要，激发了社会各界团结抗战的热情，增强了边区政权决策的科学性、民主性，提高了边区政权机关的工作效率。不仅如此，作为中国共产党对民主政权、民主国家的探索和尝试，"三三制"政权还为后来的多党合作和政治协商制度、选举和协商相结合的民主治理形式奠定了基础、积累了经验。

解放战争后期，在考虑建国大计时，中国共产党开创性地提出了"协商建立民主政权"的理念。在人民政协筹备期间，周恩来提出："新民主主义的议事精神不在于最后的表决，主要是在于事前的协商和反复的讨论。"③

---

① 《毛泽东选集》第 2 卷，人民出版社 1991 年版，第 760—761 页。
② 《毛泽东文集》第三卷，人民出版社 1996 年版，第 239 页。
③ 《周恩来统一战线文选》，人民出版社 1984 年版，第 134 页。

"到开会的时候才把只有少数人了解的东西或者是临时提出的意见拿出来让大家来讨论决定，这是旧民主主义议会中议事的办法。新民主主义议事的特点之一，就是会前经过多方协商和酝酿，使大家都对要讨论决定的东西事先有个认识和了解，然后再拿到会议上去讨论决定，达成共同的协议。"① 协商建国就是代表社会方方面面、体现全国人民意志的各党派团体、各族各界人士在协商基础上建立新中国。"合法性问题是政治生活中的重要问题，它回答的是'该秩序是否和为什么应该获得其成员的忠诚的问题'。"② 协商建国理念和原则保证了新政权的合法性和民意基础。

新中国成立后，由革命党转为执政党的中国共产党以及新成立的人民政府坚持平等协商原则，重大方针政策、法律法规、重要事务都要先协商后决定。毛泽东曾说过："民主是商量办事，不是独裁"③ "我们政府的性格，你们也都摸熟了，是跟人民商量办事的，是跟工人、农民、资本家、民主党派商量办事的，可以叫它是个商量政府。"④ "商量政府"，形象地彰显了新中国成立后人民政府的协商理念和协商精神。但是，这一阶段的政府协商主要还局限在政治精英和社会精英范围内，还不是政府与社会的直接协商。

改革开放以来，市场经济的快速、深入发展以及与之相关的经济体制改革、政治体制改革和社会变革、社会结构的分化、矛盾冲突的多样化、人们生活方式和价值观念的多元化、各种经济组织和社会组织的不断涌现、科技和信息技术的迅猛发展等，都对民主政治发展提出了更高的要求。特别是新出现的民间组织、社会团体、社会阶层，在具备一定条件后便出于维护自身利益的需要寻求参与政治决策和社会治理的机会，原有的以政治精英和社会精英为主体的利益表达渠道、机制、制度已经无法满足日益多层次的政治参

---

① 中共中央文献研究室：《建党以来重要文献选编（1921—1949）》第二十五册，中央文献出版社 2011 年版，第 693 页。
② ［美］米勒、［英］波格丹诺：《布莱克维尔政治学百科全书》，邓正来等译，中国政法大学出版社 1992 年版，第 408 页。
③ 《毛泽东文集》第六卷，人民出版社 1999 年版，第 386 页。
④ 《毛泽东文集》第七卷，人民出版社 1999 年版，第 178 页。

与需求和日趋多样的利益诉求。1987 年，党的十三大首次提出了"建立社会协商对话制度"的任务，并且把社会协商对话制度作为正确认识、处理各种不同的社会矛盾和利益冲突的一种渠道，"必须使社会协商对话形成制度，及时地、畅通地、准确地做到下情上达，上情下达，彼此沟通，互相理解"①。政府协商也应适应社会变革的需要，回应多元主体利益诉求，从原来的精英模式向大众模式发展，畅通利益表达渠道。于是，各级党委和政府或在"问题倒逼机制"下被动地进行协商民主的试验，或主动地探索能够更好地满足上述各种需求的民主形式和治理机制，或在群众探索出的自治形式基础上进行经验总结和理论提升。无论是主动探索还是被动适应，都是对改革开放以来我国社会发展和政治发展形势的一种回应和探索。

党的十八届三中全会总结改革开放以来我国协商民主的实践经验，提出了"推进协商民主广泛多层制度化发展""构建程序合理、环节完整的协商民主体系"的目标和任务，并把"行政协商"与立法协商、民主协商、参政协商、社会协商等并列作为协商民主体系的重要组成部分。②"从一般意义上讲，政府治理是指政府行政系统作为治理主体，对社会公共事务的治理。就其治理对象和基本内容而言，其包含着政府对于自身、对于市场及对于社会实施的公共管理活动……在狭义上，我国的政府体系即是行政体系。在中国政治生活中，行政体系是政治体系的重要组成部分。"③"行政协商"的提出，一方面将多年来在政府治理中一直带有的协商要素明确下来，另一方面为后来"政府协商"的提出奠定了基础。随后，中共中央《关于加强社会主义协商民主建设的意见》进一步将"行政协商"发展为"政府协商"，明确提出要"围绕有效推进科学民主依法决策加强政府协商，增强决

---

① 中共中央文献研究室：《十三大以来重要文献选编》（上），人民出版社 1991 年版，第 43 页。

② 《中共中央关于全面深化改革若干重大问题的决定》，《人民日报》2013 年 11 月 16 日。

③ 王浦劬：《国家治理、政府治理和社会治理的基本含义及其相互关系辨析》，《社会学评论》2014 年第 3 期。

策透明度和公众参与度，解决好人民最关心最直接最现实的利益问题，推进政府职能转变，提高政府治理能力和水平"①。政府协商是传统行政向现代行政、管制型政府向服务型政府转型的产物，蕴含着政府治理的协商方向和民主协商、科学决策、服务人民、合作共治的科学治理理念。"政府协商"的提出，既是政治体制改革和政府治理实践的理论提升，也是对人民民主权利的尊重和弘扬。

中共中央《关于加强社会主义协商民主建设的意见》虽然将政府协商问题提了出来，但并没有对政府协商给出明确的界定。一般认为，政府协商就是政府与社会就经济社会发展重大问题和涉及群众切身利益的实际问题进行民主协商、科学决策的过程。"政府协商就是政府与其他相关部门、政治组织、社会组织、经济组织、文化组织及其个人进行平等理性对话、沟通交流、博弈共赢、达致共识进而形成科学决策、民主决策的过程。"② 政府协商"是指政府及政府部门在研究涉及经济社会发展重大问题和涉及群众切身利益的实际问题时，增强决策透明度和公众参与度，广纳群言，广集民智，从而有效推进科学民主依法决策、推进政府职能转变和提高政府治理能力水平的一种决策模式"③。从这些界定可以看出，政府协商的主体主要是政府（及其组成部门）和社会。政府及其组成部门，包括中央政府和地方政府及其组成部门，是政府协商的发起者、组织者；社会组织和社会公众是参与主体，参与政府组织的协商活动，是"人民当家作主"的体现。

二、政府协商的实践形式

在实践层面，改革开放以来，各地政府探索出多种符合自身情况的协商

---

① 中共中央文献研究室：《十八大以来重要文献选编》(中)，中央文献出版社 2016 年版，第 295 页。

② 曹延汹、张爱军：《政府协商及其实现路径》，《晋阳学刊》2015 年第 6 期。

③ 林燕：《政府协商是推进政治体制改革的关键环节》，《新东方》2017 年第 6 期。

形式和载体，如民主恳谈会、参与式预算、听证会等。综合我国现有的制度安排和协商实践，政府协商主要有这样几类：

1. 决策协商

决策是行政权力运行的起点。"行政决策是国家行政机关依照法定职权，对关系本地区经济社会发展全局、社会涉及面广、与公民、法人和其他组织利益密切相关的事项作出的决定，是对执政党政治纲领的具体化，也是对上级政府决策在本行政区域内的分解细化。"① 决策协商是政府协商中比较常用的一类，比如，政府工作报告或重大政策措施在提交人大审议前，先由政府召开座谈会，向民主党派负责人和无党派人士开展咨询协商。再如，政府组织或者委托召开专家论证会就某项专业性、技术性较强的决策事项及其必要性、可行性、科学性等进行专题论证，为政府决策提供参考。政府决策协商的典型代表要数广东省顺德区的公共决策咨询委员会。公共决策咨询委员会是全国首个县域公共决策咨询机构，成立于 2010 年 9 月。作为顺德区委、区政府辅助决策和社情民意征集机构，顺德公共决策咨询委员会立足顺德实际进行深入细致的调查研究，依托问计问策会、凤城讲堂和体制改革讲座为载体，通过咨询会议、委员沙龙、论坛讲座、合约委员制度等形式对全区经济社会发展战略决策、公共政策、重要项目安排以及其他公共事务、议题进行咨询论证，评价分析，提出可行性建议；收集、分析和反馈社情民意。顺德公共决策咨询委员会的主要创新价值在于带动和扩大了公众参与公共决策，为政府提供具有前瞻性、创造性、操作性的意见和建议，有效提升了政府公信力，顺德公共决策咨询委员会也因此成为区委、区政府进行科学决策、民主决策的重要"智力源"和"思想库"。更可贵的是，公共决策咨询委员会的运作模式和经验得以推广，截至 2018 年年底，全区区镇两级共有决策咨询机构 30 家，其中区级 4 家、区属部门成立的 16 家、镇（街道）10 家，全区十镇（街道）全部成立了公共决策咨询咨询委员会。此外，积

---

① 王庆德：《政府协商：一种新的协商民主》，《北京日报》2015 年 1 月 19 日。

极探索将决策咨询机构向村（社区）和公营机构（学校、医院等）基层单位延伸，形成了广泛覆盖和参与的决策咨询体系。①

近年来，各级行政机关科学、民主、依法决策机制不断完善，各级领导干部决策能力和水平不断提高。与此同时，行政决策实践中也存在一些突出问题：有的不尊重客观规律，不充分听取群众意见，违法决策、专断决策、胡乱决策、拍脑袋决策等问题比较突出，一方面给国家和人民造成重大经济损失，另一方面也严重影响了政府的公信力和执行力。为了规范行政决策行为和行政权力，推进行政决策科学化、民主化、法治化，提高政府决策的公信力和执行力，2017 年 6 月，国务院法制办起草并公布了《重大行政决策程序暂行条例（征求意见稿）》，明确提出决策事项范围，包括编制经济和社会发展等方面的重要规划，制定有关公共服务、市场监管、社会管理、环境保护等方面的重大公共政策和措施，制定开发利用、保护重要自然资源的重大公共政策和措施，决定在本行政区域实施的重大公共建设项目，决定对经济社会发展有重大影响、涉及重大公共利益或者社会公众切身利益的其他重大事项等，同时还规定了重大行政决策必经的 5 个程序，即公众参与、专家论证、风险评估、合法性审查、集体讨论决定。

2. 立法协商

立法协商是政府协商的重要形式，是指政府在制定政府立法计划，起草和制定行政法规、部门规章和规范性文件的过程中广泛听取意见的过程。政府立法协商是避免政府立法部门化、地方化的必要程序。根据《中华人民共和国立法法》（以下简称《立法法》）规定，地方性法规由地方人大及其常委会制定，而地方性政府规章则由地方政府制定。也就是说，地方政府具有立法任务和立法功能。自 2000 年《立法法》实施以来，各级政府逐渐探索"开门立法"的协商机制，采取公开征集立法项目建议、立法听证、立法调

---

① 《顺德区公共决策咨询委员会简介》，http://jzw.shunde.gov.cn/public/page.php? id＝233-7460016。

研、论证、座谈会、书面征求意见、公布法律草案等多种形式让公众参与到立法工作中来。比如，青海省政府法制办、省政协办公厅曾在 2014 年联合出台了《关于深入开展立法协商的实施意见》，就省政协民主参与省政府重要规章制订或修订作出了明确规定。立法协商的主体是政府，人民政协只是参与到政府主导的立法协商活动中去。在 2015 年青海省政协办公厅出台的《关于民主参与地方立法协商的实施意见》中提出："政协主要是参与省政府报送省人大及其常委会审议的地方性法规草案或者决议、决定草案论证修改工作，参与省政府规章、重要规范性文件、重大行政决策和省政府年度立法工作计划等草案的修改论证工作，参与国务院法制办在青组织的法律、行政法规等草案的调研、论证、征求意见等工作，以及其他需要省政协参与的立法协商工作和民主参与执法监督的活动。"①

对于立法协商的程序，各地政府也有详细的规定。比如，《北京市人民政府立法协商工作程序规定》（京办发〔2014〕34 号）规定，年度立法工作计划（草案），要经过征求各位副市长意见、书面报请市政府同意、以市政府党组名义书面请示市委、市政府法制办与市政协沟通协商、市政协立法建议、法制办修改（草案）并提请市政府常务会议审议、报请市政府同意、以市政府党组名义书面报告市委等程序。②

3. 事务协商

事务协商是指政府在执行经济规制、公共服务和民生建设等具体行政事务时，通过听证会、座谈会等多种形式与有切身利害关系的公众进行沟通协商。听证会是政府事务协商经常采用的形式，如价格听证会。《价格法》第二十三条规定，制定关系群众切身利益的公用事业价格、公益性服务价格、自然垄断经营的商品价格等政府指导价、政府定价，应当建立听证会制度，

---

① 文平、张旺：《在推进科学立法民主立法进程中贡献政协的力量》，《青海日报》2015 年 12 月 12 日。

② 《北京市人民政府办公厅关于印发〈北京市人民政府立法协商工作程序规定〉的通知》，《北京市人民政府公报》2015 年 5 月 18 日。

由政府价格主管部门主持，征求消费者、经营者和有关方面的意见，论证其必要性、可行性。近些年来，我国各地政府举办了诸如景区门票听证会、火车票价格听证会、出租车价格听证会、民用天然气价格听证会、供热价格调整听证会、供水价格调整听证会、手机漫游费听证会等多种类型的听证会。通过价格听证听取利益相关者的意见建议并在对话和交流的基础上形成共识已经成为协调政府和公众关系、限制公权力滥用的重要形式。目前，国内一些地方的听证会在参与代表的人选、人数等方面没有真实性和代表性，有些地方竟然出现参与听证的"专业户"现象；对参与听证的人设置一定的门槛，限制"草根"阶层的参与，人为过滤掉不希望听到的声音，这在一定程度上挫伤了民众参与价格听证会的积极性，这是事务协商需要重点解决的问题。

4. 预算协商

财政预算是地方政府最核心的公共事务。自 1999 年财政预算改革以来，我国开始由"税收国家"向"预算国家"迈进，政府也开始探索预算协商并取得了一定的成效。浙江省温岭市的民主恳谈和云南省盐津县的"群众参与预算改革"都是较为典型的预算协商案例。温岭民主恳谈会起源于1999 年举办的"农业农村现代化建设论坛"，2004 年，温岭出台了关于民主恳谈的文件，民主恳谈成为乡镇政府决策的必经程序，并且被纳入政绩考核体系，温岭民主恳谈逐渐制度化规范化，并获得了第二届"中国地方政府创新奖"，在全国成为典型和参考样本。

盐津县的群众参与预算"是以基层群众为主体，以乡镇政府预算编制、执行、监督为主要内容，按照公平、公开、公正的原则，通过民主议事等形式，最终实现政府预算科学、透明，进一步提高资金使用效益，促进群众依法自我管理、自我服务、自我教育、自我监督等目标的一种基层预算管理形式"①。2012 年，"群众参与预算改革"在庙坝、豆沙两个乡镇先行试点。

---

① 《盐津县群众参与预算改革试点方案》，http://www.ynyj.gov.cn/index.php? a = show&c = index&catid = 329&id = 3539&m = content。

庙坝镇采取民众代表参与、竞争立项的方式进行预算编制，是一种"自下而上"的方式。豆沙镇是以政府为主导，按照当年全镇财力状况和经济社会发展的需要，拟定当年建设项目交由民众代表议事表决后进行预算，是一种"自上而下"的方式。经过两年的改革，盐津县及时总结经验，针对改革中存在的问题，对改革方案进行了修改完善，出台了《群众参与预算改革试点方案》，并在 2014 年将试点范围扩大到了庙坝、豆沙、牛寨、中和四个乡镇。盐津县的"群众参与预算改革"进一步改进了基层政府治理方式，保证了财政资金在阳光下操作，推进了基层民主法治化进程。

第二节 政府协商的治理价值和机制建构

党的十八届三中全会将推进国家治理体系和治理能力现代化作为全面深化改革的总目标，这对于我国政治和社会发展具有重大而深远的意义。治理是一个复杂的、系统的工程，治理主体的多元和互动、治理手段的多样和协调、治理方式的科学和民主、治理目标的人民性等共同决定了治理具有公共性特征。"政府是在公意基础上满足公共需要、提供公共产品的政治共同体，公共性是政府的最高本质，决定它的合法性生存。"① 因此，政府协商对于推进国家治理体系和治理能力现代化意义重大。

一、政府协商的治理价值

"协商民主是一种具有巨大潜能的民主治理形式，它能够有效回应文化间对话和多元文化社会认知的某些核心问题。它尤其强调对于公共利益的责任、促进政治话语的相互理解、辨别所有政治意愿，以及支持那些重视所有

---

① 张洪武：《政府的公共性与协商民主》，《中共天津市委党校学报》2014 年第 6 期。

人需求与利益的具有集体约束力的政策。"① 政府协商本身具有多元性、协同性、人民性等要素和特征，能够为治理积累积极的能量和资源，是治理必需的民主形式和机制。

多元性。"党委领导、政府负责、社会协同、公众参与、法治保障"② 是我国社会治理的基本主体与角色定位，也就是说，社会治理是一元主导、多方参与、各司其职的合作共同治理。"这一机制本质上是国家政治权力和政府治理权力的运用，这一机制中的社会组织、参与公众等，实际上都是在国家权力和政府权力运行的基础上运行的。"③ 与传统的管理不同，治理突破了将政府看作是唯一主体的观点，强调和呼吁社会各方共同参与、共同承担责任。"治理意味着，办好事情的能力并不仅限于政府的权力，不限于政府的发号施令或运用权威。"④ 党和政府是治理的领导者、推动者和组织者，但是，治理不是党和政府的单打独斗、包揽一切，它需要调动起社会组织、私人部门、行业协会、社团、普通群众等社会力量的支持和参与。"多谋不是少数人谋，而是大家谋；善断也不是少数人断，而是大家断。"⑤ 政府协商能够激发社会活力，畅通民意表达的渠道、构建多元主体平等参与的平台、创造多元主体平等参与的机会、完善多元主体平等参与的机制，为治理提供主体力量。

协同性。"协商与其说是一种对话辩论的方式，不如说是一种共同的合作性活动。"⑥ 一方面，政府协商强调政治力量和社会力量之间的合作共治，

① 陈家刚：《协商民主引论》，《马克思主义与现实》2004 年第 3 期。
② 习近平：《决胜全面建成小康社会 夺取新时代中国特色社会主义伟大胜利——在中国共产党第十九次全国代表大会上的报告》，人民出版社 2017 年版，第 49 页。
③ 王浦劬：《国家治理、政府治理和社会治理的含义及其相互关系》，《国家行政学院学报》2014 年第 3 期。
④ 俞可平：《治理和善治：一种新的政治分析框架》，《南京社会科学》2001 年第 9 期。
⑤ 《彭真文选（1941—1990 年）》，人民出版社 1991 年版，第 507 页。
⑥ ［美］詹姆斯·博曼：《公共协商：多元主义、复杂性与民主》，黄相怀译，中央编译出版社 2006 年版，第 25 页。

党和政府通过引领政治方向、制定公共政策、提供公共服务等方式发挥"掌舵"作用，同时要尊重、信任、理解、平等对待多元的社会力量，引导公众在国家和社会治理中贡献自己的想法、热情和力量，积极参与到"划桨"队伍中来。另一方面，政府协商重视社会力量之间的配合和合作，通过激发社会活力，形成多元主体之间协同合作的网络关系，使他们劲往一处使、心往一处想、智往一处谋，保障社会的有序参与和高质量参与。多元主体之间即使有不同意见和辩论，也都是在尊重他人意见的基础上的理性交流。

民主性。与管理侧重于科层与等级、自上而下的统治和控制不同，治理侧重于平等、协调、合作、互动，强调的是自主性和参与性。"社会治理蕴含了有限政府、法制政府、公众参与、民主以及社会公正等理念。社会治理中的政府与公民的关系不是统治与被统治的关系，而是一种'委托—代理'的关系，也就是说，是公民委托政府代理公共管理事务。"①"治理方法更多诉诸协商、合作、法律等手段和技术，其前提是社会治理各主体是平等参与的。"② 政府协商不是居高临下地对社会发号施令，不是凭借权力强制摊派，也不是想当然地替民做主、滥用权威，而是以民主的方式、协商的方式、说服的方式引导、鼓励公民有序地参与公共事务的治理，政府协商强调的是参与主体通过建制化的程序和渠道公开公正地参与公共事务，政府不是权力、信息的垄断者，民主、协商是政府协商的价值内核和基本要素。"协商主体在提出、支持或反对某一个观点时，都要陈述其理由。而且在申述理由为自己的观点辩护时，不是依赖社会经济资源或政治权力所产生的非对称性。他们在给出理由的同时，希望那些理由（而不是诸如权力）将决定其观点的命运。"③

---

① 黄祖辉：《转变政府职能与改善乡村治理》，《浙江日报》2014 年 5 月 21 日。
② 王春光：《中国地方社会治理实践的理论透视》，《中共中央党校学报》2017 年第 5 期。
③ ［美］詹姆斯·博曼、威廉·雷吉：《协商民主：论理性与政治》，陈家刚等译，中央编译出版社 2006 年版，第 151 页。

人民性。"推进任何一项重大改革，都要站在人民立场上把握和处理好涉及改革的重大问题，都要从人民利益出发谋划改革思路、制定改革举措。"① 治理的根本出发点和落脚点是人民的根本利益，是实现人民主权、维护人民利益、增进人民福祉、促进社会和谐。政府协商是多元主体参与公共事务的决策过程和治理过程，是在承认参与主体不同利益倾向、不同价值观念、不同政治偏好的前提下进行的，但"政治协商要求公民超越'市场'的私人自利而诉诸'论坛'的公共利益"②。也就是说，在多元利益诉求的复杂社会背景下，所有社会成员在所有问题上达成一致和共识是不可能的，但协商民主能够提供一个合作、妥协的公共平台和机制。在政府协商过程中，允许不同立场、观点的公开表达和不同声音、诉求的自主反映，但参与者必须能够相互理解、包容，能够换位思考，所有的价值偏好和利益差异不能以追求狭隘的个人利益为目的，其最终目标必须寻求"利益交集"，找到最大"公约数"，促成公共议题和共识的达成。"即使他们的理由没有说服对方，只要他们认真对待和回应了对方关切的事情和所持的看法，他们的意见也会得到对方的合理领会与思考。"③ 协商民主的公共性来源于两个至关重要的因素，一是平等，每个利益相关者，即使是弱势群体，都具有平等的参与机会、平等的发言权，其观点被平等地受到重视和认真考虑。"通过努力将大量弱势团体和组织吸纳进政治体之中，我们可以使民主变得更为真实和有效。"④ 二是公开，保证相关信息公开透明，特别是党务政务信息，保障协商主体的知情权，这是开展对话和协商、促进科学民主决策的基础和前提。

---

① 中共中央文献研究室：《十八大以来重要文献选编》（上），中央文献出版社 2014 年版，第 554 页。

② 陈家刚：《协商民主与当代中国政治》，中国人民大学出版社 2009 年版，第 39 页。

③ ［美］詹姆斯·博曼：《公共协商：多元主义、复杂性与民主》，黄相怀译，中央编译出版社 2006 年版，第 7 页。

④ ［澳］约翰·S. 德雷泽克：《协商民主及其超越：自由与批判的视角》，丁开杰等译，中央编译出版社 2006 年版，第 77 页。

二、政府协商的机制建构

在我国，政府协商已经在各地开展起来，在一些地方如浙江温岭、四川成都等地已经实践了多年并积累了一定的经验。但是，个别地方的政府协商实践仍然存在协商意识不强、"不愿协商"、协商过于"随意"、协商形式化、协商信息不够公开或公开不及时等问题，社会动议机制仍然没有完全形成，政府和人大、政协衔接仍然不畅，决策咨询机制仍然有待完善。中共中央《关于加强社会主义协商民主建设的意见》把政府协商作为社会主义协商民主体系的重要组成部分并明确了政府协商的形式和内容，对制定和公布政府协商事项目录、增强政府协商的广泛性和针对性、完善政府协商机制等提出了要求，为政府协商提供了遵循，但哪些事项应纳入协商目录，如何增强政府协商的广泛性和针对性，如何完善政府协商机制中的各项具体工作机制，都是需要进一步探索的问题。

（一）平等对话机制

协商民主强调协商双方平等对话、理性沟通。改革开放以来，党和国家着手进行政治、经济体制改革，转变政府职能，人民民主意识日益觉醒。但是，长期积淀的思维惯性和行为模式不是短期内就能彻底改变的。一些地方政府仍然将政府与社会之间的关系看成管理与被管理的关系，政府凌驾于社会之上，各地"程度不等却普遍地存在着协商资源、协商能力与决策地位的不平等。它们以政府部门的相对强势、公众的相对弱势为核心特征，这些原本具有合理性的不平等会造成一系列负面影响"①，比如导致政府及其工作人员的腐败，滋生官僚主义弊病，削减政府的公信力和执政权威，增加行

---

① 杨守涛：《政府与公众间的协商不平等问题及其对策》，《领导科学》2014 年第 14 期。

政成本、降低行政效率，导致政府公共资源的流失，激发政府和社会之间的矛盾，加大社会不稳定、不和谐因素等。处于弱势的社会一方参与协商的主动性和积极性不高，即使参与也难以充分地、坦诚地、自主地发表意见。当下我们强调政府协商，就是要在承认这种客观存在的基础上，更加关注政府与社会之间的双向沟通、理性对话，以此化解利益冲突，调解社会矛盾，实现公平正义、决策民主。

"政府协商的本质是政府角色和职能转变。"① 因此，促进政府与社会之间的平等对话，最根本的是明确政府的角色和职能定位。首先，我国政府协商中的政府是服务型政府，政府协商的出发点和落脚点是为人民服务，目的是解决好人民群众最关心、最直接、最现实的利益问题。其次，政府协商中的政府是法治政府。"在中国的语境下，政府依旧强大，在建构与社会、市场的关系上如何改变过去的行政路径依赖、激发社会力量和促进社会发展、建设，则成为中国社会治理现代化的关键。"② 因此，完善政府协商，必须明确政府和社会、市场的权责关系和工作边界，合理界定哪些是政府可为的，哪些是政府不可为的，既不能滥政，也不能懒政；既不能包办代替，也不能无所作为。而要做到这一点，最深层的要求恐怕仍然是政府治理理念和思维的改变，如从管理到治理、从管控到协商、从命令到合作等。如此，社会力量自然会成长和壮大起来。

（二）信息公开机制

信息公开是现代社会公众对政府的正常诉求和期望，是增强政府工作透明度、彰显政府的协商诚意、增强政府协商工作的主动性、提升政府自信的基础性工作，是保障公众依法获取政府信息、了解政府工作并作出理性、正

---

① 宋雄伟：《政府协商的逻辑起点、基本内涵与完善路径》，《江汉论坛》2016 年第 6 期。

② 王春光：《中国地方社会治理实践的理论透视》，《中共中央党校学报》2017 年第 5 期。

确判断的前提条件，是调动公众参与政府协商的积极性、使政事真正成为众人之事的内在要求。政府信息公开还能够畅通政府和社会沟通渠道，消除社会公众的疑虑、猜忌和不信任，这是确保政府协商实效的必然要求。因此，"完善党务、政务和各项领域办事公开制度，推进决策公开、管理公开、服务公开、结果公开"① 具有重要意义。但是，在一些地方政府在信息公开的透明度方面做得不够，"能公开的一律公开"往往变成了"必须公开的才公开"，即使迫于形势不得不公开，也只在一定范围、一定时间内公开，或者选择一部分内容、一部分环节公开，这就容易造成政府与公众之间不必要的误解，甚至是"政府与社会之间的协商民主信用丧失"②，从而加剧社会对某些地方政府的不满。

公开倒逼公正、促进公平、提升公信。"当国家与社会日趋分离并且社会力量开始增长时，政府对社会的单向管理会趋向政府与社会的双向互动，政府与社会共同享有社会管理的权力与资源。这一过程也将导致官僚制的重新建构，对当下的中国基层治理而言，首先要求单向性的官僚行政减少封闭性而增加开放性与包容性，以更好地吸纳不断增长的社会性治理力量。"③ 健全信息公开机制，一是要按照《政府信息公开条例》和《关于全面推进政务公开工作的意见》的要求，坚持以公开为常态、不公开为例外，明确信息公开的内容、健全信息公开的方式、提高信息公开的实效，更好地保障和落实宪法赋予公民的基本权利。政府信息公开要充分、及时、准确。充分即全面详细，及时即时效性强，准确即真实。政府信息公开应采取方便公众知晓的方式，如政府公报、网站、新闻发布会以及广播、电视、报刊等，积极探索并构建互联网+政务的政府治理与运行模式。对于较为复杂的协商事

---

① 《中共中央关于全面深化改革若干重大问题的决定》，人民出版社 2013 年版，第 36 页。

② 杨守涛：《政府与社会协商的主体实质性不平等初探》，《党政干部学刊》2011年第 12 期。

③ 张敏：《政府供给与基层协商民主生长：基于三地实践的考察》，《学海》2016年第 2 期。

项，在信息公开时应做好相关的说明或解释工作；对于专业性、技术性较强的议题，应用通俗易懂的语言和方式进行解读，便于公众理解和接受；对于存在争议或分歧的政府决策事项，应至少提供两个备选方案以供公众选择。

二是要"根据法律法规规定和工作实际，制定并公布协商事项目录"①。制定协商事项目录，能够促使政府和政府部门启动协商程序，推动政府和政府部门按照法律法规厘清政府协商的范围和边界，以此解决政府协商积极性不高、被动协商、应付了事的困境。公布协商事项目录，便于政府体系内自上而下的监督和社会公众对政府和政府部门的自下而上的监督，避免协商实践的随意性和形式主义，规范和约束政府和政府部门的协商行为。

对于政府协商事项目录的内容，目前还没有直接的、明确的制度规定，但可以散见于一些法律法规和规范性文件中，如《中华人民共和国听证法》《中华人民共和国立法法》《行政法规制定程序条例》等。综合相关法规文件和各地实践，政府协商事项目录应包含以下内容：一是有关政府和政府部门重要文件的协商。政府和政府部门在起草政府工作报告、国民经济和社会发展规划、预决算报告的过程中，应当充分听取各方面的意见。二是有关政府立法的协商。政府和政府部门在制定立法计划或起草法律草案、法规、规章和规范性文件的过程中，应当根据法律法规和国务院相关规定，广泛听取有关机关、组织和公民的意见。三是重大行政决策事前和事中的协商。重大行政决策的协商是政府协商事项目录的重点内容，也是明确政府协商事项的难点所在。事关重大公共利益或者社会公众切身利益的重大规划、政策、标准，重大投资和建设项目，重要公共资源配置，重要行政收费，政府性基金项目和标准，以及实行政府定价的重要公用事业和公益性服务价格等，在决策前和实施中应当与各相关方面进行充分沟通。重大决策按规定应当进行社会稳定风险评估的，要把沟通协商情况作为风险评估报告的重要内容。政府

---

① 中共中央文献研究室：《十八大以来重要文献选编》(中)，中央文献出版社2016年版，第295页。

和政府部门要不断总结目录制定的经验和实际效果，推动协商事项目录制定工作的制度化、规范化、程序化。①

（三）社会动议机制

"重要决策方案，特别是涉及群众切身利益的重要政策措施，要广泛听取群众意见，不能嫌麻烦、图省事。"② 但在实际执行过程中政府容易根据自身偏好来决定："'想协商就协商，不想协商就不协商；想协商什么就协商什么、想与谁协商就与谁协商'，这是目前政府协商的现状。"③ 因此，对于如何扎实推进政府协商，《关于加强社会主义协商民主建设的意见》一方面强调协商事项目录的制定和公布机制，另一方面，对于"未列入目录的事项"，强调要"根据实际需要进行沟通协商"。④ 也就是说，什么问题需要协商、什么问题不需要协商，应根据实际需要来决定。如果一个议题引起了一定范围的社会关注，或者在社会上产生了一定的影响，即使没有被列入政府协商事项目录，也应纳入政府协商的范围，成为政府协商的议题。特别是在面临一些专业性比较强、技术含量比较高、风险的不确定性比较大的问题时，更需要广泛征求具备一定专业知识的特定人群的意见和建议。

在社会分化日趋突出、社会分工日益精细、社会问题日渐复杂的情况下，政府应充分认识到听取民意、集中民智，让公民参与到公共决策制定中来对于提高公共政策合法性、降低政策执行成本、分担政策失败风险的重要价值。建立协商议题的社会动议机制，就是创造一定的平台和条件，为包括专家学者在内的社会公众提供政策动议提供畅通的渠道，把社会关心、群众

---

① 宋雄伟：《政府协商的逻辑起点、基本内涵与完善路径》，《江汉论坛》2016 年第 6 期。

② 《习近平谈治国理政》第二卷，外文出版社 2017 年版，第 145 页。

③ 谈火生：《政府公共政策协商的国际经验与中国实践》，《中国党政干部论坛》2016 年第 4 期。

④ 中共中央文献研究室：《十八大以来重要文献选编》（中），中央文献出版社 2016 年版，第 295 页。

关注的问题变成政府协商的议题，"使社会公众可以通过法定渠道向行政机关提出具体详细的立法或决策建议"①，促进政府与社会的良性互动。需要注意的是，"在公民权利、政治责任和利益关怀等各种驱动政治参与的因素之中，在当前中国的基层政治生活中，对利益的关怀是公民参与政治活动的主要动力"②。换句话说，利益是公民参与政府协商的最大驱动力。因此，社会动议的议题必须是公共议题，如果仅仅是和个人利益相关的普通的意见建议不应作为政府协商议题。同时，社会动议议题必须在政府机关职权范围之内且符合相关法律政策规定，必须通过合法渠道提交政府机关，避免过激的、极端的、非法的形式和渠道。

（四）决策咨询机制

如果说社会动议机制主要解决的是协商的广泛性问题，那么，决策咨询机制主要解决的则是协商的针对性问题。要对一些重大项目或一些专业性、技术性问题做出理性分析和科学判断，只有协商意愿和协商热情是不够的，政府和政府部门应建立规范化的决策咨询机制，有针对性地主动向专家学者、专业机构、相关智库、社会组织、利益相关方等咨询并听取他们的意见建议。决策咨询可以通过召开座谈会、论证会的形式，也可以通过课题立项、调研的形式。

从当前政府决策咨询协商实践来看，有些地方政府在开展咨询协商时存在"走过场"的现象。为了使决策咨询常态化，政府应细化决策咨询程序，明确咨询的事项、形式、时间节点和咨询对象等。政府决策咨询的对象要具有广泛性和多元性，一方面要咨询人大代表、政协委员和政府参事、官方智库以及体制内的咨询机构，发挥其了解政府工作的优势，同时避免其容易被

---

① 杨克勤：《扎实推进政府协商　加强社会主义协商民主建设》，《中国政协理论研究》2015 年第 3 期。

② 陈家刚：《协商民主与当代中国政治》，中国人民大学出版社 2009 年版，第242 页。

政府引导的劣势。另一方面，向高校、科研机构的专家学者和社会各界知名人士、半官方的咨询机构以及民间智库咨询；"涉及经济社会发展重大问题、重大公共利益或重大民生的，重视听取社会各方面的意见和建议，吸纳社会公众特别是利益相关方参与协商。涉及特定群体利益的，加强与相关人民团体、社会组织以及群众代表的沟通协商"①。

另外，还可以探索购买服务、委托第三方进行协商的制度和机制。目前，我国还没有专业的协商组织，但有的地方已经开始尝试委托第三方进行协商的做法，比如山东省潍坊市。2012 年以来，潍坊市教育局就潍坊教育政策听证、潍坊市教育会议效能评估、潍坊教育系统评先树优项目听证论证、潍坊教育督导"瘦身"、师德考评制度建设听证等一系列工作和教育政策委托潍坊市教育政策研究院②组织协商听证。具体做法是：第三方主持听证会，参与听证的代表根据议题由各县市区教育部门和有关学校根据公开条件，集中推荐产生。每次听证会，由相关科室负责人向与会代表介绍政策的相关情况，代表无疑问后全程回避。代表的发言全程记录，提交给教育局党委，作为决策的重要依据。③

（五）衔接工作机制

《关于加强社会主义协商民主建设的意见》指出，扎实推进政府协商，应"完善人大代表议案建议和政协提案办理联系机制"④。完善人大代表议案建议和政协提案办理联系机制，其实就是健全政府与人大、政协工作的衔

---

① 中共中央文献研究室：《十八大以来重要文献选编》（中），中央文献出版社 2016 年版，第 295 页。

② 潍坊创新教育政策研究院成立于 2011 年，是潍坊市教育局重点扶持的 5A 级第三方教育政策研究机构，也是全国首家服务教育于地方改革与发展的社会智力机构。

③ 谈火生：《政府公共政策协商的国际经验与中国实践》，《中国党政干部论坛》2016 年第 4 期。

④ 中共中央文献研究室：《十八大以来重要文献选编》（中），中央文献出版社 2016 年版，第 296 页。

接，是推动政府协商的必然要求。人大代表议案建议和政协提案是对政府依法监督和民主监督的重要形式。人大是国家权力机关，其履职主体是人大代表，人大代表对政府工作具有法定的知情权、监督权、批评权和建议权。人大代表依法提出议案和建议是行使人民当家作主权利的重要形式，也是监督政府是否依法行政的有效手段。人民政协是"社会主义协商民主的重要渠道和专门协商机构，是国家治理体系的重要组成部分"①。参加政协的单位、政协委员对政府工作有提出建议和批评的权利，向政协提交提案是他们行使民主权利的一种有组织有领导的行为，是人民政协履行政治协商、民主监督、参政议政职能的重要形式。政府是国家行政机关和执行机关。政府办理人大代表的议案、建议和政协提案，是尊重人大代表和政协委员的民主权利和意愿、自觉接受人民监督、支持和保障人民当家作主的重要体现。

完善人大代表议案建议和政协提案办理联系机制，要求政府加强和人大代表、政协委员的联系和沟通，认真办理人大代表议案建议和政协委员集体和个人提案。第一，建立和完善台账制度。政府要对承办的人大代表议案与建议、政协参加单位与政协委员提案的各项信息（包括名称、主题、内容、承办单位、办理标准、时间节点、与代表和委员的沟通情况等）做好详细的登记，并强化对工作台账的动态管理，对议案建议和提案的办理工作进展及时进行跟踪反馈，与人大代表和政协委员及时进行联系沟通。

第二，做好督察和督办工作。"将建议和提案办理纳入政府年度督查工作计划"②，通过抽查、重点督办、问卷调查、电话回访等形式检查办理情况，要把与人大代表、政协委员的沟通情况、议案建议和提案的按时办复情况、问题解决情况等作为考评议案建议和提案办理工作的重要指标，尤其要以人大代表和政协委员对建议和提案的满意度作为办理工作好坏的重要标

① 习近平：《决胜全面建成小康社会 夺取新时代中国特色社会主义伟大胜利——在中国共产党第十九次全国代表大会上的报告》，人民出版社 2017 年版，第 38 页。
② 中共中央文献研究室：《十八大以来重要文献选编》（中），中央文献出版社 2016 年版，第 296 页。

准。对于不重视议案建议和提案工作、办理进度明显迟滞、办理质量较差的承办部门，需通报批评、限期整改。

第三，建立和完善建议、提案办理结果公开制度。如果议案和提案不涉及国家机密或商业机密、公共安全和社会稳定等问题，在征得人大代表和政协委员的同意后，应将办理结果部分或全部公开。目前，为了方便人大、政协和群众监督，增加政府工作的透明度，很多省市已经出台了相关的制度，比如，山西省政府发布了《关于做好省人大代表建议和省政协提案办理结果公开工作的通知》，要求政府全文公开涉及公共利益、公众权益、社会关切及需要社会广泛知晓的建议和提案办理复文，并适当公开建议和提案办理工作的总体情况、吸收采纳意见建议情况、工作动态等内容。浙江省绍兴市政府明确规定，办理建议、提案工作要做到"三次沟通"，即在办理前加强事前沟通，通过多种形式主动联系代表委员，准确了解他们的建议、提案意图，明确办理方向；在办理中加强征求沟通，积极向代表委员汇报交流办理工作，通报办理结果，并征求其对办理工作的意见；办理后加强事后沟通，对答复中承诺事项的落实情况及相关后续工作，要及时向代表委员反馈。市政府领导还每人每年领办一件重点建议和提案，并就普遍关注的问题，参加集体面商会。①

除了加强与人大、政协的衔接，政府也应加强与政党的衔接。"如果说政党协商是一种政党间交往形式，侧重于从政治纲领层面对国家发展道路、方向和规划进行政党对话；政协协商是一种社会各界别间的交流，侧重于从社会层面对重大经济社会问题进行磋商；那么，政府协商则是政府与社会、政府与人民之间的直接对话，是对关系人们日常生活的基本公共产品供给的协商。"② 也就是说，政府协商侧重于具体政策的制定和执行，是对政党协商所提出的政治纲领的细化和具体化，是对政协协商所提重大经济社会问题

---

① 张扬：《论我国社会主义协商民主体系中的政府协商》，《浙江学刊》2016 年第 3 期。

② 王庆德：《政府协商：一种新的协商民主》，《北京日报》2015 年 1 月 19 日。

的一种回应，主要着眼于国家与社会、政府与公众之间的关系，是规范政府权力、维护和实现最广大人民群众的根本利益、协调政社关系的一种协商形式。因此，从政治过程的完整性来看，政府协商是沟通和联系政党协商与政协协商的重要一环。

（六）行政问责机制

我国各级政府实行的是行政首长负责制，即各级政府及其部门的首长在民主讨论的基础上，对本行政组织所管辖的重要事务具有最后决策权，并对此全面负责的制度。虽然说政府各项工作最后要由行政首长定夺，但这并不意味着政府各项工作全部由行政首长一人说了算，相反，行政决策必须建立在民主协商、集体讨论、共同研究的基础上。从另一角度说，如果决策失误，行政首长不能因行政决策是集体协商的结果而推脱责任。正因为此，行政首长负责制是民主集中制和集体领导与个人负责制相结合制度的具体形式。

《关于加强社会主义协商民主建设的意见》提出："围绕有效推进科学民主依法决策加强政府协商，增强决策透明度和公众参与度，解决好人民最关心最直接最现实的利益问题，推进政府职能转变，提高政府治理能力和水平。"① 在政府协商中建立行政问责机制，就是在准确界定政府、政府首长的权力和责任的基础上强调决策的责任追究和行政首长责任，让行政首长对决策失误的后果承担责任，以此督促行政首长牢固树立依法行政、民主决策理念，把协商民主贯穿于政府工作的全过程，促进行政决策的科学、理性、公正、客观，提高政府决策的质量，保证人民群众的合理诉求和合法利益。

行政问责机制离不开群众参与和社会监督。"政府输出和获取公信力的

---

① 中共中央文献研究室：《十八大以来重要文献选编》（中），中央文献出版社 2016 年版，第 295 页。

过程中，必须有效提供并充分保证公民给予评价的途径和权利。而有效的公民参与恰好是反馈公众对政府满意度的最佳桥梁。"① 因此，完善政府协商，必须充分调动社会参与积极性，拓宽公众反映政府工作绩效、监督和问责政府行为的渠道，以人民满意度作为评价和问责政府行为、政府决策的标准。要充分发挥社会监督尤其是新闻媒体的监督作用，保障公众对政府实施监督的权利，调动公众监督政府的积极性，提升公众对政府的监督能力。

---

① 郝玲玲：《政治沟通与公民参与：转型期中国政府公信力提升的基本途径》，《理论探讨》2012 年第 5 期。

第四章　政协协商

　　"协商民主是中国社会主义民主政治中独特的、独有的、独到的民主形式"①，而以人民政协政治协商制度为载体、运用人民政协这一政治组织和民主形式发展协商民主的理论和实践——政协协商，是中国独创的、最具有鲜明中国特色的民主形式。而且，政协协商是新中国的建构基础，政协协商的制度化及其蕴涵的精神价值为社会主义协商民主的发展奠定了坚实的基础。

第一节　政协协商：中国独创的协商民主

　　政协协商是以政治协商制度和政协组织为载体和依托实施的民主，"是在中国共产党领导下，参加人民政协的各党派团体、各族各界人士履行政治协商、民主监督、参政议政职能，围绕改革发展稳定重大问题和涉及群众切身利益的实际问题，在决策之前和决策实施之中广泛协商、凝聚共识的重要民主形式"②。

---

　　①　《习近平谈治国理政》第二卷，外文出版社 2017 年版，第 293 页。
　　②　中共中央办公厅：《关于加强人民政协协商民主建设的实施意见》，《人民日报》2015 年 6 月 26 日。

一、政协协商的产生和发展

政协协商伴随着政协的产生而产生，伴随着政协的发展而发展，尤其是改革开放以来，人民政协工作逐渐恢复和发展，人民政协事业取得了长足的发展和进步，人民政协政治协商制度建设也取得了历史性的成就。

（一）政协协商的由来

人民政协的产生经历了一个过程。1946年1月，"政治协商会议"即旧政协在重庆召开。旧政协是由国民政府主持的，共产党和其他党派派代表参加。会议通过了改组政府、和平建国纲领、宪法草案原则、整编全国军队、召开立宪国民大会五项协议。虽然旧政协通过的协议不久就遭到破坏，但这种通过各党派代表和社会贤达召开政协会议共商国是的方式，不仅深受各民主党派的拥护，也获得中国共产党领导人的赞誉。周恩来称政协方式"为中国政治开辟了一条民主建设的康庄大道……是替民主政治树立了楷模"①；毛泽东认为，1946年的政协虽然遭到破坏，"但是已在人民中留下了不可磨灭的印象"②。因此，中共中央发出的"五一口号"，提出了"各民主党派、各人民团体、各社会贤达迅速召开政治协商会议，讨论并实现召集人民代表大会，成立民主联合政府"③ 的号召。同时，为与1946年旧政治协商会议相区别，各民主党派在响应"五一口号"发表的宣言、声明和告全国同胞书中，均采用了"新政协"或"新政治协商会议"的名称。毛泽东采纳了民主党派的意见，以后均采用"新政治协商会议"的提法。1949年6月，

---

① 中共中央统战部、中央档案馆：《中共中央解放战争时期统一战线文件选编》，档案出版社1988年版，第56—57页。

② 《毛泽东文集》第五卷，人民出版社1996年版，第342页。

③ 萧超然：《中国多党合作与政治协商制度专题资料汇编》，华文出版社1998年版，第1页。

新政协筹备会成立，周恩来在会上指出："我们的政协会议，加上一个'新'字，以区别于旧的政治协商会议。"① 8 月，周恩来提出："在人民民主国家中需要统一战线，即使在社会主义时期，仍然要有与党外人士合作的统一战线。要合作就要有各党派统一合作的组织。如果形成固定的统一战线组织，名称也要固定，建议称为中国人民政治协商会议。"② 这样，"中国人民政治协商会议"即人民政协的名称被固定下来。由此也可以看出，人民政协组织本身就是协商产生的，这一名称本身也包含了政治协商的含义。

1949 年 9 月 21 日至 30 日，旨在完成建立新中国、确立新中国的施政纲领和选举国家领导人等重大历史使命的中国人民政治协商会议第一届全体会议（简称一届政协）在北平召开，它代表了全国人民的意志，代行全国人民代表大会的职权。政协第一届全体会议的召开，标志着中国共产党领导的多党合作和政治协商制度的建立和形成，使政协协商首先在中国获得了现代民主制度形式和组织平台。在《中国人民政治协商会议组织法》中，对全国委员会规定的七项职权中有四项内容便属于政治协商的内容，它们分别是："二、协商并提出对中华人民共和国中华人民政府的建议案""四、协商并提出参加中国人民政协的各单位在全国人民代表大会代表选举中的联合候选名单""五、协商并决定下届中国人民政协全体会议的参加单位、名额及代表人选，并召集之""七、协商并处理其他有关中国人民政协内部合作的事宜"③。由此可见，协商是人民政协与生俱来的职能，协商民主是人民政协与生俱来的特征。

新中国成立后，毛泽东等党和国家领导人仍然重视和强调人民政协的协

---

① 《周恩来年谱（1898—1949）》，人民出版社、中央文献出版社 1989 年版，第 830 页。

② 《周恩来年谱（1898—1949）》，人民出版社、中央文献出版社 1989 年版，第 838 页。

③ 政协全国委员会办公厅、中共中央文献研究室：《人民政协重要文献选编》（上），中国文史出版社 2009 年版，第 59 页。

商价值。1954 年人民代表大会成立后，针对政协的性质和任务问题，毛泽东提出："召开全国人民代表大会以后，有些人认为政协的作用不大了，政协是否还需要成了问题。现在证明是需要的。政协全国委员会委员五百五十九人当中，当全国人民代表大会代表的一百四十人，只占总数的四分之一，还有四分之三不是人大代表，可见通过政协容纳许多人来商量事情很需要。虽然全国和地方的人民代表大会、国务院和各省市人民委员会各方面都容纳了许多人，但是还需要政协全国委员会和政协地方委员会。"① "国家各方面的关系都要协商"②，因此，毛泽东对政协的任务提了五点，包括协商国际问题，商量候选人名单（全国人民代表大会代表和地方同级人民代表大会代表的候选人名单以及政协各级委员会组成人员的人选），提意见，协调各民族、各党派、各人民团体和社会民主人士领导人员之间的关系，学习马列主义。除学习马列主义与协商没有直接关系外，前四点都与协商相关，从"协商""商量""提意见""协调"等措辞也可清晰地看出毛泽东对政协性质和任务的考量。

今天我们使用"政治协商"这一概念时有不同的所指，比较有代表性的有这样三种。第一种把政治协商理解为围绕人民政协的"政治协商"这一具体职能而形成的具体制度。人民政协的职能主要是政治协商、民主监督、参政议政，政治协商职能是人民政协最为基本的职能。人民政协的名称叫政治协商会议，进行政治协商也是其题中应有之义、首要之意。

第二种把政治协商作为"中国共产党领导的多党合作与政治协商"的简称，认为中国共产党领导的多党合作和政治协商制度形成和发展的历史都与人民政协密切相关，人民政协是中国共产党领导的多党合作和政治协商的重要机构，而"中国共产党领导"和"多党合作"是"政治协商"的定语，是用来说明"政治协商"的，"政治协商"才是中心词。持这种观点的

---

① 《毛泽东文集》第六卷，人民出版社 1999 年版，第 386 页。
② 《毛泽东文集》第六卷，人民出版社 1999 年版，第 386 页。

人比较少。相比较而言，人们更多地用"多党合作制度"作为"中国共产党领导的多党合作与政治协商制度"的简称。2005 年中共中央颁发的《关于进一步加强中国共产党领导的多党合作和政治协商制度建设的意见》明确指出：中国共产党领导的多党合作和政治协商制度是我国的一项基本政治制度，是具有中国特色的社会主义政党制度。也就是说，中国共产党领导的多党合作与政治协商制度核心内容是规范中国共产党和各民主党派之间的关系，因而更强调多党合作政党制度。需要指出的是，无论怎样理解，多党合作制度和政治协商制度都不是两个完全独立的制度，它们相互联系、不可分离，共同构成我国政党制度的一个突出特征。

第三种是指在中国共产党领导下，各政党、各人民团体、各少数民族和社会各界的代表，以中国人民政治协商会议为组织形式，经常就国家的大政方针进行民主协商的一种制度，又称中国人民政治协商会议制度。这种理解侧重体现政协的性质和地位，即政协是中国人民爱国统一战线的组织，是中国共产党领导的多党合作和政治协商的重要机构，是我国政治生活中发扬社会主义民主的重要形式。这是最为广义的理解，也是最为常见的理解。正是在这个意义上，《关于加强人民政协协商民主建设的实施意见》将政协协商的内容归纳为："国家大政方针和地方的重要举措以及政治、经济、文化和社会生活中的重要问题，各党派参加人民政协工作的共同性事务，政协内部的重要事务，以及有关爱国统一战线的其他重要问题等。"①

（二）改革开放以来政协协商的发展和完善

新时期最鲜明的特征是改革开放。改革开放有力地推动了人民政协政治协商制度建设，使人民政协协商民主逐步走上了制度化、规范化和程序化的轨道。

---

① 中共中央办公厅：《关于加强人民政协协商民主建设的实施意见》，《人民日报》2015 年 6 月 26 日。

1. 人民政协法律地位得以确立，政协协商有了法律依据和保障

《中华人民共和国宪法》是 1954 年正式颁布的。1954 年宪法在序言中强调："今后在动员和团结全国人民为完成国家过渡时期总任务和反对内外敌人的斗争中，我国的人民民主统一战线将继续发挥它的作用。"① 1954 年第二届全国政协第一次全体委员会议在制定首部政协章程的时候，采用与宪法相衔接的做法，在总纲中规定："中国人民政治协商会议全体会议代行全国人民代表大会职权的任务已经结束。但是中国人民政治协商会议，作为团结全国各民族、各民主阶级、各民主党派、各人民团体、国外华侨和其他爱国民主人士的人民民主统一战线组织，仍然需要存在。"② 这样，通过把政协章程与宪法联系起来、把人民政协和人民民主统一战线联系起来的方法，对人民政协的性质和地位进行了间接肯定。

1980 年，邓小平同志指出：我们的各项改革，特别是政治体制改革，第一项的任务就是修宪，要使我们的宪法更准确、更周密、更完善。由于邓小平的高度重视和大力支持，1982 年，第五届全国人民代表大会第五次会议通过的宪法，首次明确了人民政协的法律地位："中国人民政治协商会议是有广泛代表性的统一战线组织，过去发挥了重要的历史作用，今后在国家政治生活、社会生活和对外友好活动中，在进行社会主义现代化建设、维护国家的统一和团结的斗争中，将进一步发挥它的重要作用。"③ "关于人民政协的性质、地位和作用在国家的根本大法得到明文规定，这还是第一次。"④ 宪法的这一规定直接认定了人民政协是统一战线组织，为人民政协履行政治

---

① 政协全国委员会办公厅、中共中央文献研究室：《人民政协重要文献选编》（上），中国文史出版社 2009 年版，第 177 页。

② 政协全国委员会办公厅、中共中央文献研究室：《人民政协重要文献选编》（上），中国文史出版社 2009 年版，第 211—212 页。

③ 政协全国委员会办公厅、中共中央文献研究室：《人民政协重要文献选编》（中），中国文史出版社 2009 年版，第 378 页。

④ 政协全国委员会办公厅、中共中央文献研究室：《人民政协重要文献选编》（中），中国文史出版社 2009 年版，第 419 页。

协商职能提供了根本大法的保证。在此基础上，1993 年 3 月，八届全国人大一次会议通过的宪法修正案，其中一个重要修改就是在宪法序言的第十个自然段后面增加了"中国共产党领导的多党合作和政治协商制度将长期存在和发展"① 的重要内容。宪法的这一表述为人民政协这一独具中国特色的政治组织的存在和发展提供了强有力的法律保障。后来的宪法都沿用这一提法。

2. 人民政协性质逐步提升，政协协商的空间进一步拓宽

政协的性质是政协开展一切活动的基本依据，它决定着政协在中国政治制度中的地位和作用，决定着政协职能的发挥和实现。因此，科学界定和正确认识政协的性质是政治协商制度建设的前提和基础。新中国成立以来特别是改革开放以来，随着政协工作的推进、统一战线的发展和民主政治的推进，党对政协性质的定位越来越明确。政协新章程对人民政协的定位为："中国人民政治协商会议是中国人民爱国统一战线的组织，是中国共产党领导的多党合作和政治协商的重要机构，是我国政治生活中发扬社会主义民主的重要形式，是国家治理体系的重要组成部分，是具有中国特色的制度安排。"② 因此，理解政协的性质，需要强调以下几个方面：

（1）中国人民爱国统一战线的组织——从巩固和发展最广泛统一战线的维度来认识和把握政协协商

从历史渊源看，人民政协是作为统一战线组织而产生的，也始终是作为统一战线组织而存在的。人民政协是中国共产党同各民主党派和各界爱国人士团结合作、追求人民民主、建立和平统一的新中国的产物，是应民主的历史潮流而生的。"统一战线组织"是人民政协的根本属性。1949 年人民政协第一届全体会议通过的《中国人民政治协商会议组织法》及《中国人民政治协商会议共同纲领》，将人民政协的性质明确界定为"人民民主统一战线

---

① 政协全国委员会办公厅、中共中央文献研究室：《人民政协重要文献选编》（中），中国文史出版社 2009 年版，第 531 页。

② 《中国人民政治协商会议章程》，《人民日报》2018 年 3 月 28 日。

的组织"①。人民政协成立后直到 1954 年第一届全国人民代表大会召开，人民政协第一届全体会议代行作为最高国家权力机关的全国人民代表大会的职权，为巩固新生的人民政权作出了积极贡献。第一届全国人大召开后，人民政协圆满完成了缔造新中国的历史使命，但在毛泽东和中共中央的坚持下，人民政协作为统一战线组织保留了下来并继续发挥其独特的作用。

人民政协的统战性既是与生俱来的又是与时俱进的。1978 年政协章程把人民政协界定为"人民政协是中国人民在共产党领导下的统一战线组织"②。1982 年政协章程提出人民政协是"中国人民爱国统一战线的组织"③。无论是"人民民主统一战线"还是"爱国统一战线"的提法，人民政协"统一战线组织"的根本政治属性始终没有改变。2018 年宪法修改把"致力于中华民族伟大复兴"写进统一战线性质，与此相对应，新政协章程把"拥护祖国统一的爱国者"修改为"拥护祖国统一和致力于中华民族伟大复兴的爱国者"，同时增写了"非公有制经济人士、新的社会阶层人士等是中国特色社会主义事业的建设者"以及"全面准确贯彻'一国两制'、'港人治港'、'澳人治澳'、高度自治的方针"等内容。④

统一战线是中国共产党夺取革命、建设、改革事业胜利的重要法宝，是中国共产党执政兴国的重要法宝，也是实现中华民族伟大复兴中国梦的重要法宝。新时代做好人民政协工作，要用中华民族伟大复兴这个共同梦想来扩大团结面、增强凝聚力；要更加重视与非公经济、新社会阶层和港澳人士的团结联合；要牢牢把握团结和民主两大主题，坚持一致性和多样性的统一，最大限度地汇聚力量、凝聚人心、增进共识，助力党和政府寻求最大公约

---

① 政协全国委员会办公厅、中共中央文献研究室：《人民政协重要文献选编》（上），中国文史出版社 2009 年版，第 56 页。

② 中共中央文献研究室：《十二大以来重要文献选编》（上），人民出版社 1986 年版，第 472 页。

③ 政协全国委员会办公厅、中共中央文献研究室：《人民政协重要文献选编》（中），中国文史出版社 2009 年版，第 406 页。

④ 《中国人民政治协商会议章程》，《人民日报》2018 年 3 月 28 日。

数、画好最大同心圆，这是政协协商的基本关切点。

（2）多党合作和政治协商的重要机构——从坚持和发展新型政党制度的维度来认识和把握政协协商

中国共产党领导的多党合作和政治协商制度是适合我国国情、具有中国特色的新型政党制度。1949 年人民政协的成立，标志着中国共产党与各民主党派、社会各界共同创立了中国政党制度，标志着中国共产党领导的多党合作和政治协商制度有了自己的政治形式和组织机构。但是，政协章程中一直没有相关的表述。1994 年 3 月，中国人民政治协商会议第八届全国委员会第二次会议修订章程，在"中国人民政治协商会议是中国人民爱国统一战线的组织"后面增加了"是中国共产党领导的多党合作和政治协商的重要机构"① 的内容，明确把政协作为贯彻执行中国共产党领导的多党合作和政治协商制度的一个组织形式和工作载体，进一步明确了人民政协的性质，突出了政协在改革开放新的历史时期和在国家政治生活中的地位和作用，拓展了人民政协的工作空间。这既是对人民政协性质的规定，也包括对人民政协地位的规定。它表明，人民政协是中国共产党同各民主党派、无党派人士团结合作，进行政治协商和互相监督的政治组织。这种政治组织，既不是单一的政党组织，也不是国家权力机关和执行机关。也就是说，人民政协同中国共产党和其他民主党派有明显的区别，也不同于人民代表大会和人民政府。

2018 年 3 月，习近平总书记在全国政协十三届一次会议联组会上第一次提出"新型政党制度"这一概念，指出"中国共产党领导的多党合作和政治协商制度作为我国一项基本政治制度，是中国共产党、中国人民和各民主党派、无党派人士的伟大政治创造，是从中国土壤中生长出来的新型政党制度"②。从中国土壤中生长出来并历经革命、建设、改革的洗礼逐步成长

① 政协全国委员会办公厅、中共中央文献研究室：《人民政协重要文献选编》（中），中国文史出版社 2009 年版，第 612 页。

② 《坚持多党合作发展社会主义民主政治 为决胜全面建成小康社会而团结奋斗》，《人民日报》2018 年 3 月 5 日。

成熟的"新型政党制度"是继承和发展马克思主义政党理论，吸收中华优秀传统文化中兼容并蓄、求同存异等思想，突破西方政党制度"打橄榄球"的弊端和局限的伟大政治创造，为世界政党政治提供了中国智慧和中国方案，彰显出中国共产党人的制度自信；同时，新型政党制度创新了世界民主的实现形式，新型政党制度坚持长期共存、同舟共济、肝胆相照、荣辱与共方针，形成了多党合作和协商的政党关系，"作为具有中国特色的民主形式，协商民主既坚持'少数服从多数'的民主集中制原则，杜绝了'议而不决'；又充分听取'少数人的意见'，避免了'多数人的暴政'，体现了民主精神、贯彻了民主原则、实现了民主诉求，无疑是真民主的典范"[1]。作为各党派团体合作的平台，人民政协把握和坚持团结和民主两大主题，有利于体现和发挥我国新型政党制度的特点和优势。

（3）从"发扬社会主义民主的重要形式"到"人民民主的重要实现形式"再到"协商民主的重要渠道和专门协商机构"——从发展社会主义协商民主的维度来认识和把握政协协商

人民政协丰富的民主实践孕育和发展了中国特色社会主义协商民主，大大推进了中国的政治民主化进程。人民政协关于协商民主的丰富实践，是提出社会主义协商民主形式的重要现实基础；而人民政协日益完善的组织和制度体系，也为发展中国特色协商民主提供了运行平台和体制保障。2004年3月12日，中国人民政治协商会议第十届全国委员会第二次会议通过的政协章程修正案，对新时期人民政协的性质作了完整的表述："中国人民政治协商会议是中国人民爱国统一战线的组织，是中国共产党领导的多党合作和政治协商的重要机构，是我国政治生活中发扬社会主义民主的重要形式。"[2] 人民政协"是我国政治生活中发扬社会主义民主的重要

---

① 栾建章：《中国新型政党制度是对人类政治文明的重大贡献》，《求是》2018年第8期。

② 政协全国委员会办公厅、中共中央文献研究室：《人民政协重要文献选编》（下），中国文史出版社2009年版，第692页。

形式"这一表述，不仅准确地概括了人民政协的性质，而且客观地反映了人民政协与时俱进的变化，鲜明地体现了人民政协的时代特征和政治属性，反映了人民政协强大的生命力和发展前景。2006 年《中共中央关于加强人民政协工作的意见》中把人民政协这种民主形式明确为具有中国特色的协商民主，并与人民代表大会的选举民主一起作为两种重要的民主形式并列提出。

在 2018 年新修订的政协章程总纲中增加了一段，即第七自然段，内容为："协商民主是我国社会主义民主政治的特有形式和独特优势。中国人民政治协商会议是社会主义协商民主的重要渠道和专门协商机构，要聚焦国家中心任务，把协商民主贯穿履行职能全过程，完善协商议政内容和形式，着力增进共识、促进团结，在推动协商民主广泛多层制度化发展、推进国家治理体系和治理能力现代化中发挥不可替代的作用。"① 因此，人民政协是我国人民民主的重要实现形式和专门协商机构。

政协协商是协商民主七种渠道之一，但作为协商民主"专门协商机构"是政协独有的。人民政协开展协商民主的着力点应放在"专门协商机构"这个独特属性上。而且，政协不是权力机构，不是协商的主体，而是协商交流的重要平台。从这个角度看，应将"协商民主"作为政协现阶段发展社会主义民主政治的重点工作和主攻方向。政协应着力于搭建协商平台，丰富政协履职的内容，开拓政协作为"专门协商机构"的空间。

（4）国家治理体系的重要组成部分——从推进国家治理体系和治理能力现代化的维度来认识和把握政协协商

2018 年政协新章程增加了"是国家治理体系的重要组成部分，是具有中国特色的制度安排"②。新章程对人民政协的性质定位的新表述更全面、

---

① 《中国人民政治协商会议章程》，《人民日报》2018 年 3 月 28 日。
② 《中国人民政治协商会议章程》，《人民日报》2018 年 3 月 28 日。

更准确、更具有时代性，也更符合政协工作的任务和实际情况。国家治理现代化是党和国家对社会转型、社会矛盾和问题的深刻反思和回应，是一种新的国家治理理念。人民政协的组织特点、实践特质与国家治理的多元治理、协同治理、民主治理、公共治理等理念具有内在的契合性。人民政协代表性强、联系面广、包容性大的优势，人才荟萃、智力密集、视野开阔的优势，上达党政、下达各界、位置超脱的优势，体察民情、集中民智、汇聚民力的优势，在释放压力、缓解矛盾、化解冲突方面的优势，都决定了政协在国家治理体系中的重要地位和作用。

发挥政协在推进国家治理体系和治理能力现代化中的作用，应尊重人民群众对国家和社会事务的参与权、治理权、监督权，通过有效的制度安排，把社会各界群众吸纳到国家治理体系中来，推动与国家、政党、政府、社会的协同治理，发挥多元主体的治理合力。

3. 人民政协职能逐渐完善，政协协商的内容、形式和程序进一步规范

人民政协的职能主要是政治协商、民主监督和参政议政。政协三大职能的确立经历了一个逐步明确、丰富和完善的过程。政治协商职能是人民政协与生俱来的职能。但是，直到 1982 年第三部政协章程才提出：人民政协"对国家大政方针和群众生活的重要问题进行政治协商，并通过建议和批评发挥民主监督作用"，而且明确政治协商是"根据中国共产党或民主党派、人民团体的提议，举行有各党派、团体的负责人和各界爱国人士的代表参加的会议，进行协商"①。这就实际上确认了人民政协政治协商和民主监督的职能。1989 年 1 月，在认真总结历史经验的基础上，人民政协七届全国委员会常委会通过了《中国人民政治协商会议全国委员会关于政治协商、民主监督的暂行规定》。这是第一份对政协职能作出规范的文件。该文件第一条指出："人民政协的主要职能是对国家的大政方针和地方重要事务以及群

---

① 政协全国委员会办公厅、中共中央文献研究室：《人民政协重要文献选编》（上），中国文史出版社 2009 年版，第 407—408 页。

众生活、爱国统一战线内部关系等重要问题进行政治协商，并通过提出建议和批评，发挥民主监督的作用。"① 该文件还具体规定了政治协商和民主监督的目的、主要内容、主要形式及基本程序。其中，"政治协商的主要内容包括：国家在社会主义物质文明建设、社会主义精神文明建设、社会主义民主法制建设和改革开放中的重要方针政策及重要部署，政府工作报告，国家财政预算，经济与社会发展规划，国家政治生活方面的重大事项，国家的重要法律草案，中共中央提出的国家领导人人选，国家省级行政区划的变动，外交方面的重要方针政策，关于统一祖国的重要方针政策，群众生活的重大问题，各党派之间的共同性事务，政协内部的重要事务以及有关爱国统一战线的其他重要问题"。"政治协商的主要形式有：政协全国委员会的全体会议，常务委员会议，主席会议，常务委员专题座谈会，各专门委员会会议，根据需要召开的各党派、无党派爱国人士、人民团体、少数民族人士和各界爱国人士的代表参加的协商座谈会等，以及应邀列席全国人大及其常委会的有关会议。"② 另外，该《暂行规定》还明确了以下几点：第一，政治协商一般应在决策之前进行；第二，政协委员的民主权利应当受到保护，在政协会议上各种意见都可以充分发表。同时，该文件在 1982 年政协章程规定③的基础上，把政治协商的范围从"统一战线组织内部的政治协商"拓展到包括人大常委会和人民政府参与的政治协商，规定："全国政协主席会议根据中共中央、全国人大常委会、国务院、各民主党派、各人民团体以及中央党政有关部门的提议，安排协商活动并决定协商的形式和参加范围。全国政协主席会议认为需要协商的问题，也可以建议中共中央、全国人大常委会、国务院、各民主党派、各人民团体以及中央党政部门将问题提交政协

① 政协全国委员会办公厅、中共中央文献研究室：《人民政协重要文献选编》（中），中国文史出版社 2009 年版，第 465 页。

② 政协全国委员会办公厅、中共中央文献研究室：《人民政协重要文献选编》（中），中国文史出版社 2009 年版，第 466 页。

③ 1982 年政协章程规定：根据中国共产党或民主党派、人民团体的提议，举行有各党派、团体的负责人和各界爱国人士的代表参加的会议，进行协商。

协商。"① 这是一大突破。1994 年 3 月政协第八届全国委员会第二次会议通过的《中国人民政治协商会议章程》（修正案）将《暂行规定》的这个内容浓缩为："中国人民政治协商会议全国委员会和地方委员会可根据中国共产党、人民代表大会常务委员会、人民政府、民主党派、人民团体的提议，举行有各党派、团体的负责人和各族各界人士的代表参加的会议，进行协商，亦可建议上列单位将有关重要问题提交协商。"② 并且明确提出："政治协商是对国家和地方的大政方针及政治、经济、文化和社会生活中的重要问题在决策之前进行协商和就决策执行过程中的重要问题进行协商。"③ 此外，这次修订的章程把"参政议政"与"政治协商、民主监督"一起列为人民政协的三项主要职能："中国人民政治协商会议全国委员会和地方委员会的主要职能是政治协商和民主监督，组织参加本会的各党派、团体和各族各界人士参政议政。"④ 这就为人民政协开展工作提供了更广阔的舞台，推动了政协履行职能的制度化、规范化进程。

为了同新修订的政协章程相衔接，在 1989 年《政协全国委员会关于政治协商、民主监督的暂行规定》的基础上修订的《政协全国委员会关于政治协商、民主监督、参政议政的规定》于 1995 年 1 月 14 日政协第八届全国委员会常务委员会第九次会议上正式通过施行。该规定进一步明确："人民政协的主要职能是政治协商和民主监督，组织参加本会的各党派、团体和各族各界人士参政议政。"⑤ "政治协商是对国家和地方的大政方针以及政治、

① 政协全国委员会办公厅、中共中央文献研究室：《人民政协重要文献选编》(中)，中国文史出版社 2009 年版，第 467 页。

② 政协全国委员会办公厅、中共中央文献研究室：《人民政协重要文献选编》(中)，中国文史出版社 2009 年版，第 540—541 页。

③ 政协全国委员会办公厅、中共中央文献研究室：《人民政协重要文献选编》(中)，中国文史出版社 2009 年版，第 540 页。

④ 政协全国委员会办公厅、中共中央文献研究室：《人民政协重要文献选编》(中)，中国文史出版社 2009 年版，第 540 页。

⑤ 政协全国委员会办公厅、中共中央文献研究室：《人民政协重要文献选编》(中)，中国文史出版社 2009 年版，第 557 页。

经济、文化和社会生活中的重要问题在决策之前进行协商和就决策执行过程中的重要问题进行协商"①，从而把政治协商纳入了决策程序。2004 年全国政协十届二次会议审议通过的政协章程修正案正式确认了"中国人民政治协商会议全国委员会和地方委员会的主要职能是政治协商、民主监督、参政议政"②，取消了参政议政概念前的限制性说明，并在此条款中增加了一款关于参政议政内容、形式、方法和步骤的具体表述。2006 年 2 月《中共中央关于加强人民政协工作的意见》指出："人民政协的主要职能是政治协商、民主监督、参政议政。要支持政协围绕团结和民主两大主题履行职能，把加强团结和发扬民主贯穿于政协工作的各个方面，推进政治协商、民主监督、参政议政的制度化、规范化和程序化。"③ 该文件还对政治协商这项职能的主要内容和主要形式做了说明："人民政协政治协商的主要内容是：国家和地方的大政方针以及政治、经济、文化和社会生活中的重要问题；各党派参加人民政协工作的共同性事务，政协内部的重要事务以及有关爱国统一战线的其他重要问题。人民政协政治协商的主要形式有：政协全体会议，常务委员会会议，主席会议，常务委员专题协商会，政协党组受党委委托召开的座谈会，秘书长会议，各专门委员会会议，根据需要召开由政协各组成单位和各界代表人士参加的内部协商会议。"④

4. 政协协商的具体制度日益健全，政协协商的经常化开展有了制度保障

与政协协商相关的具体制度包括提案、视察、专题调研、会议制度等具

---

① 政协全国委员会办公厅、中共中央文献研究室：《人民政协重要文献选编》（中），中国文史出版社 2009 年版，第 558 页。

② 政协全国委员会办公厅、中共中央文献研究室：《人民政协重要文献选编》（下），中国文史出版社 2009 年版，第 695 页。

③ 中共中央文献研究室：《十六大以来重要文献选编》（下），中央文献出版社 2008 年版，第 261 页。

④ 中共中央文献研究室：《十六大以来重要文献选编》（下），中央文献出版社 2008 年版，第 261 页。

体工作制度。这里以会议制度为例。会议是人民政协履行政治协商职能的基本形式，也是政协协商最为经常的形式。新中国成立初期，中国共产党开展的各项重大运动、作出的重大决策，都是在政协全国委员会全体会议上进行讨论和协商，"这决不只是形式问题，而是应该取得他们的实际同意，使他们真正有参加决定大事之权"①。遗憾的是，这些可贵的做法并没有一以贯之地坚持下去。在"文化大革命"十年动荡中，政治协商的原则遭受严重破坏，民主党派的政治热情受到极大挫伤。

1994 年 3 月 19 日，李瑞环在中国人民政治协商会议第八届全国委员会第二次会议闭幕会上的讲话中明确指出，政治协商以会议为主要形式，并依据一定的程序和规则进行。目前，人民政协政治协商的主要会议形式有：政协全体会议、常务委员会会议、主席会议、常务委员专题协商会、政协党组受党委委托召开的座谈会、秘书长会议、各专门委员会会议、根据需要召开由政协各组成单位和各界代表人士参加的内部协商会议。政协全体会议是政协最高层次的协商形式；常务委员会会议是全体会议闭会期间的主要协商形式；主席会议是常委会会议闭会期间的重要协商形式；常委委员专题协商会主要就某项专题听取有关部门的报告，协商讨论，提出意见和建议；秘书长会议是对提交主席会议审议的议题和重要事项的初步协商形式；专门委员会是在常务委员会和主席会议领导下，组织委员开展专题性协商议政活动的形式。从 1993 年开始，人民政协制定和修订一系列会议工作制度和文件。如：全国政协修订了《中国人民政治协商会议全国委员会常务委员会工作规则》《中国人民政治协商会议全国委员会专门委员会通则》《中国人民政治协商会议全国委员会主席会议工作规则》《中国人民政治协商会议全国委员会秘书长会议工作规则》等，制定了《中国人民政治协商会议全国委员会全体会议工作规则》。

---

① 薄一波：《若干重大决策与事件的回顾》（上），中共中央党校出版社 1993 年版，第 34—35 页。

二、政协协商的中国特色和独特优势

我国的政协协商民主在世界上独树一帜。"人民政协以宪法、政协章程和相关政策为依据，以中国共产党领导的多党合作和政治协商制度为保障，集协商、监督、参与、合作于一体，是各党派团体和各族各界人士发扬民主、参与国是、团结合作的重要平台，是适合中国国情、具有鲜明中国特色的制度安排。充分发挥人民政协作为协商民主重要渠道和专门协商机构的作用，有利于广纳群言、广谋良策、广聚共识，有利于促进党和政府决策科学化、民主化，有利于更好实现人民当家作主，有利于化解矛盾、促进社会和谐稳定，有利于推进国家治理体系和治理能力现代化。"①

（一）政协协商是典型的协商民主形式

政协协商是一种民主形式，而且是一种主要通过协商达成共识的协商民主形式。"歧见是社会本质的常态，共识并不是现成的，而必须去创造。"②协商民主最显著的特征即协商。协即"协"，就是协力，是把各方面的力量相加、凝聚起来。商，就是商讨、商量，寻找出各方都能接受的意见。简单地说，协商，就是不同的行为主体齐心协力，求同存异，通过平等、自由的商量、讨论、沟通、协调与整合以达成共识的过程。协商民主则是一种民主的决策程序和机制，是一种国家和社会的治理形式，是民主形式的一种。在这种形式中，"平等、自由的公民借助对话、讨论、审议和协商，提出各种相关理由，尊重并理解他人的偏好，在广泛考虑公共利益的基础上，利用理

---

① 中共中央办公厅：《关于加强人民政协协商民主建设的实施意见》，《人民日报》2015年6月26日。

② ［意］G. 萨托利：《政党与政党体制》，王明进译，商务印书馆2006年版，第37页。

性指导协商，从而赋予立法和决策以政治合法性"①。在政协这个组织和平台展现的民主与协商民主所蕴含的基本特征、精神和价值理念是高度契合的，政协民主是一种典型的协商民主形式。

协商主体是多元的，多元性是协商民主的社会基础。政协的界别包含各党派、人民团体，还有文化艺术界、科学技术界、社会科学界、经济界、农业界、教育界、体育界、新闻出版界、医药卫生界、对外友好界、社会福利界、少数民族界、宗教界等。各个界别汇集在一起，形成一个民主大家庭，就能保障各界群众积极有序的政治参与，政协协商主体也就有了最大的包容性。

协商主体是理性的。协商民主的主体是有一定责任感的、理性的公民，在协商过程中他们能够超越自身观点和诉求的局限，理解他人的观点和需求，通过理性讨论、相互理解和妥协的过程达到一致，而不是将自己的观点强加给别人。"如果当人民能够充分了解情况并进行讨论时，公民彼此之间没有任何勾结；那末从大量的小分歧中总可以产生公意，而且讨论的结果总会是好的。"② 政协广罗各方面的专家学者和各方面的优秀人才，他们的事业心、责任感强，能够发挥"综合人才库"和"综合智力库"的作用，对重大的社会问题、政府决策或各种提案提出一些有深度、高质量的意见建议，能够提出客观真实又令人信服的理由，并能够借助公共讨论和理性协商的力量说服政府接受政协的建议。

协商主体是平等的。平等是具体的多方面的，包括地位的平等、对协商结果影响力的平等、获得协商机会的平等、获得信息和资源的平等、提出自己理由的权利的平等、倾听他人意见的平等。构成人民政协的各个界别有行业、领域的差别，但在政治上没有大小区别，没有多数派和少数派之分；政协委员有信仰、利益和观念等方面的差异，但不存在主导与被主导关系，他

---

① 陈家刚：《生态文明与协商民主》，《当代世界与社会主义》2006 年第 2 期。
② ［法］卢梭：《社会契约论》，何兆武译，商务印书馆 1963 年版，第 26 页。

们都具有平等地位、平等的表达机会和发言权，有充分的批评自由和发表意见的自由。

协商民主是一种程序民主。公共协商必须遵循一定的规则和程序，合法的程序才会产生合理的结果。政治协商是我们党在人民政协中独创的一种民主形式，是党和政府制定大政方针、作出重大决策必须经过的中间环节和重要程序。任何重大决策之前必须先进行协商，协商前要有充分准备，协商中要听取各方面意见，充分协商后按照多数原则表决，表决后对仍旧存在的不同意见允许保留。不仅在重大决策之前要协商，而且协商还可以实行于决策的实施、检查、监督、反馈等各个阶段。政协协商是全程协商，贯穿于决策的整个过程。

具有协商业主公共性。协商民主所讨论的议题范围必须集中在公共领域而不是私人领域，协商的目的在于达成广泛的共识。"公共协商是政治共同体成员参与公共讨论和批判性地审视具有集体约束力的公共政策的过程。形成这些政策的协商过程最好不要理解成政治讨价还价或契约性市场交易模式，而要将其看成公共利益责任支配的程序。公共协商的主要目标不是狭隘地追求个人利益，而是利用公共理性寻求能够最大限度地满足所有公民愿望的政策。"① 政协协商的主要内容是国家和地方的大政方针以及政治、经济、文化和社会生活中的重要问题，当然属于公共领域的问题。政协协商的目的在于取得一致意见，即使是中国共产党与各民主党派之间的互相监督也不像西方政党那样主要在竞选和相互攻击、相互牵制上，而主要是通过平等的、经常的协商讨论、交换意见来实现，监督也是为了更好地协商与合作。

可见，政协协商是一种典型的协商民主形式，在我国的社会政治生活中发挥了并将继续发挥重要的作用。一是能够最大限度地扩大政治参与。人民政协以其广泛的代表性，为各党派、团体和社会各界代表人士参与国是、参政议政提供了制度化渠道。同时，人民政协还具有特有的开放性和包容性，

---

① ［美］乔治·M. 瓦拉德兹：《协商民主》，《马克思主义与现实》2004 年第 3 期。

其界别设置能够随着经济社会的发展、社会阶层的分化组合等情况适时地做出调整，最大程度地满足各方的利益要求和愿望。而且，政协委员大多为社会知名人士和精英分子，主要体现为精英参政和中上层参政，是区别于人民代表大会建立在自下而上选举基础上的广泛的公民参政，是对人民代表大会制度的一种补充，完善和扩大了政治参与。通过政协协商这种重要的民主形式，人民政协可以广泛参与国家和地方的政治生活，对国家和地方经济及社会发展中的重大问题起到充分发表意见、服务决策、监督执行的重要作用。

二是实现决策的科学化和民主化。人民政协具有明显的人才和智力优势，它能够把不同利益群体的意见、呼声和各方面的真知灼见转达给决策者，进而影响施政过程。人民政协政治协商是在决策之前和决策执行过程中对重要问题进行协商，可以为科学民主决策提供广泛的民意支撑，能够有效地促进党委和政府决策更加科学民主，避免或减少决策失误，保证各项方针政策的贯彻执行。

三是协调政治关系。作为中国共产党领导的各党派、团体、民族、阶层大团结大联合的组织，人民政协具有组织上最广泛的代表性，政治上最大的包容性，位置超脱、联系广泛、非官非民、亦官亦民和上通下达的特点和优势决定了它能够将更多的有识之士和来自各方面的力量团结凝聚起来，具有巨大的政治优势；它能够使持不同意见者畅所欲言，抒发不同的意见，有利于形成融洽和谐、生动活泼的政治局面，协调社会关系，营造民主团结、和谐平等的社会氛围；它能够通过政治协商依法行使对政府和执政党的民主监督职能，并以此协调党政关系。除了政治协商会议以外，政治协商制度所包括的民主协商会、小范围的谈心会、座谈会、书面建议等，在不同程度上具有协调中国共产党与各民主党派政党关系的作用。

（二）政协协商是我国独有的民主形式

在中国，以人民政治协商会议为制度载体的协商民主是一种富有中国特色的民主模式，是中国特色协商民主的一种典型的制度安排，是中国共产党人把马克思主义普遍原理同中国革命和建设的具体实践相结合创造出的一种既体现中华民族崇尚和谐、兼容并蓄的优秀文化传统，同时又适应时代进步潮流、具有极大发展潜力的一种民主模式，是中国共产党集体的政治智慧和经验的结晶。政协民主的协商价值和民主意义是由政协本身的性质、地位、组织、职能等特点决定的。

从政协的性质和地位来看，政协协商民主是社会主义民主的重要形式。首先，政协是中国人民爱国统一战线的组织，是由社会主义劳动者、社会主义事业的建设者、拥护社会主义的爱国者、拥护祖国统一和致力于中华民族伟大复兴的爱国者组成的最广泛的政治联盟，是国内的各党派、各团体、各民族、各阶层以及许多海外代表人士大团结大联合的组织，因此政协民主具有最广泛的民主主体。其次，政协是中国共产党领导的多党合作的重要机构，是各党派沟通情况、交流思想、协调关系、互相监督、求同存异、增进团结的重要场所。在政协内部，各党派以本党派名义发表政见、发挥职能。最后，政协是政治协商的重要机构，是高效的政治信息交流机构。作为专门进行政治协商的机关，人民政协具有地位超脱、人才汇聚、上达中央下通各界的有利条件，参与政协的任何方面都可以通过政协例会、建议案、提案、调研视察报告等途径平等参与协商。

从组织特点来看，界别是政协的基本构成单位，是政协区别于其他政治组织最显著的特色，政协民主是界别民主。目前，政协主要由 34 个不同的界别构成，可以说，34 个界别就是 34 条民主渠道。政协委员是各个界别参与民主政治的代言人，他们以界别分组、以界别为载体参加会议、组织讨论、开展活动，这就突破了行政区划的区域性限制和上下隶属关系的行政性限制，从而能够更及时、准确、系统、全面地收集到和辐射出各个界别最具有代表性的整体声音，对国家的大政方针、法律法规和政策措施提出相应的意见和建议，帮助党和政府科学决策、改进工作。对此，李瑞环同志在全国政协九届四次会议闭幕会上作了精辟的表述："这种按界别组成的形式，可以为各党派、团体以组织名义发表主张提供场所，可以使群众中分散、个别的意见得到系统、综合的表达，可以广泛吸纳社会各方面人士的智慧，也有利于通过界别协调关系、化解矛盾。"①

从职能来看，政协主要履行政治协商、民主监督和参政议政的职能，这些都是实现社会主义民主的重要形式。政治协商是人民政协存在与发展的重要依据，也是实现人民政协协商民主的最基本的形式。"新民主主义的议事精神不在于最后的表决，主要是在于事前的协商和反复的讨论。"② 政协委员通过多种会议形式对一些重要的共同性问题进行民主的、平等的、真诚的协商、讨论，集思广益，有利于克服片面性和局限性，促进执政党决策的民主化和科学化。政协的民主监督是发扬社会主义民主的另一种重要形式和方法。政协的民主监督有明确的目的、内容和有效的形式，而且由于政协委员大都是各方面的代表性人士和社会名流，有很大一部分是优秀知识分子和专家，他们大都具有高度的政治责任感和较强的议政能力，具有丰富的政治阅历和经验，他们提出的意见、建议和批评具有较大的权威性、建设性和影响力，他们的监督能够引起被监督者的高度重视。因此，政协监督是有组织的、高层次的、高质量的监督，它比一般群众的监督层次高、视野广、影响大，可以发挥多方面的独特的作用。参政议政是政治协商和民主监督的拓展和延伸。人民政协不是权力机关，政协委员"说官亦官，说民亦民，非官非民，亦官亦民"③，这种超脱的位置使得他们有充足的时间进行调查研究和思考一些人民群众关心、党政部门重视的长远性的问题；位置超脱也使得政协委员的视野更开阔，使他们能够比较客观地提出一些具有综合性、前瞻性、科学性和可操作性的意见和提案，从而提高参政议政的实效性。

人民政协工作以团结和民主为主题，团结和民主反映了民主政治的本质和内涵，体现了民主政治的规定和要求。从政协产生来看，政协本身就是按

---

① 中共中央文献研究室：《十五大以来重要文献选编》（中），人民出版社 2001 年版，第 1731 页。

② 《周恩来统一战线文选》，人民出版社 1991 年版，第 134 页。

③ 李瑞环：《学哲学　用哲学》（上），中国人民大学出版社 2005 年版，第 315 页。

照"大民主、大团结"原则建立的，它本身就是中国人民团结起来进行爱国民主运动胜利的果实，团结和民主是人民政协产生和发展的历史根据。政协具有光荣的追求民主的历史传统，自诞生以来，政协一直把追求民主作为一切工作的出发点和归宿，人民政协的组成、职能的履行、办事的程序、运作的方式等，都体现了民主精神和民主的要求。团结和民主也是人民政协产生以后的方向和使命，是政协一切工作的出发点和归宿。人民政协的性质、组成、职能、活动方式等都体现了团结和民主的精神。在团结的基础上不断推进社会主义民主的进程，在发扬民主的前提下实现团结，是中国特色社会主义民主的一大优势，有利于最广泛地凝聚和发挥各党派、各团体、各民族、各阶层和各界人士的智慧和力量，团结一切可以团结的力量，调动一切可以调动的积极因素，为实现共同的目标而奋斗。

（三）政协协商是中国协商民主的基础形式

政协协商民主的产生与中国共产党在长期的中国革命的实践中对民主的追求和探索是分不开的。自成立以来，中国共产党就以实现和发展人民民主为己任，一贯坚持民主协商与党的领导相统一，坚持统一战线与武装斗争相结合。早在中国共产党二大就以决议形式提出了"民主的联合战线"思想。在抗日烽火中建立的"三三制"政权，实现了中国共产党和其他各民主党派和爱国民主人士及开明绅士的政治协商，尤其体现了协商精神。抗战胜利后，中国共产党又推动召开了各民主党派参加的政治协商会议。虽然真正的"政治协商会议"的叫法是在国共重庆谈判时才商定下来的，但"政治协商会议"的组织形式最早缘起于1944年9月中国共产党提出的"国事会议"，后经"党派会议""政治会议""政治咨询会议"的演变发展为"政治协商会议"。重庆谈判达成的协议虽然被国民党蒋介石所破坏，但其所体现的平等协商的政协精神和以党派合作、共同纲领、联合政府为内容的政协路线则已深入人心，成为中国人民争取实现的目标。1948年中国共产党又倡议召开新政协，很快就获得民主党派和其他民主力量的响应。1949年9月，中国人民政治协商会议第一届全体会议的召开，标志着中国共产党领导的多党合作和政治协商制度的正式确立，标志着作为重要的民主形式的政协协商民主在组织上和制度上的形成。

之所以说政协协商是中国协商民主的基础模式，还有以下几个方面的原因：

首先，在中国先有协商民主后有选举民主。在长期的革命战争实践中，中国共产党一直贯彻"协商民主"的精神，虽然当时没有"协商民主"的叫法，也没有专门的协商机关，但"协商民主"在一定程度上早已是一种客观存在。大革命时期，在反帝反封建基础上形成的第一次国共合作，共产党员以个人身份加入国民党，与国民党就一些重大问题进行政治协商。抗日战争期间，在中国共产党控制的地区政权中实行的"三三制"政权，共产党员、非党的左派进步分子和中间派各占三分之一，实现中国共产党和其他各民主党派和爱国民主人士及开明绅士的政治协商，这些都是协商民主的运用。"中国能够实行什么样的民主？这个问题是需要认真而又慎重地讨论的。但是，我们也要知道，这个问题并不是能够主观设定的，而是要在中国人民的历史奋斗中逐步形成的。这里，有一个'路径依赖'的问题。"① 中国追求民主的历史以及长期形成的协商民主传统为后来协商民主政治模式的选择提供了可以"依赖"的"路径"。

其次，政协民主是中华人民共和国的建构基础和建国形式。"后发型的现代化国家，不论选择的经济、政治和社会发展形态多么先进，都必须在自己的社会历史和文化的基础上找到一个承接点，以承接新的发展形态。"② 在普选的全国人民代表大会成立之前，1949 年的中国人民政治协商会议第一届全体会议（即新政协会议），代行了全国人民代表大会的职权，会议制定了具有临时宪法性质的《中国人民政治协商会议共同纲领》（简称《共同

---

① 李君如：《中国能够实行什么样的民主》，《北京日报》2005 年 9 月 26 日。
② 林尚立：《当代中国政治形态研究》，天津人民出版社 2000 年版，第 466 页。

纲领》)、《中国人民政治协商会议组织法》和《中华人民共和国中央人民政府组织法》，选举了中华人民共和国中央人民政府委员会，制定了中华人民共和国的国旗和国徽，决定了中华人民共和国的国都、国歌、国旗和纪年等。新政协还规定了治理新国家的一些根本性问题，比如新中国国家的性质和政治制度，新中国的经济制度和政策，新中国的军事制度和文化教育、民族和外交等方面的基本政策。可以说，建立新中国的历史使命是通过政协协商民主完成的，政协担当了"新中国的接生婆"的角色，政协协商民主代行了人民代表大会的选举民主。虽然在普选的全国人民代表大会召开以后，中国人民政治协商会议结束了代行全国人大职权的历史，但此后政协会议作为统一战线组织和协商机关继续发挥作用。

再其次，政协民主已经从基本制度安排、政治运作机制、组织化运行方面建立起协商政治的框架体系和民主规范模式，为社会主义民主政治的发展奠定了坚实的政治基础。我们知道，中国共产党领导的多党合作和政治协商制度是我国的一项基本政治制度，政协是我国政治体制的重要组成部分，是专门实施政治协商的机关。而且，经过多年的制度建设，政协各项工作都有了相应的规章制度：不仅政协工作有规可依、有章可循，而且中国共产党各级党委对政协工作的领导，政府对政协工作的经常联系和支持，以及参加政协的各有关方面开展政治协商、民主监督、参政议政活动等，都逐步得到规范和完善。正因为有了这样一个构成国家政治体制重要组成部分的、日益制度化规范化的、专门的协商机关，才使我国的政治协商有了经常性实现的制度保证和组织保证。

再次，政协的党派合作性特征内在规定并决定了整个国家的民主模式选择和民主发展。现代政治是政党政治，政党是现代民主政治的主角，在一个国家的政治生活中发挥着基础性和决定性的作用，政党制度和政党关系对民主的模式选择和发展方向具有内在规定性。我们知道，作为国家权力机关的人民代表大会中没有议会党团，民主党派人士参加人大以及在政府、司法机关担任职务都是以个人身份。而人民政协主要是以党派为基础组成的，是唯一的所有合法政党参加并以本党名义参与政治活动的多党合作组织，是各政党的公开论坛。在人民政协中，中国共产党和各民主党派都是以各自党派的名义进行政治协商、民主监督和参政议政，实现各党派的合作、对话、交流并达成共识，达到共同治理国家的目的。

最后，政协协商民主蕴含的协商精神、协商原则会得到普遍、广泛的传播和发扬，这是政协民主的基础性价值的主观延展。一方面，在政协组织内部，协商民主的范围和领域会越来越宽泛，参与协商的主体越来越多元，协商渠道会越来越丰富多样。另一方面，由于政协具有联系面广、包容性强的特点和优势，民主协商过程中的平等意识、参与意识、协商精神、公开原则、多数原则、理性原则等很容易通过覆盖面广的组织、团体和个人得到发扬和传播，从而起到丰富协商民主形式和内涵、培育公民协商民主精神、塑造参与性政治文化的作用。随着政协协商民主理论和实践的完善，随着协商民主的精神和原则的传播和发扬，协商主体已经并将继续从政协组织内部和政治精英扩大到更广的范围甚至全社会的普通公民；协商领域已经并将继续从政治生活领域扩展到经济生活与社会生活领域，这就大大增强了民主的普遍性，使协商成为一种普遍的生活原则。从这个意义上可以说，政协协商民主是一种基础性的民主模式。

三、政协协商存在的主要问题及对策建议

新中国成立 70 年尤其是改革开放 40 多年来，政协协商在中国的政治生活中产生了深远的影响。尽管如此，在实际政治生活中，人民政协政治协商制度的重要地位和作用并没有充分显现和发挥出来。比如说，虽然在行政级别上各级政协被列为与党委、人大、政府平行的国家机关，各级政协负责人均为"党政主要负责人"，政协机关工作人员为国家干部，但是，政协干部多是即将退休的老同志；虽然每年的政协全会与人大全会同时召开，开会方式基本相同，会议内容都是讨论国家政治生活中的重大问题，但是，政协提

出的意见远不如人大提出的意见更容易受到重视；等等。也就是说，虽然在国家宏观制度层面人民政协的地位和作用相当高，在政治实践中人民政协也确实发挥了不可替代的作用，但是，人民政协的实际政治地位和政治作用并没有政治话语表述的那样高。

《关于加强社会主义协商民主建设的意见》提出要进一步完善政协协商，"充分发挥人民政协作为协商民主重要渠道和专门协商机构的作用，坚持团结和民主两大主题，推进政治协商、民主监督、参政议政制度建设，不断提高人民政协协商民主制度化、规范化、程序化水平"[1]，同时提出了明确政协协商的主要内容，完善政协会议及其他协商形式，加强政协协商与党委和政府工作的有效衔接，加强人民政协制度建设的措施，为健全和完善政协协商指明了方向。

完善政协协商，目前尤其需要重视以下几个方面：

第一，完善政协委员的产生机制，扩大政协协商民主的范围和层次。政协委员是政协组织的细胞，是政协履行政治协商职能的主体，政治协商职能主要是依靠政协委员的活动实现的。政协委员的素质如何直接影响着其主体作用的充分发挥和政协职能的有效履行。根据《政协章程》，"每届中国人民政治协商会议全国委员会的参加单位、委员名额和人选及界别设置，经上届全国委员会主席会议审议同意后，由常务委员会协商决定。每届全国委员会任期内，有必要增加或者变更参加单位、委员名额和决定人选时，经本届主席会议审议同意后，由常务委员会协商决定"。"每届中国人民政治协商会议地方委员会的参加单位、委员名额和人选及界别设置，经上届地方委员会主席会议审议同意后，由常务委员会协商决定。每届地方委员会任期内，如有必要增加或者变更参加单位、委员名额和决定人选，经本届地方委员会主席会议审议同意后，由常务委员会协商决定。"[2] 由这些规定可以看出，

---

① 中共中央文献研究室：《十八大以来重要文献选编》（中），中央文献出版社 2016 年版，第 296 页。

② 《中国人民政治协商会议章程》，《人民日报》2018 年 3 月 28 日。

政协委员的产生，既不同于人大代表的选举制，又不同于政党机关和行政机关的委任制，而是协商邀请制，即全国政协委员由政协全国委员会常务委员会协商邀请，县级以上地方各级政协委员由各级地方委员会常务委员会协商邀请。但是，谁跟谁协商、协商中达不成一致意见怎么办、从多少人当中产生一名政协委员、如何协商等问题，都没有规定和说明。

第二，提高协商主体的政治素质和能力，保障政协协商民主的质量和实效。政协委员多是兼职做政协工作，多数时间和精力集中在自己的专业领域内，这就容易使个别政协委员缺乏对普通老百姓关心的经济、政治、文化和社会问题进行协商、对话的愿望，更不用说进行专门的调查研究和提出有针对性、可操作性的提案。而且，政协委员没有投票权，所提建议和意见能否被采用受制于很多因素。这也是许多政协委员对政治协商、参政议政缺乏责任心和积极性的原因之一。政协委员是地位，是荣誉，但更是一种责任。协商产生政协委员应充分考虑到当事人的意愿，特别要考虑到被推选的政协委员是否具备政治协商、民主监督、参政议政的资格和能力。所以，如何吸纳有代表性、政治素质高、参政议政能力强、有群众基础和参政热情的人士担任政协委员，这是需要探索的重要问题。另外，可以尝试建立集体表态制度，鼓励政协委员对重要的政策和问题发出集体的声音，以形成舆论压力，达到督促和监督政府部门改进工作的目的。

第三，完善人民政协的界别设置，兼顾不同协商主体的多元需求。界别是人民政协履行政治协商职能的有效途径和重要载体，是人民政协产生、存在和发展的组织基础，是人民政协区别于其他组织的显著特征。不同的界别能兼顾各方面的利益诉求，从而达到让更多的人通过不同的渠道反映各自不同的利益诉求、实现整体利益最大化的目的。改革开放以来，我国社会结构发生了深刻变化，出现了许多新的社会阶层，政协界别的设置也应与时俱进地做出相应的调整，把这些新的社会阶层和各方面的力量都吸纳进来。然而，人民政协现有界别设置滞后于形势发展的需要。比如，政协中没有与律师、法官、检察官等法律职业群体相对应的界别。另外，由于人民政协已由原来的统一战线组织发展为社会主义民主政治的重要形式，政协的界别设置应该把普通公民纳入其中。但是，现有的政协中并没有与真正意义上的工人、农民、青年学生、外来务工人员等相关的界别，很多中下层人士（包括失去土地的农民、城市里的贫困人群等）涵盖不进去，在界别基础上产生的政协委员也就很难表达这些群体的意见和利益诉求。这就不能不影响政协组织的代表性和包容性。再者，政协也存在界别界线划分不清，界别交叉、重叠现象。因此，如何调整政协界别的设置以更好地适应中国快速发展的社会形势是加强政协制度建设必须考虑的一个问题。由于界别划分直接影响政协委员的产生，有必要在原有界别的基础上，重新考虑对原有界别进行整合、规划，再增加一些新的界别，以考虑到普通民众的需求。

最后，制定《中国人民政治协商会议组织法》，使政协协商民主有组织保障。1949 年 9 月，中国人民政治协商会议第一届全体会议通过的《中国人民政治协商会议组织法》是一部专为政协会议组织以及管理而诞生的法则，对政协组织的参加单位及代表、全体会议、全国委员会、地方委员会等都作出了具体的规定，对于推动和规范政协建设，具有重要的历史意义。五年之后，这部法律被中国人民政治协商会议第二届全体会议通过的《中国人民政治协商会议章程》代替而停止使用。现在有必要重新制定《中国人民政治协商会议组织法》并赋予其相应的职权。

第二节　民主党派提案办理协商：
政协协商的案例分析

提案是人民政协履职的重要方式，是协助党和政府实现决策民主化、科学化的重要渠道，是坚持和完善中国共产党领导的多党合作和政治协商制度的重要方式和载体。政协提案在丰富协商民主实践、推进协商民主进程、提高协商民主成效等方面具有重要的作用。提案办理协商是人民政协协商民主的重要形式，是提案者、提案承办单位、政协组织及有关方面为增进共识、推动政协提案办理开展的协商活动，贯穿于提案的提出、立案、交办、经办、督办、反馈各环节。提案办理协商是历史悠久、运作规范、效果显著、特色鲜明、与党政职能部门联系紧密的一项重要的经常性工作。

一、北京市民主党派提案和提案办理协商的基本情况

各民主党派是人民政协的重要组成部分，党派提案是民主党派在人民政协履职的最直接、最有效的形式之一。民主党派是中国特色社会主义参政党，其政治地位高、组织化程度强、联系广泛，而且聚集了具有中高级职称的各方面的专家和学者，民主党派的特殊地位和作用决定了党派提案具有其他提案所不具有的政治优势、组织优势、人才优势和整体优势，因此，党派提案更容易受到政协、党委和政府的重视，成为党政职能部门难得的信息资源和决策参考来源。党派提案是政协提案的重中之重。研究民主党派政协提案，有利于推动和深化人民政协、协商民主理论研究，特别是民主党派在政协发挥作用的研究，建立健全提案办理协商体制机制，规范提案办理协商工作规程；有利于凝聚各党派的智慧和力量，更好地发挥政协平台和党派组织的优势，更好地坚持和完善中国共产党领导的多党合作和政治协商制度；有利于提升政府决策科学化、民主化水平，改进党和政府的工作作风；有利于充分发挥政协作为党和政府联系群众、团结各界的重要桥梁纽带作用以及民主党派的政治资源和组织优势，使党派提案真正成为党和政府的信息来源和决策参考。

民主党派通过提案在政协履职的历史悠久。早在 1949 年 9 月中国人民政治协商会议第一届全体会议期间，政协便设立了由大会主席团选出的代表提案审查委员会，各民主党派便以主人翁的姿态参与政协会议并与中国共产

党共商国是，中国致公党以党派名义向大会递交了一份名为《由中央人民政府研究和实行护侨政策案》的提案，这件提案是人民政协历史上最早的党派提案，开创了民主党派集体提案的先河。"从政协第一届全国委员会开始到政协第六届全国委员会第一次会议之前，政协委员的提案都是在全体会议上提出，故每一次政协全体会议期间（一届一次和五届一次会议除外），都设立临时性的提案审查委员会，负责审查委员提出的提案。"①"文化大革命"期间，政协提案工作中断。

党的十一届三中全会以后，全国政协的提案工作逐渐恢复并且进行了多方面的改革。1991 年 1 月 11 日，政协第七届全国委员会常务委员会第十二次会议通过了《中国人民政治协商会议全国委员会提案工作条例》，明确阐明了提案工作的性质、地位、作用、工作方针，规定了提案工作机构的设置、职责、工作任务，并对提案的提出、审查、交办、办理提出了规范化要求。1994 年 10 月 8 日，政协第八届全国委员会常务委员会第八次会议对该条例进行了修订，明确规定：提出高质量提案应具备"三性"，即政协委员、各民主党派、团体把经过深入调研、周密思考的重大问题以委员、党派的名义，通过提案提出，每件提案经过提案委员会按提案工作条例的有关要求审查立案，方能成立，是一种有组织的行为，具有严肃性；对反映的问题要有事实依据，经过唯物、客观的论证，做到言之有据，言之有理，具有科学性；提案的建议应具有实施的条件和可能，有可操作的具体建议，具有可行性。2000 年 2 月 29 日，政协第九届全国委员会常务委员会第八次会议再次对条例进行修订。同时，在提案的提出、审查、办理和机构设置等方面都作了明确的规定，从而使提案成为履行政协职能的一种制度严格、程序规范、效果明显的重要形式。2005 年 2 月 28 日，政协第十届全国委员会常务委员会第八次会议对该条例进行了新的修订。新修订的提案工作条例对提案的提出、审查、办理和反馈等方面作出了明确规定，使提案工作进一步走上

① 朱训、郑万通：《中国人民政协全书》，中国文史出版社 1999 年版，第 292 页。

制度化、规范化、程序化的轨道。2006 年 11 月，全国提案工作座谈会召开，制定了《全国政协关于加强和改进提案工作的意见》。该文件提出了加强和改进提案工作的总体思路和举措，是当前加强和改进提案工作的指导性文件。

（一）北京市政协党派提案办理协商的发展历程及重要节点

北京市最早的党派提案产生于 1989 年 14 号文件之后。1989 年 12 月，《中共中央关于坚持和完善中国共产党领导的多党合作和政治协商制度的意见》（14 号文件）发布。文件提出：在政协会议上，民主党派可以本党派名义发言、提出提案。紧随其后，1990 年初，在北京市政协七届三次全会上，民进北京市委联合了五个民主党派市委提出了一件名为《建议认真贯彻中共中央 14 号文件，尽快为市民进、农工、致公、九三、台盟建筑办公用房案》的提案。几乎与此同时，北京市工商联也提出了《关于北京市新技术产业开发试验区的有关情况和几点建议》的提案，对新技术产业开发区的现状、存在的问题进行了分析，并提出了五条具体建议。这两件提案在当时甚至此后的很多年都产生了非常重要、深远的影响，在当时就促成了党派办公楼的最终落成以及《关于北京市新技术产业开发试验区的发展与改革的七项决定》的出台，这两件提案也被并列为北京市政协最早的党派提案，开创了北京市党派提案的先河。

随着实践的发展，北京市关于提案和提案办理工作逐渐制度化、规范化和程序化。1998 年，北京市委、市人大、市政府、市政协秘书长联席会议通过了《关于办理民主党派提案的工作程序》。在此基础上，2003 年底，中共北京市委办公厅出台了关于《进一步做好党派提案工作暂行办法》，明确了党派提案是参政党与执政党开展政治协商的重要形式，并对党派提案全过程，包括提案的提出、提案的交办、提案的办理、提案办理的检查和督办进行了规范，为加强党派提案工作提供了制度保障。据此，北京市政协必须为提案的选题和调研做好协调服务工作，市委办公厅负责对提案的办理工作进行督促检查。此后，党派提案改变了以往由市政协交于相关委、办、局、总公司办理的做法，变为提案经市政协主席阅批后报送市委相关领导，按有关领导的批示意见将提案交有关部门办理，大大提高了提案的按时办复率和办案效果，同时大大提高了提案办理的权威性。

从 2011 年起，北京市政协提案委员会开始探索对提案进行精细化管理的新办法，主要做法是引入量化方法，对提案质量和提案办理情况设定评价指标。提案质量评价指标包括选题的公共性、问题的知情度、建议的参考性和提案的规范性四项，提案办理评价指标包括承办人的业务能力、沟通的主动性、交流的充分性、办理的针对性和结果的共识度五项。每项具体指标的评分都是 1 到 9 分，提案委员会组织委员按上述指标打分，从而使提案工作更加精细化。

2011 年，北京市政协重新修订了《中国人民政治协商会议北京市委员会提案工作条例》，进一步完善了提案委员会的职能，特别是强化了管理职能，同时突出了提案的全局性地位，把多年来实践形成的一些好做法与经验，以制度的形式规定下来，使提案工作更加有规可循。修订后的条例还对闭会期间的提案工作作出了规定，明确要求提案委员会加强闭会期间的提案征集工作，要求提案者重视在闭会期间运用提案方式履行职能，及时提出意见建议。为贯彻落实"围绕中心、服务大局、提高质量、讲求实效"的提案工作方针，2012 年、2013 年和 2014 年，政协北京市委先后制定了《政协北京市委员会优秀提案评选工作实施细则》《政协北京市委员会提案办理检查督促工作实施细则》和《政协北京市委员会关于进一步提高提案质量的意见》。

2015 年 6 月发布的《关于加强人民政协协商民主建设的实施意见》和《提案办理协商办法》，对协商什么、怎样协商、重点提案如何督办以及提案办理协商的各环节进行了初步规范。同年 10 月，北京市政协召开了进一步加强集体提案工作座谈会，深入贯彻中共中央《关于加强社会主义协商民主建设的意见》中提出的"增加集体提案比重，提高提案质量，建立交办、办理、督办提案协商机制"① 精神。12 月，市委办公厅印发了《关于进一步加强政协协商民主建设的实施意见》，提出了建立党委和政府领导领衔办理重点提案制度等五项制度机制。

2016 年，北京市专门召开了首次党派提案交办会，市委常委、秘书长亲手交办、集中部署党派提案办理工作；同时，党委和政府领导率先垂范，首次领衔办理了包括党派提案在内的重点提案。这充分反映了中共北京市委对党派提案办理工作的高度重视。

（二）党的十八大以来北京市政协民主党派提案和提案办理的基本情况

党的十八大明确把"提案办理协商"作为"健全社会主义协商民主制度"的重要形式和途径写进了十八大报告中，凸显了提案办理协商的重要地位，也是对政协协商民主实践经验的科学总结和提案办理工作规律认识的升华。党的十八大以来，北京市政协、各民主党派市委、市工商联在思想意识上重视提案和提案办理协商工作，并在积累提案和提案办理工作经验的基础上开拓创新，在提案选题、质量、办理效果等方面都取得了可圈可点的成绩。

1. 提案数量

党的十八大以来，各民主党派、人民团体、政协各专门委员会和各界政协委员每年的政协提案数量呈现总量下降但相对稳定的趋势，平均在 1210 件左右。其中，民主党派提案每年都是 18 件，在提案总数中占比不到 1.5%。在 18 件提案中，八个民主党派各 2 件，工商联 2 件。

2. 提案选题

党派提案多聚焦改革发展，关注民生民情，提案内容涵盖了首都经济、

---

① 中共中央文献研究室：《十八大以来重要文献选编》（中），中央文献出版社 2016 年版，第 296 页。

政治、文化、社会、生态建设等各个领域，既有对医疗卫生、生态保护、教育、金融、科技、首都市民的文明素养等重大议题的长期的持续的跟踪和关注，也有对随经济社会形势变化而产生的新问题的新角度，如大数据问题、首都功能疏解问题、创新驱动问题、人口老龄化问题等；既有关乎首都长远发展的重大问题，也有阶段性问题；既有涉及首都乃至全国的全局性问题，也有涉及部分群众切身利益的局部性问题；既有经济、文化、社会治理等方面的公共政策问题，也有群众关心的民生问题和热点难点问题。以 2016 年北京市政协十二届四次会议上的民主党派提案为例，市政协党派提案涵盖居住证制度实施、中医药服务业发展、科技创新、北京旧城保护、文化创意产业、京津冀固体废物协同处理和循环利用、大气污染防治行政执法、缓解停车难、和谐宜居之都建设等社会关注的多个重点难点问题。

需要特别提出的是，民主党派与中国共产党的协商本应该是政治协商，但是，在民主党派的提案当中，政治方面的提案非常少，这是应该引起关注和重视的问题。以 2016 年为例。十二届四次会议上，各民主党派北京市委和市工商联共提交提案 18 件，其中，社会民生方面 3 件、经济发展方面 7 件、城市管理方面 3 件、生态环境方面 3 件、宣传文化方面 2 件。另外，民主党派的性质、地位和组织特点决定了党派提案的选题多"中规中矩"，创新性和突破性有待增强。

3. 提案质量

政协提案具有统一的格式要求，一般包括题目、审查意见、提案内容、征求意见方式、提案者等栏目；从内容上看，提案应一事一案，提案选题要符合实际，应写明提出提案的理由、原因或根据，提出解决问题的办法和建议，建议应切实可行，相关部门容易操作。为了提高提案质量，2012 年，北京市政协专门制定了《政协北京市委员会优秀提案评选工作实施细则》，对优秀提案提出了三条标准：（1）提案选题围绕党和国家大政方针在北京市的贯彻落实，北京市经济建设、政治建设、文化建设、社会建设以及生态文明建设中的重要问题，北京市爱国统一战线的重要问题和人民群众普遍关心的问题等；（2）提案分析实事求是，情况清楚，观点明确，论证有据，层次分明；（3）提案建议具体可行，参考性、针对性强，对党政部门决策具有较高的参考价值，对推动工作有明显的作用。

党的十八大以来，从整体上看，党派提案的质量较高，绝大部分党派提案在形式上能达到政协提案的规范要求，选题比较精准，调研比较深入，对情况、问题的分析和论证比较充分，提出的对策与建议较为明确、可行。但是，也存在部分提案内容不符合实际，反映问题多、可行性建议少，空话套话多、有效诤言少，也有些提案代表性、宏观性和全局性不够，甚至有些提案与局部利益和部门利益挂钩，这与党派自身所具有的组织优势、人才优势、智力优势以及社会各界对党派的期望存在差距。

4. 答复和办理情况

从答复情况看，目前北京市的党派提案答复率为100%。北京市高度重视党派提案办理工作，为从制度机制上保障党派提案办理工作，北京市率先建立了市委书记阅批党派提案制度，还专门制定了《进一步做好党派提案工作暂行办法》。目前，所有党派提案都经市政协主席审阅，然后报送市委书记。市委书记对党派提案逐件阅批，提出明确具体的办理要求，并认真听取提案办理情况报告。市长每年都在市政府常务会议上强调要重视集体提案办理工作。有了制度机制的保障，北京市党派提案工作以提案质量高、批办规格高、办理水平高的特点，走在全国各省区市的前列。承办单位对党派提案格外重视，在办理提案时，都要召开座谈会，与提案的民主党派和工商联充分交换意见，充分体现党派履职的成效。不少提案中的建议得到了市委、市政府和相关部门的采纳，有些提案对承办单位发现和解决问题起到很好的促进作用。

以2016年为例，各民主党派北京市委和市工商联共提出提案18件，按照党派提案办理相关规定，根据市委主要领导及市主管领导相关批示，集中交予市委、市政府共30家承办单位研究办理。各承办单位严格落实责任，主要领导亲自参与研究重点难点问题，分管领导及时召开协调会，全程推动落实，各处室和承办责任人分工明确、狠抓落实。各承办单位还通过召开座谈会、走访调研等形式与相关党派深入沟通，办理情况经市主管领导审阅后正式答复相关党派，各党派均表示满意。党派提案中的一些意见建议转化为决策和实践。比如，在办理市工商联《关于盘活低效工业用地促进产业转型升级》的提案过程中，市规划国土委就采纳了提案中的真知灼见，并将其纳入相关工作意见；在办理民进北京市委《关于用好专项资金，进一步推动文化创意产业发展》提案的过程中，市委宣传部多次调研并召开专题座谈会，建立了会商机制，广泛听取相关单位的意见建议，保证了高标准高质量办复。

5. 提案的影响力

多数党派提案能产生积极影响，促使相关部门在进行决策和实施过程中做出调整。北京市政协的"最具影响力提案"评比表彰结果能够反映党派提案的影响力。从 2010 年起，北京市政协设立了"最具影响力提案"评比表彰项目，每五年评比一次，每次评选出 10 项最具影响力提案并进行表彰。最具影响力提案有四个具体的量化标准，包括选题的公共性、问题的知情度、建议的参考性、格式的规范性等四项评价指标。2010 年北京市政协首次开展"最具影响力"提案评选活动，在 2005 年至 2009 年的 9000 多件政协提案中，民革北京市委提交的《关于以奥运为契机，进一步完善首都食品安全监督管理体系的提案》被评为"最具影响力"提案。该提案关注到食品安全这个关键问题和 2008 年北京奥运会食品安全的特殊需要，受到社会各界的广泛关注和 2008 年奥运会组委会的高度重视，为全面推进现代化的食品安全监督管理体系建设作出了积极贡献。2015 年北京市政协第二次"最具影响力提案"评选范围是 2010 年至 2014 年的 6279 件提案，其中，2010 年民建北京市委提交的《关于完善垃圾处理体系，促进绿色北京建设》的提案最受关注、得票最多。该提案在顶层设计、执行落实各个层面都提出了建设性和可行性意见，建议将垃圾资源化列为"绿色北京"建设的内容，建议建立完善的垃圾处置法律体系，让垃圾资源综合利用产业化。北京市市政市容委吸纳了该提案的有益建议，2015 年底北京市完成了 1011 座非正规垃圾填埋场治理工作。这从一个侧面证明了党派提案的决策影响力和社会影响力。

二、民主党派提案办理协商的完善路径和机制创新

提案办理协商是检验政协履职状况的一个重要指标，也是检验民主党派政治协商、民主监督和参政议政能力和水平的一个重要指标。目前，党派提案办理协商是政协提案办理协商当中运作相对规范、效果相对显著、特色相对鲜明、经验相对丰富的方式，党派提案办理协商也成为政协提案办理协商的重中之重。但是，肯定成绩不能回避问题，在实践过程中，党派提案和提案办理协商确实存在一些迫切需要解决的问题，如协商意识有待增强、提案质量有待提升、提案特色不够突出、协商机制不够完善、协商成果不重落实等。因此，完善民主党派政协提案办理协商，仍然需要在协商意识共识化、提案本身优质化、协商工作制度化、协商成果高效化方面做出努力。

（一）增强协商意识，重视平时提案

《关于加强人民政协协商民主建设的实施意见》明确了政协在协商工作中的责任和使命："人民政协是社会主义协商民主的重要渠道和专门协商机构，是国家治理体系的重要组成部分。"① 所谓"重要渠道"，指的是政协协商在社会主义协商民主体系中的重要地位和作用，政协协商不仅具有开国建政的作用，而且在制度化、规范化、程序化、组织化和实际成效方面都具有其他协商民主形式所不能比的优势，政协协商是中国特有的政治协商方式，因而是发扬协商民主的"重要渠道"。所谓"专门协商机构"，指政协

_____

① 中共中央办公厅：《关于加强人民政协协商民主建设的实施意见》，《人民日报》2015 年 6 月 26 日。

是专门从事协商工作的机构，协商是政协的"专业"和"专长"；无论是政治协商、民主监督、参政议政，都必须建立在协商的基础之上；协商不是临时性和断点性的工作，而是经常性的、连续性的工作，协商民主贯穿于政协工作的全过程；政协协商区别于政党、人大、政府和社会协商，这些机构虽然也从事协商工作，但不是专门从事协商工作。

从历年政协提案的总体情况看，政协全体会议期间的提案比较集中，而平时的提案较少，这就造成提案的拥挤扎堆，不利于提案的办理和解决。从近年来的情况看，2012年各民主党派、人民团体、政协各专门委员会和各界政协委员共提出提案1321件，其中，全体会议期间提出1170件，闭会期间提出151件；2013年共提出提案1167件，其中，全体会议期间提出1082件，闭会期间提出85件；2014年提出提案1194件，其中全会期间提出1125件，闭会期间提出69件；2015年共提出提案1235件，全会期间提出1157件，平时提案78件；2016年提出提案1135件，其中全会期间提交1076件，闭会期间提交59件。平均来看，每年政协提案总数为1210件，全体会议期间提出的提案为1122件，闭会期间的提案为88件，闭会期间的提案占当年提案总数的6.6%。从党派提案看，民主党派都是集中于政协会议期间提出提案，平时基本没有提案。

虽然说提案只是民主党派在政协履职的一种形式，而且提案工作程序复杂、周期较长，这是民主党派没有平时提案的重要原因。但是，无论是政协还是民主党派，都要正确认识、理解政协的性质和定位，充分重视协商工作，增强使命感和责任感，把协商贯穿于政协履职的全过程，把提案协商变成"常态"，既要重视大会期间的提案，也应重视平时提案。全国政协建立了委员网络办公平台，通过这个平台，政协可以随时向委员提供办公信息化服务；政协委员也可以通过所配发的身份数字证书，全天候地传送、阅读和下载文件，可以随时进行信息查询，随时与委员进行讨论交流，也可以随时通过网络平台提交提案。北京市政协可以借鉴全国政协的这一做法，通过创造更多的载体、平台和机会，使提案协商由周期性、阶段性、断点性的工作变为常态性的、全程性的工作，让包括民主党派在内的提案者可以根据随时变化的经济社会发展情况便利、快捷地提交提案，随时反映社情民意，增强提案的实效性，实现参政议政的经常化。

（二）整合集体智慧，提高提案质量

《关于加强社会主义协商民主建设的意见》提出："增加集体提案比重，提高提案质量，建立交办、办理、督办提案协商机制。通过协商会议、建议案、视察、提案、反映社情民意信息等形式提出意见和建议，积极履行民主监督职能。"① 党派提案是集体提案，是集体意见和智慧的结晶，需要集全党派之智慧和力量，需要进行集体调研和讨论，所以党派提案通常需要组织调动起全党派的力量和资源。但是，民主党派是相对松散的组织，其成员通常各有自己的工作单位，属于"个体化"的精英，特别是普通成员、基层成员参政议政的机会非常有限，而往往是基层成员更了解基层情况和工作实际，如果不能进行有效的组织动员，很难形成高度整合的组织力量，所提提案的针对性和实操性就会大打折扣。从目前的情况看，民主党派的组织动员能力仍然较弱，也缺乏相应的培训和交流机制。

另外，民主党派人才和后备力量的不足也在一定程度上制约了提案的质量。民主党派成立初期，其领导和成员一般都具有很强的民主、协商意识和能力，其人才优势和智力优势一度成为党和国家决策、地方经济社会发展的强大支撑。后来，随着中国共产党干部人事制度改革的不断深化，随着干部队伍革命化、年轻化、知识化、专业化方针的贯彻执行，方方面面的优秀人才逐渐聚集到中国共产党内，而民主党派却面临着人才和后备力量不足、参政议政能力不高的危机，特别是政治意识、大局意识、责任意识和参政议政能力不足，成为影响党派提案质量的重要因素。有的党派提案缺乏前瞻性和

---

① 中共中央文献研究室：《十八大以来重要文献选编》（中），中央文献出版社 2016年版，第 296 页。

宏观性，局限于部门小利益；有的提案不符合社会需求和形势需要，很难适应社会分工越来越细、矛盾和问题越来越尖锐复杂、需要协商的问题难度越来越大的局面，很难对党政科学决策产生实际作用和参考价值。

提高党派提案的质量，需要从立意的高度、选题的准度、调研的深度和建议的实度四个方面着手。

立意高远。要善于把握时代脉搏，着眼大局，紧扣北京市委、市政府的中心工作，统筹兼顾，体现全局性；不仅关注当下，还能对未来可能出现的问题进行前瞻性思考，体现长远性。民建北京市委提交的《关于完善垃圾处理体系，促进绿色北京建设》的提案之所以被评为优秀提案，其中一个很重要的原因就是它在北京垃圾处理战略对策调整的关键期提出，符合"绿色北京"建设的主题和需求，同时也是关乎百姓生活的重大问题。

选题精准。提案选题必须是党委和政府关心、基层关注、群众敏感的关键问题、苗头问题、深层问题和薄弱问题，要关注热点、焦点、重点、难点问题，尤其要关注人民群众最关心、最直接、最现实的利益问题。总结来看，有四种提案容易成为重点提案或优秀提案。第一种是适度超前的提案。党委已经想到但还没有深入思考、政府想干但还处于调研论证阶段且与百姓生活息息相关、可办好易落实的问题，如果通过提案向前推一把，就比较容易进入落实环节，这样的提案往往能成为市政协重点提案或优秀提案。第二种是拾遗补缺的提案。即还没能引起党委、政府重点关注但又紧贴现实、急需解决或意义深远、需列入规划或有重大隐患需要有专业素养才能发现的问题，这时候党派提案往往能够发挥拾遗补缺的作用。第三种是锦上添花的提案。党委、政府已经重视但还缺乏有效对策的问题，这时候党派可以利用其专业知识提出完善、到位的对策建议。第四种是凸显特色的提案。即能够凸显党派特色和优势的选题，这样的提案有利于发挥党派特长，也容易出实效，因此，党派在提案工作中要有所为、有所不为。

调研深入。只有"从群众中来"的提案才可能被落实"到群众中去"。因此，提案主题确定后，要围绕提案主题制定周密细致的调研方案，要组织开展有针对性的视察调研，把调研过程转变为协商和解决问题的过程。政协需做好与提案调研相关的组织协调工作，要加强与相关部门的沟通和联系，可以采取联合调研或座谈会的形式，听取提案涉及单位和职能部门的意见，与提案涉及单位形成合力。目前，在北京，政协专委会与民主党派市委开展联合调研，已经成为惯例。

建议切实。提案的建议要突出实效性，根据提案涉及的问题，提出针对性强、有决策参考价值并且有实施条件和可能性、政府部门能够解决、落实的方案，使民主党派提案的建议更容易被市委、市政府所采纳，从而转化为解决问题的实际工作。

（三）凸显党派特色，创建优势品牌

中国各民主党派本应有各自的特色和优势，如民革的最大特色在于对台问题与祖国统一问题，台盟的最大特色是其成员都是居住在祖国大陆的台湾省人士，民革和台盟如果围绕两岸关系和祖国和平统一问题开展调研和提出提案，其自身的特色就会很好地体现出来。致公党发展成员的特色是归侨、侨眷和其他有海外关系的代表性人士，如果发挥其"侨""海"特色和优势，提案多关注引进外资和捐款、开展对外联谊、引导归侨侨眷投身祖国现代化建设事业等相关的问题，致公党的特色和优势就更能凸显。但是，从近年来党派提案看，多数提案缺少应有的特色，内容和主题相似。以近年的民革提案为例。民革提案的主题分别是发展晚间消费市场和发挥小微文化资源优势（2013年），国家自由贸易区和支持3D打印技术创新驱动（2014年），建设中国人民抗日战争纪念园区和普及居民健康卡应用（2015年），军民深度融合和发挥首都金融优势（2016年），"科教旅游"和特色小镇建设（2017年）。很明显，民革上述提案，除2015年的建设中国人民抗日战争纪念园区这个主题外，其他提案未能凸显其党派特色和优势，其他党派也面临同样的问题。如果民主党派什么利益都代表、什么问题都表达，其代表性必然弱化，其政党特色也就消失了。

解决这个问题，必须扬长避短，要找准服务大局与发挥党派优势的结合点，要立足自身特点，发挥自身优势，从自身长期关注和研究的领域、专业选题，从自己所联系群众的需求中选题，只有这样才能提出特色鲜明、针对性强的提案。

党派提案的趋同根源在于政党趋同。政党趋同一方面表现在民主党派与中国共产党的趋同，包括政治纲领、政治目标、组织制度和机构设置等方面。政党趋同的另一个方面即八个民主党派之间的趋同。各民主党派的章程对其发展对象和范围做了明确的规定，但是，现实的情况是，由于历史原因和现实原因，如果按照章程规定的界别特点发展成员，一些党派如民革、台盟等则可能面临后继无人的问题，以至于不得不发展其他领域的代表性人士。党派成员相似，其党派特色就容易丧失。因此，解决党派提案趋同的问题，从根本上讲，还是要解决党派趋同的问题。

（四）健全协商机制，规范协商程序

提案工作的基本程序包括提案的提出、立案、交办、经办、督办、反馈。整个流程和环节都需要一定的制度来保障，特别是中间的许多具体细节需要配套的、可操作的细则和规定。目前，有关党派提案工作的制度和文件相对比较规范，但在具体化、程序化方面还存在进一步改进的空间。

1. 知情明政机制

目前，民主党派知情明政的渠道有专题报告会、情况通报会、对口联系制度等，这些为知情明政提供了较好的条件。但是，民主党派参政议政、知情明政的渠道仍然不够畅通，和中国共产党交流沟通不够及时，以致对中共党委、政府的文件和工作部署、相关政策，特别是一些核心的信息了解不够、掌握不全。知情有限、信息不对称必然影响提案的全面性和权威性。为此，政府要进一步加强与民主党派的联系，保障民主党派知情明政的权力和机会，要继续坚持和落实向民主党派通报情况、邀请民主党派负责同志列席会议的制度。要为民主党派调研创造条件，通过一定的协调机制为民主党派提供信息、数据支持和政策解答。政协及专门委员会应举办各种活动，包括传达文件、邀请政府有关部门负责人作专题报告、召开专题座谈会、组织参观、考察、视察等，让民主党派更多地了解党和政府的工作和市情、社情和民情。

2. 答复反馈机制

在提案办理的过程中，有些承办单位不够重视党派提案，虽对提案所提建议认真回复但办理落实时敷衍塞责，党派提案送交承办部门后石沉大海，有些党派在调研时不受欢迎甚至被相关部门拒绝。当然，导致这些现象出现的根本原因还在于政协协商、党派提案不具有强制约束力。在我国，人们习惯于把政协与人大并提，称为"两会"。每年的两会，在时间安排上，政协会议在前，人大会议在后，也是为了决策的科学化民主化，即人大在做决策时能充分吸收政协提案中的建议。但是，从性质上讲，人大是国家最高权力机构，而政协是中国人民爱国统一战线的组织。也就是说，政协既不属于国家机构体系内的国家机关，也不是政府行政部门或者立法、司法部门。政协的性质决定了包括党派提案在内的政协提案从本质上说都只能算是一种建议或者意见，对承办单位不具有强制性和普遍约束力。目前，北京市所有党派提案在市政协主席审阅后，都要报送市委书记，市委书记对这些提案阅批后会提出具体的办理要求，这样就形成一定的严肃性和权威性，让承办部门有一定的紧迫感。

党派提案经政协转交给承办单位后，承办单位通常在6个月内以答复件的形式做出反馈。从近几年来的情况看，提案答复之前承办单位一般会与民主党派沟通协商。为使民主党派更好地了解提案的办理、落实情况，可以制订具体的答复反馈办法，对于能够办理落实的建议和意见应明确告知民主党派，并告知办理、落实的时限；对于受条件限制暂时不能办理的意见和建议，需要拿出分阶段落实的计划；对于确实不好落实的意见和建议，要开诚布公、直截了当、实事求是地答复好，并认真、耐心、真诚、负责地做出解释，讲明原因是什么，有些超出办理单位权限和工作范围之外的，要加强和上下级和同级其他单位和部门的协调，寻求合力解决问题的办法。这样，民主党派会明白所提提案的进展及问题与不足，也明白办理和落实提案的困难所在，增加相互理解和信任。

3. 考核评价机制

考核评价既包括对党派的考核和评价，也包括对办理单位的考核和评价。无论是在政协提案工作的相关文件中还是在党派章程和相关文件中，对于党派提出提案只有权利方面的规定，没有义务和责任方面的规定。而且，党派提什么提案，提出的提案影响力如何，除了有"最具影响力提案"评选活动外，没有制度化的激励措施。因此，可以考虑出台相关的政策对优秀的党派提案进行激励，激励可以是物质的，可以是精神的，也可以通过电视、报刊、网络等媒介对优秀提案进行宣传报道，对被采纳落实产生深远影响和重大效益的提案和党派进行表彰，而且要对优秀提案的具体内容、形成调研过程以及社会效益、决策影响力进行具体的解读，通过树立典型和榜样，提高党派提案的积极性、主动性。

提案工作最终还是要靠承办单位去办理和落实。经过多年的努力，政协提案工作基本上做到了高立案、高答复，但是，立案、答复不等于办理和落实。有些承办单位把办理提案当作一种负担。中央办公厅《关于进一步加强人民政协提案办理工作的意见》指出，"要完善政协提案办理工作考核评价机制，把是否重视政协提案办理工作、是否与提案者充分沟通协商、是否切实解决有关问题作为评价办理成效的基本内容"。各承办单位要真正把"件件有回音"变为"件件有落实"，要把党派提案的预期和建议与自身工作结合起来，积极推动党派提案的兑现落实，推动办理成果的转化和运用。政府需要把提案办理协商纳入年度督查计划，对提案办理单位进行考核，对于办理积极、效果较好的单位给予表扬，对于推诿、敷衍的单位进行批评教育，对于无正当理由不办理提案或延时办理的单位进行通报甚至行政问责和处分。

为了更好地对提案的民主党派和提案承办单位工作状况进行测评，可以考虑建立提办双方互评机制，就是提案的党派和办理单位互相进行测评。承办单位对提案的选题、质量、形式、内容、预期产生的经济和社会效益等方面进行评价，提案的民主党派对承办单位的领导重视程度、办理过程中的工作机制和程序、与提案党派之间的互动情况、办后反馈情况以及落实情况等进行评议，以此调动提办双方的工作积极性、自觉性和主动性，促进提案质量和办理实效。

4. 沟通协调机制

一是提办双方的协商沟通。在收到交办的提案后，承办单位要第一时间制定具体的工作方案，细化任务分工、明确办理责任、时限要求和质量标准。在提案办理过程中，有些承办单位只是在规定的提案办理截止时间即将结束时才紧急与党派联系，把答复件送给提案的党派，当面委婉要求党派审阅、填写意见。这有悖于协商民主的要求。提案办理单位要切实把沟通协商贯穿于提案办理的全过程，加强与提出方民主党派、工商联的沟通，了解民主党派对提案办理的期望，并将办理落实的具体情况告知民主党派。

二是政协在提办双方之间的沟通和协调。政协是提办双方的桥梁和纽带，在提办双方之间起协调、沟通作用，这种协调沟通应是主动的、深度的、高质量的，而不是简单的"过个手"、转交一下。因此，政协应把协商民主贯穿于提案办理工作的全过程。在提案提出阶段，政协提案委员会需召开各民主党派和工商联提案工作座谈会，就提案选题的主要考虑、重点方向等进行交流协商，共同做好提案提出的统筹工作；在审查立案阶段，政协需与提案的党派沟通，征求提案承办单位意见，协商确定立案提案及提案的主办、会办、分办单位；在提案交办阶段，应适时召开提案交办会，明确提案承办单位的任务和要求；在督办环节，政协应推动承办单位建立和完善台账制度，把提案办理工作纳入年度督查计划和绩效考核体系。

三是党派内高层精英与基层普通成员之间的沟通协调。政党具有反映和代表民意、利益综合的功能，民主党派也不例外。民主党派要代表和反映本党派成员及其所联系群体的利益，成为他们的代言人，需要把党派成员和群众复杂的、分散的利益诉求收集起来、集中起来、综合起来，在此基础上形成对解决实际问题有用的意见和建议，影响决策的制定和执行。但是，目前围绕党派提案进行的讨论和调研多局限在党派内的高层和精英范围内，多是党派领导人、担任政协委员和人大代表的党派成员，高层和基层之间缺少常态的沟通和联系，基层成员的意见较少反映到提案中来，这就不利于发挥党派整体的合力，反映的问题也难免缺乏代表性。为此，民主党派可以通过一些制度化的、组织化的渠道和形式，比如通过搭建网络平台为普通、基层党派成员提供一个参政议政的渠道，广泛地了解基层的需求和关注的问题，从中选取提案议题，然后把这一议题及时发布到网络平台上，引导党派成员积极建言献策、贡献智慧，再把这些分散的观点和智慧综合起来，形成整体合力，发挥集体优势。

四是各个党派之间的沟通协调。从近几年的情况看，有些热点问题党派关注度比较集中，比如，在2015年北京市政协十二届三次会议和2016年北京市政协十二届四次会议上，致公党、民建、民盟、农工党、台盟、九三学社的提案虽然角度不同，但关注点都是生态环境建设、大气污染防治、环境治理。在北京市政协十二届三次会议上农工党北京市委提出的《关于进一步完善京津冀地区大气污染联合防治体系的提案》、台盟北京市委提出的《关于加强北京市大气污染防治公众参与的提案》和市政协十二届四次会议上民建北京市委提出的《关于加强北京市大气污染防治行政执法及其监督工作的提案》，都是有关大气污染防治的问题。随着生态环境的恶化，特别是雾霾的高发，空气质量问题受到社会各界包括各民主党派的集中关注，这是必然的。在这种情况下，如果各党派之间缺乏沟通协调，就会出现重复提案的现象。相反，如果八个党派之间能够建立稳定的沟通协调机制和资源共享机制，加强信息沟通、互通有无、整合资源，在此基础上联合调研、集体论证、交流经验、联合攻关，既能避免人力财力物力的浪费，又能实现资源共享、优势互补，形成强大的党派合力，给市委市政府以强力影响，使提案涉及的问题更好地落实和解决。

5. 督查回访机制

从目前的提案工作看，提案者给出提案办理质量反馈意见即意味着此次提案办理协商工作的终止。但是，提案最终有没有落实、落实多少，从工作机制上看，目前政协并没有切实的办法进行跟踪、监督和督办，实践当中确实存在被答复落实但事实上没有落实或者没有完全落实的情况。而且，提案具体落实到什么程度，提交提案的民主党派并不是很清楚，以致出现同一议题反复提、多次提、多年提、多个党派提的情况，既浪费人财物资源，又占用提案机会，而且会严重挫伤民主党派提交提案的积极性，降低党派参政议政的有效性。为此，2013 年，北京市政协专门制定了《政协北京市委员会提案办理检查督促工作实施细则》。今后，市委督查室要充分发挥协调作用，将督办工作贯穿于党派提案办理全过程，在进度、质量、效果和落实等方面加强督促检查。政协应加强对办理、落实环节的督查，对提案的办理、落实情况进行整理和统计并登记在册，适时开展"回头看"工作，对承办单位答复件中承诺落实的事项进行跟踪，适时督促办理单位及时落实，同时采取"再答复"的形式及时与提案的党派沟通，互通情况，征询进一步落实的意见。对于由于落实难度大、耗时长、所需经费和人力多、涉及的部门多、利益复杂等原因而不能落实的提案，政协可以督促办理单位分解落实方案，制定一个个短期的具体的落实计划，分步落实、逐批解决，落实一步、解决一批即答复一次，直至彻底解决；对于办结后仍然存在问题、效果不理想的提案，可以继续进行协商，征求提案党派的意见，根据后续存在的问题有针对性地提出提高办理质量的意见和建议，提升提案工作整体质量和水平。

第五章　人民团体协商

　　人民团体是在我国特定历史时期产生的、接受中国共产党领导的、按照其各自组织特点组成的、从事特定社会活动的全国性群众组织。人民团体与协商民主有着天然的血脉联系，其政治性、统战性、代表性、非营利性等特征与协商民主所要求的公共理性、公共利益、公共秩序等有着天然的逻辑契合。早在新民主主义革命时期中国共产党的统一战线实践中就能探寻到人民团体协商的踪迹，但直到《关于加强社会主义协商民主建设的意见》发布，人民团体协商才第一次作为一个整体概念出现在党和政府文件中。然而，人民团体协商中的"人民团体"指的是哪些团体、哪些组织，我国有多少个人民团体，无论是在现有的法律法规还是政治文件中，目前都没有明确统一的说法。对于如何开展和组织人民团体协商，仍然没有专门的实施意见予以规范。当下的人民团体协商仍然存在协商意识和能力不足、协商渠道和机制不健全、协商功能定位不清晰等问题。因此，健全和完善人民团体协商，必须根据当前人民团体工作和人民团体协商存在的问题进行有针对性的调整和改革。

第一节　人民团体协商的含义、特征和优势

　　《关于加强社会主义协商民主建设的意见》提出，"继续重点加强政党

协商、政府协商、政协协商，积极开展人大协商、人民团体协商、基层协商，逐步探索社会组织协商"①。这是"人民团体协商"第一次作为一个整体概念出现在党和政府文件之中并被明确纳入我国社会主义协商民主体系。但是，该文件并没有明确人民团体协商的概念。学界认为，人民团体协商"是指人民团体代表各自所联系的社会群众就经济社会发展中的重大现实问题和涉及群众切身利益的实际问题等，通过协商对话、民主交流、座谈商讨等民主协商形式，实现群情民意的汇聚和有效表达，以促进民众与党委、政府的良性互动，实现党委、政府决策的科学化、民主化"②；"是在党的领导下，以各类人民团体为主体，通过充分利用人民团体层级广泛、领域广阔的自上而下的组织体系搭建协商平台，把不同性别、不同身份、不同职业等特定利益的群众团体聚合到一起，平等公开地参与到国家大事的协商讨论中，参与到政府公共事务决策中，参与到利益相关的具体事件的解决中，以求最大限度地解决矛盾达成共识的一种协商形式。"③

一、人民团体的指代范围

人民团体协商中的人民团体指代的是什么，人民团体包括哪些组织，《关于加强社会主义协商民主建设的意见》没有给出一个明确的界定。不仅如此，无论是在现有的法律法规还是政治文件中，目前也没有统一的认识。在具体使用过程中，工会、共青团、妇联等有时被称为人民团体，有时被称为群团组织，有时还被称为社会团体、群众团体等。那么，我国到底有多少个人民团体，人民团体与社会团体、群团组织等有什么区别和联系呢？

---

① 中共中央文献研究室：《十八大以来重要文献选编》（中），中央文献出版社2016年版，第293页。
② 胡永保、刘世华：《人民团体协商民主发展存在的问题及对策》，《天津行政学院学报》2016年第5期。
③ 熊茜：《人民团体协商概念的界定及其解读》，《黑龙江省社会主义学院学报》2018年第6期。

目前，人民团体一般有三种指代。

第一种指代是把人民团体等同于社会团体。"社会团体是生活在一定社会形态的一定公民个体基于共同的兴趣、偏好、利益、价值、情感等内在需求自发创建、建构、维系的社会共同体，其赖以生存与发展的基础是特定群体的利益需求与组织化的价值旨趣，其本质属性是社会性。"① 由于兴趣、偏好、利益需求、价值观念等是多种多样的，社会团体也是多种多样的。但是，不是所有的社会团体都是人民团体。在中国共产党的话语和语境中，"人民"是具有一定政治色彩、反映一定政治关系并随历史和时代发展不断变化的政治概念。以"人民"作为修饰语对"团体"进行修饰，大大增强了"团体"的政治含义，缩小了"团体"的外延和范围。把人民团体等同于社会团体，人民团体就失去了"人民"的政治色彩。因此，这种指代过于泛化。

第二种指代是把人民团体等同于群团组织或群众团体。与社会团体相比，群众团体、群团组织的政治色彩较强。至于我国有多少个群团组织或群众团体，有这样三种说法。一种说法是 21 个，其依据是 2006 年 8 月 22 日中共中央组织部、人事部联合印发的《工会、共青团、妇联等人民团体和群众团体机关参照〈中华人民共和国公务员法〉管理的意见》。具体包括：中华全国总工会、中国共产主义青年团中央委员会、中华全国妇女联合会、中国文学艺术界联合会、中国作家协会、中国科学技术协会、中华全国归国华侨联合会、中国法学会、中国人民对外友好协会、中华全国新闻工作者协会、中华全国台湾同胞联谊会、中国国际贸易促进委员会、中国残疾人联合会、中国红十字会总会、中国人民外交学会、中国宋庆龄基金会、黄埔军校同学会、欧美同学会、中国思想政治工作研究会、中华职业教育社、中国计划生育协会。这 21 个组织都是"参照"《中华人民共和国公务员法》管理的群众团体。

---

① 康晓强：《群众团体与人民团体、社会团体》，《社会主义研究》2016 年第 1 期。

　　一种说法是 22 个，其依据是中央编办管理机构编制的群众团体机关名录。按照这个群众团体机关名录，除了第一种说法中的 21 个之外，中华全国工商业联合会（简称工商联）也被纳入群众团体之列。与 21 个"参照"《公务员法》管理的群众组织不同，工商联各级机关是"适用"《公务员法》。

　　一种说法是 23 个，即在上面 22 个的基础上再加上中华全国青年联合会（简称青联）。青联是以中国共产主义青年团为核心力量的各青年团体的联合组织，是我国各族各界青年广泛的爱国统一战线组织。青联既没有机构编制，也没有实体组织机构，因此不存在"参照"或"适用"《公务员法》管理的问题。但是，青联是参加人民政协的八大人民团体之一，当然应属于群团组织。①

　　第三种指代仅指纳入人民政协制度化安排的八个人民团体。《中共中央关于加强和改进党的群团工作的意见》提出了"支持群团组织在社会主义民主中发挥作用"的要求，强调"群团组织特别是人民团体是广大群众依法、有序、广泛参与管理国家事务和社会事务、管理经济和文化事业的重要渠道"②。这里的"特别是"三个字，表明了人民团体与群团组织的从属关系，即人民团体一定是群团组织，但群团组织不一定是人民团体。《社会团体登记管理条例》也将"参加中国人民政治协商会议的人民团体"与其他免于登记的社会团体分别表述。据此，人民团体往往被限定为参加人民政协的八大人民团体，包括中华全国总工会（简称工会）、中国共产主义青年团（简称共青团）、中华全国妇女联合会（简称妇联）、中华全国青年联合会（简称青联）、中华全国工商业联合会（简称工商联）、中国科学技术协会（简称科协）、中华全国台湾同胞联谊会（简称台联）、中华全国归国华侨联合会（简称侨联）。

---

① 康晓强：《群众团体与人民团体、社会团体》，《社会主义研究》2016 年第 1 期。
② 中共中央文献研究室：《十八大以来重要文献选编》(中)，中央文献出版社 2016 年版，第 312 页。

与其他群众团体相比，参加人民政协的八大人民团体成立时间更早、会员数量更多、基层组织更健全、社会基础更深厚、贡献更突出、作用更举足轻重、政治地位更特殊。八大人民团体之中，有的团体是与中国共产党相伴而生的，如中华全国总工会，自成立以来一直是中国共产党成长壮大的重要依靠力量。有的团体是为协商建国、建立民主政权而生的，如在1949年3—7月期间成立的中国新民主主义青年团（1957年改名为中国共产主义青年团）、中华全国民主妇女联合会（1957年改名为中华全国妇女联合会）、中华全国民主青年联合会（1958年改名为中华全国青年联合会），科协在此期间成立了筹备会，这些新成立和筹备成立的团体进一步把社会各界群众组织起来，并为新政协的召开做了重要的组织准备。有的是在特定时期为实现特定的工作任务而成立的，如在抗战期间成立的延安华侨救国联合会（侨联的前身），在抗日救亡活动和华侨统战工作中作出了突出的贡献；1981年成立的中华全国台湾同胞联谊会，就是响应1979年全国人民代表大会常务委员会发表的《告台湾同胞书》，为实现祖国和平统一大业而成立的。

在三种指代中，第一种由于过于宽泛而较少使用；第二种常被界定为广义上的人民团体，第三种则通常被称为狭义上的人民团体。

笔者认为，人民团体协商中的"人民团体"应是第二种指代，即广义上的人民团体。首先，从措辞上看，既然有"参加中国人民政治协商会议的人民团体"，是不是还应有不"参加中国人民政治协商会议的人民团体"呢？答案是肯定的。在23个群团组织之中，除了"参加中国人民政治协商会议的人民团体"外，有些群团组织也明确在章程中把自己定性为中国共产党领导下的人民团体。如中国文学艺术界联合会明确定性为"中国共产党领导的由全国性的文艺家协会，省、自治区、直辖市文学艺术界联合会和全国性的产（行）业文学艺术联合会组成的人民团体"；中国作家协会定性为"中国共产党领导的、中国各民族作家自愿结合的专业性人民团体"；中国法学会"是中国共产党领导的人民团体，是法学界、法律界的全国性群众团体、学术团体和政法战线的重要组成部分"；中华全国新闻工作者协会定性为"中国共产党领导的中国新闻界的全国性人民团体";中国人民对外友好协会定性为"中华人民共和国从事民间外交事业的全国性人民团体";等等。

其次,把人民团体协商中的"人民团体"做广义上的理解,更符合中共中央的制度安排和顶层设计。在目前的官方文件中,"工会、共青团、妇联等人民团体"①"工会、共青团、妇联等群团组织"② 都是比较常见的用法。《关于加强社会主义协商民主建设的意见》将人民团体协商与政党协商、政府协商、政协协商、人大协商、基层协商和社会组织协商一起并列为中国特色社会主义协商民主体系的协商渠道。把人民团体协商单独出来而不是在政协协商中谈论人民团体协商的问题,从一个侧面反映出人民团体协商不应仅仅局限在参加政协的八个人民团体范围内。

最后,把人民团体协商中的"人民团体"做广义的理解,也是实现中华民族伟大复兴中国梦的实践需要。"群团事业是党的事业的重要组成部分,党的群团工作是党治国理政的一项经常性、基础性工作,是党组织动员广大人民群众为完成党的中心任务而奋斗的重要法宝。工会、共青团、妇联等群团组织联系的广大人民群众是全面建成小康社会、坚持和发展中国特色社会主义的基本力量,是全面深化改革、全面推进依法治国、巩固党的执政地位、维护国家长治久安的基本依靠。"③ 如果把人民团体协商仅仅限定在政协范围内,就不能更充分地激发蕴藏在不"参加中国人民政治协商会议的人民团体"所联系的人民群众的积极性、主动性、创造性,不能更充分地凝聚起实现"两个一百年"奋斗目标和中国梦的磅礴力量,不能最大限度地把人民群众团结在党的周围、夯实党治国理政的群众基础。因此,"广

---

① 中共中央文献研究室:《十八大以来重要文献选编》(上),中央文献出版社 2014年版,第 40 页。

② 中共中央文献研究室:《十八大以来重要文献选编》(中),中央文献出版社 2016年版,第 818 页。

③ 中共中央文献研究室:《十八大以来重要文献选编》(中),中央文献出版社 2016年版,第 304 页。

义的人民团体既包括参加中国人民政治协商会议的团体，也包括经国务院批准，由机构编制管理部门管理，并免于登记的社会团体"①。

二、人民团体的协商特质

人民团体内含着协商民主的特质，其政治性、统战性、代表性、群众性、非营利性等特征与协商民主所要求的公共理性、公共利益、公共秩序等有着天然的逻辑契合和统一。

（一）政治性

政治性是人民团体区别于其他社会团体最重要的特征。人民团体的政治性表现在三个方面。其一，人民团体是党领导的团体。人民团体实行双重领导体制，既接受自身上级组织的领导，同时也接受同级党委的领导。在人民团体内部一般设立党组或者党的基层组织，主要是贯彻执行党的路线、方针、政策；讨论决定本人民团体的决策、人事、项目、资金等重大问题；干部培养和管理工作以及人才队伍优化和建设工作；团结非党干部群众和统战工作等。② 其二，人民团体是国家政权的重要社会支柱。如工会章程规定："中国工会是中国共产党领导的职工自愿结合的工人阶级群众组织，是党联系职工群众的桥梁和纽带，是国家政权的重要社会支柱，是会员和职工利益的代表。"其三，人民团体是党联系群众的桥梁和纽带。列宁曾把工会比喻为党和群众之间的"传动装置"："正像一家拥有优良发动机和头等机器的最好工厂，如果发动机和机器之间的传动装置坏了，那就不能开工，同样，如果共产党和群众之间的传动装置——工会建立得不好或工作犯错误，那我

---

① 马福云：《人民团体参与社会治理初探》，《中央社会主义学院学报》2014 年第 4 期。

② 中共中央文献研究室：《十八大以来重要文献选编》（中），中央文献出版社 2016 年版，第 539—555 页。

们的社会主义建设就必然遭到大灾难。"① 其四，人民团体享有高于一般社会团体的政治地位和待遇。早在 20 世纪 80 年代，中央就确认了工青妇等人民团体为部级单位，巩固了其在国家政治体系中的特殊地位。人民团体免予在民政部门注册登记并享有国家资源保障，机构和工作人员编制由国家核定，行政事业经费列入国家财政预算，工作人员适用或参照《公务员法》管理，并有法律法规和党、政府文件授权。② 因此，人民团体既不同于西方国家的非政府组织，也不同于在民政部门登记的社会团体和以营利为目的的行业性组织，而是独特的政治社会团体，"政治社会团体就是指其利益代表地位获得了国家认可、承担一定公共职能，并制度化地参与到公共事务管理中的社会团体。其他国家基本上没有类似机构"③。目前，我国约有 2000 多个全国性的社会团体，其中，有行政或事业编制、享有国家财政拨款的约有 200 多个，具有上述四方面条件的政治社会团体就只有 20 多个了。

（二）统战性

我国《宪法》序言中明确规定：人民团体与其他各民主党派一同结成了最广泛的爱国统一战线，并且将在统一战线和人民政协中继续发挥着重要

---

① 《列宁选集》第 4 卷，人民出版社 1972 年版，第 589 页。

② 1995 年，中央机构编制委员会办公室发布《关于地方机构改革实施中若干问题的意见》（中央编办发〔1995〕3 号）；1998 年，国务院发布施行《社会团体登记管理条例》；2000 年，中共中央办公厅联合国务院办公厅发布《中共中央办公厅　国务院办公厅关于印发〈21 个群众团体机关机构改革意见〉的通知》（中办发〔2000〕31 号），民政部发布《关于对部分团体免予社团登记有关问题的通知》（民发〔2000〕256 号）和《关于对部分社团免予社团登记的通知》（民发〔2000〕257 号）；2006 年，中共中央组织部人事部发布《工会、共青团、妇联等人民团体和群众团体机关参照〈中华人民共和国公务员法〉管理的意见》；2007 年，中共中央办公厅联合国务院办公厅发布《中共中央办公厅　国务院办公厅关于进一步加强和完善机构编制管理严格控制机构编制的通知》（厅字〔2007〕2 号）；2013 年，民政部颁布实施《关于规范社会团体开展合作活动若干问题的规定》；2014 年，中共中央政治局会议审议通过《中共中央关于加强和改进党的群团工作的意见》；等等。

③ 褚松燕：《人民团体的基本问题》，《中国机构管理与改革》2015 年第 2 期。

的作用。在《政协章程》的总纲、工作总则以及组织总则中也三次提到"人民团体",明确人民团体是我国爱国统一战线的重要组成部分,明确人民团体在政治协商中享有的权利以及作为协商主体的地位,明确人民团体是人民政协的界别。"政协是全国各民族、各民主阶级、各民主党派、各人民团体、国外华侨和其他爱国民主人士的统一战线组织,是党派性的,它的成员主要是党派、团体推出的代表。"① 人民团体的统战性也表现在具体的政治实践之中,特别是在工青妇这三个最为重要的人民团体之中。比如,工商联虽然不是民主党派,但其政治待遇往往参照民主党派来执行,在各个省市,民主党派的主要负责人一般担任政协的副主席或人大常委会、政府副职,工商联的会长也是如此。

(三) 代表性

人民团体都有自己特定的工作对象。工会以在中国境内的企事业单位、机关中以工资收入为主要生活来源的体力和脑力劳动者为工作对象;共青团以 14—28 周岁的信仰共产主义的中国青年为工作对象;妇联以全国各族各界妇女为工作对象;工商联以非公有制经济人士为工作对象;中国侨联以归侨、侨眷和海外侨胞为工作对象;青联以各族各界青年为工作对象;科协以科学技术工作者为工作对象;台联以台湾同胞为工作对象;等等。也就是说,人民团体的工作对象具有广泛的代表性,无论是工人、青年、妇女还是科技工作者、台胞、侨胞,都是具有某些自然或社会特征的特定群众,人民团体基于这些特定群众组织起来并作为他们的整体代表来体现他们的共同意愿、代表他们的共同利益。这种"整体的代言人"的代表作用和影响力既是历史形成、与生俱来的,也是我国的政治制度和体制性安排,因此人民团体能够成为党和政府联系各类社会群体的桥梁和纽带,在国家政治生活中发挥着参政议政的重要作用。

----

① 《毛泽东文集》第六卷,人民出版社 1999 年版,第 385—386 页。

（四）非营利性

人民团体的非营利性即人民团体不以营利为目的，不开展营利性活动。人民团体的组织特殊性表现在它既不同于政府，也不同于企业。人民团体的成立和发展，人民团体开展的活动、从事的各项工作都不是以获取利润为目的。人民团体的非营利性是由其作为党和政府联系界别群众的桥梁和纽带的定位决定的。作为党和群众之间的桥梁和纽带，人民团体一方面要推动党的路线方针政策贯彻落实到群众中去，把党的决策部署变成群众的自觉行动；另一方面要联系和代表所联系群众的利益，把所联系群众的意见、建议和诉求、呼声上传给党和政府。"协商与其说是一种对话辩论的方式，不如说是一种共同的合作性活动。"① 这种双向给力和双向作用具有公益性或互益性，最终把群众团结在党的周围，团结起来、凝聚起来干大事。

三、人民团体的协商优势

各人民团体是党领导的群团组织，同时具有成立时间长、政治地位突出、联系群众广泛、组织网络健全等天然优势。

（一）历史优势

人民团体协商的历史优势来源于人民团体的成立和发展历史以及部分人民团体在成立时的协商意旨。虽然人民团体协商的正式提出比较晚，但人民团体却是早就存在的组织。如上所述，有的人民团体与中国共产党相伴而生。比如，中华全国总工会的前身中国劳动组合书记部在中国共产党成立后不久（1921 年 8 月 11 日）就建立了，作为公开领导工人运动的总机关；在

---

① ［美］詹姆斯·博曼：《公共协商：多元主义、复杂性与民主》，黄相怀译，中央编译出版社 2006 年版，第 25 页。

1922 年 5 月召开的第一次全国劳动大会上确定了筹备全国性工会组织的事宜，并在 1925 年正式成立了中华全国总工会。中国共产主义青年团的前身社会主义青年团早在 1920 年 8 月全国各地在准备建党的时候就开始组建了。为了加强党对妇女运动的领导，更好地指导妇女运动的开展，中国共产党成立后就设立了妇女部。除了工青妇这些在建党前后就酝酿成立的组织，其他人民团体从成立到现在也多有几十年的时间，并伴随着中国共产党的成长而成长，在长期的革命、建设和改革实践中积累了比较丰富的群众工作经验。

　　而且，作为事实存在的人民团体协商实践也不是这几年才有的事情，早在新中国成立前中国共产党的统一战线实践中就能探寻到人民团体协商的踪迹。在 1947 年 10 月发表的《中国人民解放军宣言》中，毛泽东就曾提出："联合工农兵学商各被压迫阶级、各人民团体、各民主党派、各少数民族、各地华侨和其他爱国分子，组成民族统一战线，打倒蒋介石独裁政府，成立民主联合政府。"① 第二年的 4 月 30 日，中共中央发布著名的《纪念"五一"劳动节口号》，号召"各民主党派，各人民团体及社会贤达，迅速召开政治协商会议，讨论并实现召集人民代表大会，成立民主联合政府"②。1949 年 9 月，包括工青妇在内的人民团体作为重要主体参加了旨在协商建国的政治协商会议，与中国共产党和各民主党派共商建国大计。这些参与发起建立政协的人民团体，多数保留下来并一直是政协的参加单位，也有一些如中华全国文学艺术界联合会（文联）、中华全国新闻工作者协会（记协）等现在并不是政协的参加单位，但仍然作为群团组织存在。

（二）地位优势

　　中共中央和国务院高度重视人民团体工作及其发展建设情况，针对人民团体编制、机构改革问题，中共中央先后颁行了一系列的通知意见等重要文

---

① 《毛泽东文集》第四卷，人民出版社 1991 年版，第 1237 页。
② 政协全国委员会办公厅、中共中央文献研究室编：《人民政协重要文献选编》（上），中央文献出版社、中国文史出版社 2009 年版，第 1 页。

件，国务院相关部门先后制定一系列条例和规定，为人民团体自身建设和协商活动提供了政策支持。2015 年 7 月，中共中央召开了中国共产党历史上第一次中央级别的群团工作会议，7 位中央政治局常委共同出席了会议，足见中央对人民团体和群团工作的高度重视。《中共中央关于加强和改进党的群团工作的意见》明确指出："地方党委有关工作会议应该请工会、共青团、妇联等群团组织主要负责人参加或列席。县级以下共青团组织主要负责人按党章规定列席同级党组织有关会议。乡镇（街道）的工会、妇联组织主要负责人可列席同级党委有关会议。"① 这就为人民团体参与和影响公共决策提供了制度保障和政治平台。同时，作为政协的参加单位和爱国统一战线重要组成部分的八个人民团体享有宪法和法律赋予的政治协商、民主监督和参政议政权利，能够更为有效地代表和维护特定社会群体的利益。

人民团体协商的政治地位优势还体现在人民团体是党和人民群众之间的桥梁和纽带上。协商民主是中国共产党执政和决策的重要方式，是实现党的领导的重要方式。民主游离于党的领导之外就会出现放任自流现象，党的领导如果缺乏有效的实现机制也会是一句空话。作为桥梁和纽带，人民团体一方面能够实现民意民情的汇集、整合和上传，另一方面能够及时将党的路线方针政策下达给所联系的群众，从而在党和群众之间起到黏合剂和润滑剂的作用。借助和依托人民团体协商，能够实现党与各阶层群众之间的有效沟通和良性互动，从而既实现了党的领导又充分发扬了人民民主。这也是改革开放以来历次党代会报告都直接或间接强调人民团体桥梁和纽带作用的原因所在。比如，党的十三大报告强调，"工会、共青团、妇联等群众团体历来是党和政府联系工人阶级和人民群众的桥梁和纽带，在社会主义民主生活中具有重要作用"②；党的十四大报告指出，"加强和改善党对工会、共青团、妇

---

① 中共中央文献研究室：《十八大以来重要文献选编》（中），中央文献出版社 2016 年版，第 308 页。

② 中共中央文献研究室：《改革开放三十年重要文献选编》（上），人民出版社 2008 年版，第 494 页。

联等群众组织的领导，充分发挥他们作为党联系群众的桥梁和纽带作用"①；党的十五大报告指出，"工会、共青团、妇联等群众团体要在管理国家和社会事务中发挥民主参与和民主监督作用，成为党联系广大人民群众的桥梁和纽带"②；党的十六大报告指出："加强对工会、共青团和妇联等人民团体的领导，支持他们依照法律和各自章程开展工作，更好地成为党联系广大人民群众的桥梁和纽带。"③

从党代会报告中也可以看出党对工青妇等组织的称呼的改变，从十三大报告中的"群众团体"到十四大报告中的"群众组织"到十五大报告中的"群团组织"再到十六大以来的"人民团体"，此后沿用"工会、共青团、妇联等人民团体"的提法直至今日。党的十八大报告在"全面提高党的建设科学化水平"中强调要"支持工会、共青团、妇联等人民团体充分发挥桥梁纽带作用"，除此之外，党的十八大报告还在"在改善民生和创新管理中加强社会建设"部分对人民团体工作提出了更高的期望和要求，"强化企事业单位、人民团体在社会管理和服务中的职责，引导社会组织健康有序发展，充分发挥群众参与社会管理的基础作用"④；党的十九大报告第一次在党代会报告中提出人民团体协商，并在"坚定不移全面从严治党，不断提高党的执政能力和领导水平"部分提出："创新群众工作体制机制和方式方法，推动工会、共青团、妇联等群团组织增强政治性、先进性、群众性，发挥联系群众的桥梁纽带作用，组织动员广大人民群众坚定不移跟党走"⑤，

---

① 中共中央文献研究室：《改革开放三十年重要文献选编》（上），人民出版社 2008 年版，第 673 页。

② 中共中央文献研究室：《改革开放三十年重要文献选编》（上），人民出版社 2008 年版，第 907 页。

③ 中共中央文献研究室：《改革开放三十年重要文献选编》（上），人民出版社 2008 年版，第 1257 页。

④ 中共中央文献研究室：《十八大以来重要文献选编》（上），中央文献出版社 2014 年版，第 30 页。

⑤ 习近平：《决胜全面建成小康社会　夺取新时代中国特色社会主义伟大胜利——在中国共产党第十九次全国代表大会上的报告》，人民出版社 2017 年版，第 69 页。

进一步把做好工青妇等人民团体工作作为"全面增强执政本领"的重要内容。

(三) 群众优势

人民团体协商的群众优势主要表现在三个方面：一是数量庞大。人民团体一般人数众多，如工会的会员可以用亿来计数，妇联几乎可以代表半数的中国人民。建立在数量庞大的群众基础上的人民团体协商有利于保障所联系群众的民主权利，增强群众的民主参与意识，同时也使党委和政府的决策更加趋于科学化、规范化和民主化。

二是联系面广。人民团体承担着党和政府联系、组织、协调其各自所联系群众的职能或任务。通过人民团体协商，党和政府可以把各个界别的群众团结在党和政府周围。"尽管社会团结是非物质性的，但它也并非只具有一种纯粹的潜在状态，而是通过一种可感的形式表现出来。社会团结一旦得到加强，它就会使人们之间的吸引力增强，使人们接触的频率增加，使适合于人们结成相互关系的方式和机会增多。"① 通过开展人民团体协商，不仅能够化解和消除各群体成员内部的矛盾和利益纠纷，还可以使人民团体真正成为群众的"贴心人"，成为温暖的"职工之家""青年之家""妇女之家""工商业者之家""科技工作者之家""台胞之家""侨胞之家"等。

三是工作内容、方式方法贴近群众。人民团体协商是党的群众路线在政治领域的重要体现。人民团体工作在内容上主要是反映群众诉求、符合群众需要的社会性服务和公益活动，方法上主要采取示范引导、宣传教育、提供服务等群众工作方法。人民团体协商能够在一定程度上弥补当前社会协商薄弱的不足，使社会协商更具体、更实际。党的十九大报告在"提高保障和

---

① ［法］埃米尔·涂尔干：《社会分工论》，渠东译，三联书店2013年版，第27—28页。

改善民生水平，加强和创新社会治理"部分强调了工会在维护职工权利、构建和谐劳动关系中的作用："完善政府、工会、企业共同参与的协商协调机制，构建和谐劳动关系。"① 各级工会组织可以就职工福利待遇问题、民主权利问题等进行协商；各级妇联可以就婆媳关系、夫妻关系等家庭关系问题、孝敬老人问题、留守儿童抚养和教育问题等进行协商。可见，人民团体协商可以细化到一个单位、一个社区，甚至是一个家庭、一个职工。

（四）组织优势

人民团体自上而下的组织系统及其作为人民政协的界别的组织特点决定了人民团体协商在组织方面的独特优势。在中国，除了党和政府之外，人民团体也是重要的组织力量。"在那么多处于现代化之中的国家里存在着的权力和权威的真空，可以暂时由魅力领袖人物或军事力量来填补；但只有政治组织才足以永久地填补这一真空。"② 通过政治组织可以填补权力和权威真空，使政策更具稳定性和可持续性。我国一些人民团体建立了从中央到省、市、县、乡甚至社区、乡村的"纵向到底、横向到边"的网络化、系统化的组织结构体系，其组织形式既不同于西方的利益集团，也有别于公民社会组织，而是基于我国特殊的历史条件和政治需要建立的特殊的组织形态。

人民团体的特殊性在组织上的表现就是多重组织体系。一方面，人民团体从纵向上一般按照行政区划建立组织体系，从上到下、从中央到地方，大多覆盖到市县级，有的深入和覆盖到乡镇、街道、社区、机关和企事业单位，如工会、共青团、妇联。这种按照行政区划建立起来的准行政化的、"纵向到底"的组织体系极大地增强了人民团体的社会基础和动员能力。参

---

① 习近平：《决胜全面建成小康社会 夺取新时代中国特色社会主义伟大胜利——在中国共产党第十九次全国代表大会上的报告》，人民出版社 2017 年版，第 46 页。

② ［美］塞缪尔·亨廷顿：《变化社会中的政治秩序》，王冠华、刘为等译，上海人民出版社 2008 年版，第 382 页。

加人民政协的八大人民团体，上下层级之间的关系不完全相同。工会、青年团和妇联在内部上下层级之间是领导与被领导的关系，这在其章程中有所体现。如中华全国总工会是各级地方总工会和各产业工会全国组织的领导机关；中国共产主义青年团的地方组织和基层组织受团的上级组织领导；地方各级妇女联合会执行委员会要执行上级妇女联合会的决定和同级妇女代表大会的决议，定期向上级妇女联合会报告工作，而上级妇女联合会承担着对下一级妇女联合会主席、副主席协助管理的职责。但是，除了工青妇之外，其他五个参加人民政协的人民团体，包括工商联、侨联、科协、青联和台联在上下级之间则不是领导与被领导关系，而是业务指导关系。另外，人民团体除了内部的领导或指导关系以外，都接受同级党委的领导。另一方面，从横向看，作为整体的人民团体基本上覆盖到工人、青年、妇女、工商业者、科技工作者、台胞、华侨等主要的统战对象。同时，人民团体在横向上一般有联合的组织结构。比如，同一行业或者性质相近的几个行业可以根据需要建立全国的或者地方的产业工会组织，工商联按照行业设立行业商会，妇联实行地方组织和团体会员相结合的组织制度。

第二节　人民团体协商的现实问题和优化进路

《关于加强社会主义协商民主建设的意见》提出要"积极开展""认真做好"人民团体协商，并提出"围绕做好新形势下党的群众工作开展协商""建立完善人民团体参与各渠道协商的工作机制""组织引导群众开展协商"① 等原则性要求。《中共中央关于加强和改进党的群团工作的意见》进

---

① 中共中央文献研究室：《十八大以来重要文献选编》(中)，中央文献出版社 2016 年版，第 297 页。

一步提出，要"按照协商于民、协商为民的要求，拓宽人民团体参与政治协商的渠道，规范人民团体参与协商民主的内容、程序、形式"①。这就进一步强调了人民团体协商的意义，规范了人民团体协商民主发展的方向。但是，如何开展人民团体协商，如何将这些原则性要求落实下来，目前中央还没有出台关于人民团体协商的专门实施意见，人民团体协商还需要继续在"积极开展""认真做好"中摸索经验。

一、人民团体协商的现实问题

人民团体是特定历史条件、特定政治需要的产物。在新中国成立 70 年、改革开放进行了 40 多年，我国经济、政治、文化、社会、生态和党的建设都发生深刻变化的新的时代背景下，人民团体工作以及人民团体协商面临的问题也日益凸显。

（一）人民团体协商意识有待增强

如上所述，人民团体在协商建国的过程中发挥了重要作用，但是，新中国成立后，人民团体的协商功能逐渐萎缩。在 1949 年 9 月 30 日中国人民政治协商会议闭幕会上，毛泽东号召全国人民进一步组织起来，"应当将全中国绝大多数人组织在政治、军事、经济、文化及其他各种组织里，克服旧中国散漫无组织的状态"②。按照这种思路，"新中国成立后，我国建立起了以国家政权为核心，国家、市场、社会三位一体的'总体性社会'"③。当时，除了在全国建立了从中央到地方各级党和政府的政权机构之外，还在农

---

① 《中共中央关于加强和改进党的群团工作的意见》，人民出版社 2015 年版，第 2 页。

② 《毛泽东选集》第 1 卷，人民出版社 1991 年版，第 31 页。

③ 刘金伟：《"总体性社会"结构背景下中国社会建设的特点浅析》，《理论界》2013 年第 9 期。

村通过人民公社、在城市通过单位制把整个社会纳入整个国家的管控之下，公社和单位成为我国城乡社会的基本单位和贯通国家和个人之间最为重要的桥梁。用李强、李景鹏等学者的说法，直到改革开放初的较长一段时间内，中国是一个"全能主义国家"①。在这种社会结构下，国家几乎垄断了绝大多数的社会稀缺资源以及结构性的社会活动空间，社会与国家高度同构。特别是在城市，单位成为"一个集政治、经济、安全、福利所有职能为一身的组织"②，基本上解决了人们"从摇篮到坟墓"的一切所需。而且，当时的社会分化小，人们的生产、生活方式单一，群众的需求较低且高度同一，整个社会对人民团体的要求不高。人民团体逐渐失去了其生存发展的空间，人民团体的代表和联系功能基本上只具有"象征性意义"或者说是"表面意义"。

"全能主义国家""总体性社会"在改变旧中国一盘散沙的社会状态、增强国家对社会的动员能力和控制能力、集中力量办大事等方面发挥了积极作用，然而，这种社会结构和管控体制也存在一些弊端，中央集权造成高昂的行政成本，社会结构的封闭、自我管理和调节机制的缺失使社会缺乏活力。改革开放以来，社会分工越来越细、价值观念越来越多元化、社会矛盾和利益纠纷日益增多，"社会结构由总体性社会向分化性社会转变；社会整合由行政性整合向契约性整合转变；国家与组织（单位）的关系由总体生存模式向独立生存模式转变；原有的城乡各种身份系列为一种新的、以职业身份为标志的身份系列所取代"③。而且，近年来，各种新兴社会组织蓬勃发展，其组织、活动、工作方式都比较灵活，比较容易得到基层群众的认可和支持，其服务对象也多是人民团体所联系的对象，从而对人民团体形成了

---

① 李强：《后全能体制下现代国家的构建》，《战略与管理》2001 年第 6 期；李景鹏：《后全能主义时代：国家与社会合作共治的公共管理》，《中国行政管理》2011 年第 2 期。

② 李强：《后全能体制下现代国家的构建》，《战略与管理》2001 年第 6 期。

③ 孙立平等：《改革以来中国社会结构的变迁》，《中国社会科学》1994 年第 2 期。

一定的挤压。这些都要求人民团体根据经济社会发展状况作出相应的调整和变革，发挥其在国家和社会治理中的疏导、调节、润滑、黏合作用。

党的十八大以来，中共中央提出了协商民主广泛、多层、制度化发展的要求，《关于加强社会主义协商民主建设的意见》更是强调了人民团体协商的意义，规范了人民团体协商发展的思路和方向，人民团体协商迎来了难得的发展机遇，但惯性的力量和传统体制的羁绊不是短时间就能彻底改变的。虽然说"经历了市场社会转型后，行政力量和逻辑已无法像在总体性社会那样成为唯一的主导社会的机制，但是，总体性社会时代存在的行政主导习惯配以强大的财政资源、社会需求和政治意愿，将市场社会推向'行政社会'。所以，当前中国的国家、市场与社会的关系处在不平衡状态：市场已经有了很大的空间，但时常受到行政干预；社会已经有了一定的发育，却不时地被行政逻辑所左右"①。这种"行政社会"也不可避免地对人民团体协商产生一些负面影响：一些党政部门对人民团体协商的重要性认识不足，对人民团体的性质和定位缺乏深入研究，对人民团体工作的特点和规律理解不到位，妨碍了人民团体在社会治理中的有效参与和协商；人民团体自身也缺乏协商的自觉意识，不少人民团体对协商的基本要求不了解，不积极主动地组织协商、参与协商，在面临弱势群体的维权需求时不担当、不作为。这与《关于加强社会主义协商民主建设的意见》所要求的"围绕做好新形势下党的群众工作开展协商，更好组织和代表所联系群众参与公共事务，有效反映群众意愿和利益诉求，发挥人民团体作为党和政府联系人民群众的桥梁和纽带作用"② 还有不小差距。

（二）人民团体协商定位有待明确

人民团体组织的特殊性决定了其既承担着代表所联系群体利益与党和国

---

① 王春光：《中国地方社会治理实践的理论透视》，《中共中央党校学报》2017年第5期。

② 中共中央文献研究室：《十八大以来重要文献选编》(中)，中央文献出版社2016年版，第297页。

家开展协商，反映群众诉求、保障群众利益和合法权益的任务；同时承担着代表党和国家与所联系群众开展协商，协助党和政府管理社会事务的任务。因此，一方面，人民团体要发挥好政治功能，当好党和政府的得力助手；另一方面，人民团体要发挥好社会功能，当好所联系群众利益和诉求的忠实代言人。同时，人民团体既然代表两方面，在具体协商过程中必须"一碗水端平"，即处理好、协调好政治功能和社会功能的关系并使之趋于平衡。然而，从目前的情况看，人民团体协商的政治功能和社会功能发挥得都不够好，"行政性功能尽管有体制和制度保障，但是它的政治影响和社会影响其实并不强，工作缺乏'抓手'，属'金边群团'。而社会属性的功能普遍不强，且呈现出代表性功能、服务型功能、倡导性功能依次减弱的态势"①。

具体来说，一方面，人民团体政治协商独立性不足。如前文所述，人民团体享有政府编制及相应的政治、经济待遇。因此，相比于其他社会团体，我国的人民团体"从其职能和性质来看……更像是政府组织"②。这种制度安排，一是容易造成人民团体的依赖性，即过多地依赖政治资源和政府拨款，与此相联系的是筹措社会资金的能力降低及社会资源的减少。二是容易造成人民团体的"机关化、行政化、贵族化、娱乐化"③：人民团体在会员、代表等人选上不能反映和满足群众需求；开展工作和活动缺乏思想性和教育性，过于依赖娱乐活动。人民团体协商看似政治功能强大，但事实上没有建立起上下畅通的沟通渠道，难以与党和政府平等协商，难以与群众深度互动。

另一方面，人民团体社会协商能力不强。作为国家政治体制的重要组成部分，人民团体在影响公共决策的制定和执行方面比普通的群众团体、社会

①　褚松燕：《人民团体的基本问题》，《中国机构管理与改革》2015 年第 2 期。
②　俞可平：《中国公民社会：概念、分类与制度环境》，《中国社会科学》2006 年第 1 期。
③　《中共中央印发〈深化党和国家机构改革方案〉》，《人民日报》2018 年 3 月 22 日。

团体渠道更畅通和便捷，人民团体能够把各自联系的一定界别和群体普遍关心的问题、利益诉求和愿望直接通过体制内的工作渠道及时有效地上传给党委、政府和相关部门。人民团体协商的一个重要意义就在于为各界群众民主参与提供制度化平台和规范化渠道，人民群众可以在体制内参与公共政治过程、影响公共决策取向，在体制内有效表达、整合、满足群众的意愿和诉求，从而避免公众参与的无序和非理性，保障社会稳定。可现实的问题是，人民团体出现了不同程度的脱离群众、社会服务功能退化的现象。正如《中共中央关于加强和改进党的群团工作的意见》所指出的那样，包括人民团体在内的群团组织"存在机关化、脱离群众现象""基层基础薄弱、有效覆盖面不足、吸引力凝聚力不够问题突出，特别是在非公有制经济组织、社会组织和各类新兴群体中的影响力亟待增强"①。

（三）人民团体协商机制有待健全

《关于加强社会主义协商民主建设的意见》出台后，党中央相继针对人民政协协商、城乡社区协商和政党协商出台了专门的规范性文件——《关于加强人民政协协商民主建设的实施意见》《关于加强城乡社区协商的意见》和《关于加强政党协商的实施意见》。但是，对于如何开展人民团体协商，至今仍然没有专门的实施意见和规范性文件，人民团体协商实践仍然处于摸索阶段。

当前，人民团体开展协商多集中在人民政协范围内，以政协的界别参与协商，形式多是人民政协组织的座谈会、研讨会等，这其实是政协协商的范畴。从协商内容看，人民团体"开展内部事务协商较多，开展公共议题的协商较少"②，对于事关当地经济社会发展的重大问题以及群众普遍关心的

① 中共中央文献研究室：《十八大以来重要文献选编》（中），中央文献出版社2016年版，第305页。
② 谈火生、苏鹏辉：《我国社会组织协商的现状、问题与对策》，《教学与研究》2016年第5期。

问题的关注不够。从协商程序上看，人民团体协商还缺乏规范的程序规定，"人民团体在'与谁协商''协商什么''怎么协商'等问题上，许多还在探索之中，其协商主体、程序、协商议题设置等等，需要制定制度程序规范"①。协商机制不健全容易使协商流于形式，产生"随意协商"的问题，协商结果的落实也缺乏保障。有学者指出，"人民团体开展协商民主活动缺乏独立完整的平台、组织和制度的'硬实力'作为支撑和保障；同时，人民团体权力小、席位少、地位弱，其公信力和动员服务能力都有限，人民团体的'软实力'相对落后"②。

二、人民团体协商的优化进路

党的十九大报告提出："推动工会、共青团、妇联等群团组织增强政治性、先进性、群众性，发挥联系群众的桥梁纽带作用，组织动员广大人民群众坚定不移跟党走。"③ 今后，健全和完善人民团体协商应在上述原则性要求的指导下，结合当前人民团体工作和人民团体协商存在的问题进行有针对性的调整和改革，重点应从协商意识、协商定位、协商机制等方面着手。

（一）增强人民团体协商意识

增强协商意识是做好人民团体协商工作的基本前提。增强人民团体协商意识，首要的是党委和政府的领导和支持，包括理念上的倡导和制度上的安排。"群团事业是党的事业的重要组成部分，党的群团工作是党治国理政的一项经常性、基础性工作，是党组织动员广大人民群众为完成党的中心任务

---

① 布成良：《人民团体在协商民主中的性质和作用》，《中国政协理论研究》2015年第 2 期。

② 陈光辉：《中国特色社会主义协商民主制度体系建设研究》，东北师范大学 2017年博士学位论文。

③ 习近平：《决胜全面建成小康社会　夺取新时代中国特色社会主义伟大胜利——在中国共产党第十九次全国代表大会上的报告》，人民出版社 2017 年版，第 69 页。

而奋斗的重要法宝。工会、共青团、妇联等群团组织联系的广大人民群众是全面建成小康社会、坚持和发展中国特色社会主义的基本力量，是全面深化改革、全面推进依法治国、巩固党的执政地位、维护国家长治久安的基本依靠。"[1] 党委、政府应充分重视人民团体协商，真正将人民团体协商作为社会主义协商民主体系的重要组成部分、作为推进国家治理体系和治理能力现代化的重要方面、作为维护群众根本利益的重要途径，切实把人民团体协商纳入党和政府工作体系；推进人民团体改革，努力淡化人民团体的"政府性"或"官办性"色彩，引导其用法治思维、群众路线、民主管理的方式方法实现自我管理、协同善治；给予人民团体应有的自主权和自治权，并通过人力、财力、物力的扶持为人民团体协商提供必要的资源、创造必要的条件。

二是人民团体自身要增强主体意识和协商意识，要清醒地认识到自身在国家治理和社会治理中担负的责任，清醒地认识到自身存在的问题，在此基础上明确改革的目标和方向，寻求人民团体协商的突破口；要强化对自身所联系群体的认识和了解，引导群众通过合法渠道反映诉求、维护群众合法权益，增强责任感和使命感；另外，要认真学习关于协商的基本理论知识，增强协商能力，从而提高人民团体协商的针对性和实效性。

（二）明确人民团体协商定位

一方面，正确认识人民团体协商的政治功能，构建政府与人民团体良性互动的合作机制。对于党委和政府来说，党委要不断改进和完善对人民团体的领导，支持人民团体依法依章独立自主地开展工作；政府应通过制度化的渠道明确界定人民团体在协商中的权利和义务，厘清人民团体与党政机关的工作边界；加强党委和政府以及人民群众对人民团体的监督，督促人民团体

---

[1] 中共中央文献研究室：《十八大以来重要文献选编》(中)，中央文献出版社2016年版，第304页。

履行好政府所赋予的社会管理职能，发现其工作偏离其法定职责时，党委政府应起到监管作用，依法进行必要的惩处。对于人民团体来说，"如果说党委是领导者，政府是主导者，社会是主体军，人民是主人翁，那么，人民团体就应该是接受领导者领导、接受主导者主导，代表主人翁的主力军之中的排头兵和先锋队。"① 因此，人民团体既不能弱化其政治性，不能将自己混同于普通的社会组织或社会团体；又要清醒地认识到自己不是党政机关，不能简单地运用行政管理甚至行政命令的方式推进工作，而是要突破机关、行政工作的条条框框，克服机关化、行政化、贵族化、娱乐化倾向，克服"等靠要"心理，克服养尊处优、不作为或乱作为问题，真正把工作重点、服务资源向基层倾斜。

另一方面，增强人民团体协商的社会功能，围绕做好新形势下党的群众工作开展协商。人民群众是人民团体的力量之源、立足之本，如果得不到群众的支持，人民团体的"助手""代言人""纽带"称号就只能是徒有其名，甚至有可能帮倒忙，影响党群关系、政社关系、干群关系。因此，维护群众合法权益是人民团体的天职，是人民团体协商最为基础也是最为重要的工作。明确人民团体协商的这一主要方向和定位，必须重塑人民团体的社会属性，这就要求人民团体在具体协商工作中努力做到以下几点：一是凸显人民团体的社会服务作用，将协商的重点放在关乎群众切身利益的问题的协商上。二是采取切实措施提高人民团体组织、引导、服务群众和维护群众利益的能力和水平，增强群众对人民团体的认同度。三是强化维权职能，努力维护群众尤其是弱势群体和新兴社会群体的利益，维护社会公平正义，"要主动代表所联系群众参与相关法律法规和政策的制定，推动建立健全协调劳动关系等方面制度机制，从源头上保障群众权益、发展群众利益"；"善于运用法治思维和法治方式维权，注重通过集体协商、对话协商等方式协调各方利益，通过信访代理、推动公益诉讼、依法参与调解仲裁等方式为利益受到

---

① 刘小敏：《人民团体融入城市社会治理研究》，《中国名城》2016 年第 6 期。

损害或侵犯的群众提供帮助"①。四是强调人民团体协商在社会基层治理中的作用,创新社会治理体制、社会参与机制和协同治理理念,把"政府不能包办、市场不能满足的社会化需求"② 作为人民团体协商发挥作用的广阔空间,结合人民团体的职责和所联系群众的工作定位"承接和执行政府转移出来的社会化职能"③。

(三) 健全人民团体协商机制

健全完善的协商机制是确保人民团体协商正常开展的制度保障。中共中央《关于加强社会主义协商民主建设的意见》中突出强调了两大机制,即人民团体参与各渠道协商的工作机制以及直接联系群众工作机制,这两大机制既符合人民团体的组织特点,也适应了新时代新情况对人民团体工作方式、工作态度的要求。

第一,建立完善人民团体参与各渠道协商的工作机制,拓宽人民团体协商的渠道。"各级政协要充分发挥人民团体及其界别委员在密切联系群众、增进社会各阶层和不同利益群体和谐中的作用,密切各专门委员会与人民团体的联系。"④ 要鼓励人民团体的政协委员通过调研、视察等活动参与政协协商,密切各专门委员会与人民团体的联系并建立常态化的工作机制,政协和人民团体可以针对共同关心的问题组成联合调查组开展联合调研。要通过人民团体中的人大代表建立和完善人民团体参与人大协商的工作机制。另外,要加强人民团体协商与其他协商形式的协同联动,特别是要充分发挥政

---

① 中共中央文献研究室:《十八大以来重要文献选编》(中),中央文献出版社 2016 年版,第 312 页。

② 彭恒军:《社会治理主体建设与群团组织的改革与创新》,《工会理论研究》 2015 年第 6 期。

③ 彭恒军:《社会治理主体建设与群团组织的改革与创新》,《工会理论研究》 2015 年第 6 期。

④ 中共中央文献研究室:《十八大以来重要文献选编》(中),中央文献出版社 2016 年版,第 313 页。

协协商对人民团体协商的带动、引领和指导作用，充分认识到人民团体在政协协商平台中界别协商的优势，同时加强人民团体与党委和政府工作的衔接和互动机制建设，以党委和政府为主导力量，带动人民团体协商与其他协商的协调和互动。

第二，健全人民团体直接联系群众工作机制。要"重点帮助群众解决日常工作生活中最关心、最直接、最现实的利益问题和最困难、最操心、最忧虑的实际问题"①。在方式方法上，要善于用民主协商、平等对话、理性交流、教育引导的方法带动、引领、组织、服务群众和维护群众合法权益，密切和人民群众的血肉联系。人民团体要加强与所联系群众的沟通，创新联系群众的方式方法，通过谈心会、座谈会、联谊活动等方式，调查、了解群众的思想动态和利益诉求；利用自身的组织优势和政治优势建立群众和相关利益方表达意见、协商讨论的制度化平台，维护群众的合法权益，畅通和拓宽民主协商渠道；鼓励和引导群众积极、有序地参与到社会治理中来，并根据群众的呼声和诉求有针对性地开展维权、咨询、心理疏导等服务，既维护群众合法权益，又排解群众负面情绪和心理压力。

第三，规范人民团体协商的程序和流程。具体、规范的协商程序和流程是人民团体协商有序开展的制度基础。"人民团体的协商主体、程序、协商议题设置等，还需要在尊重人民团体的组织特点的基础上制定制度程序规范，对涉及群众实际利益的哪些问题和内容必须协商、如何协商，怎样筛选协商议题，如何集中群众建议等，仍需要在实践中进一步明确。"② 特别是中央应加强人民团体协商的顶层设计，尽快研究并出台关于人民团体协商的专门指导意见和具体的规范性文件，重点对协商主体、协商内容、协商形式、协商程序、协商结果的反馈和执行等做出明确的指导性规定，为人民团

---

① 中共中央文献研究室：《十八大以来重要文献选编》（中），中央文献出版社 2016 年版，第 311 页。

② 布成良：《论人民团体在我国协商民主中的属性和内容》，《中共天津市委党校学报》2014 年第 6 期。

体协商提供制度支持。在此基础上，各地可以根据具体情况制定具体的实施意见，使人民团体协商有据可依。

总之，推进人民团体协商不仅要考虑到人民团体的性质和组织特殊性，还要与新时代国家治理体系和治理能力现代化的新形势、新要求相协调，在推动人民团体体制和职能改革的过程中健全和完善人民团体协商，寻找党和政府与人民群众需求的最佳结合点，实现与党和政府以及人民群众的良性互动，使人民团体真正成为密切党和群众关系的桥梁，成为维护群众权益、创新基层协商的制度化平台。

第六章　基层协商

　　基层协商是基层民主发展的逻辑必然和实践要求，是广泛存在于基层政权和基层社会的民主治理形式。"涉及人民群众利益的大量决策和工作，主要发生在基层。要按照协商于民、协商为民的要求，建立健全基层协商民主建设协调联动机制，稳步开展基层协商，更好解决人民群众的实际困难和问题，及时化解矛盾纠纷，促进社会和谐稳定。"① 改革开放以来，我国各个地方积极探索、大胆实践，创建了包括民主恳谈会、社区议事会等丰富多彩、各具特色的基层协商民主形式。本章以北京市朝阳区"党政群共商共治"为例探讨基层协商在我国基层治理中的现状、问题和优化路径。

第一节　基层协商的理论内涵与实践形式

　　"基层协商民主是协商民主各种形式中的最为基础性的形式。"② 《关于加强社会主义协商民主建设的意见》把乡镇、街道的协商，行政村、社区的协商以及企事业单位的协商纳入基层协商的范围。乡镇、街道的协商是在基层行政区划层次上的协商，行政村、社区的协商是基层自治视角的协商，

---

　　① 中共中央文献研究室：《十八大以来重要文献选编》（中），中央文献出版社2016年版，第298页。

　　② 陈家刚：《基层协商民主的实践路径与前景》，《河南社会科学》2017年第8期。

企事业单位的协商是发生在众多基层单位内部的协商。

一、基层协商的理论内涵

"协商民主的根在基层。"① 要准确理解基层协商的概念，首先需要对"基层"有一个合理的界定，明确其边界和范围。

基层一般有两种释义，一种指建筑物的底层；一种指各种组织中最低的一层，如党的基层组织是指企业、农村、机关、学校、科研院所、街道社区、社会组织、人民解放军连队和其他基层单位党的委员会、总支部委员会、支部委员会，还包括基层委员会经批准设立的纪律检查委员会。早在1945 年毛泽东在中共七大所作的《论联合政府》的政治报告中就使用了"基层"的概念，他把"地位非常重要而生活痛苦不堪的农民、工人、士兵和下层公教人员"称为"社会的基层分子"，七大党章明确提出"党的基础组织"的概念，指的是工厂、矿山、农村、企业、街道、连队、机关、学校等成立的党的支部组织。在八大党章中，"党的基层组织"正式替代"党的基础组织"的提法并沿用下来。比如，国家公务员的基层工作经历，指的就是在县级及以下党政机关、国有企事业单位、村（社区）组织及其他经济组织、社会组织等工作的经历。

有研究者在追溯党的重要文献和领导人的相关论述的基础上提出，基层概念经历了一个党的组织体系到国家政权机关再到群众自治组织的发展过程，主要指社会组织结构和行政管理组织中最低的层次，与群众的联系最直接、最广泛，是构成各种组织的基础；其外延主要包括中国共产党的基层组织、基层政权机关、基层群众性自治组织和企事业单位。其中，中国共产党的基层组织包括村党支部委员会和乡镇、街道社区党的基层委员会，企业、学校、科研院所等企事业单位中党的基层组织，人民解放军连队中党的基层

---

① 王新生：《协商民主的根在基层》，《求是》2016 年第 1 期。

组织，以及国家机关中党的基层组织等；基层政权机关即国家机构中的基层组织，县、不设区的市、市辖区层次的国家政权，乡、民族乡、镇都属于基层国家政权；基层群众性自治组织是居民和村民实行自我管理、自我教育、自我服务的组织，主要包括城市社区的居民委员会和农村的村民委员会：企事业单位，即企业单位和事业单位，企业单位以盈利为目的，事业单位不以营利为目的。①

基层协商是基层民主发展的必然要求和必然结果。20世纪80年代以来，基层民主、群众自治逐渐成为党和政府关注的问题。1980年，广西宜州市合寨村村民率先成立了"村委会"这种准政权性质的基层群众自治组织，随后，河北、四川等省农村也出现了类似的群众性组织。1982年党的十二大报告提出："发展各个企业事业单位的民主管理，发展基层社会生活的群众自治。民主应当成为人民群众进行自我教育的方法。"② 1982年宪法将农村村民委员会和城市居民委员会作为基层群众自治组织确定下来。1987年党的十三大提出了"在党和政府同群众组织的关系上，要充分发挥群众团体和基层群众性自治组织的作用，逐步做到群众的事情由群众自己依法去办"③。随后，《中华人民共和国村民委员会组织法》和《中华人民共和国城市居民委员会组织法》通过并颁布，基层民主有了制度、法制保障。1992年党的十四大明确提出了中国经济体制改革的目标是建立社会主义市场经济体制，并且第一次将中国基层民主划分为三大部分，即职代会、居委会和村委会。随着社会主义市场经济的确立和发展，中国社会结构发生了深刻变化，社会日益独立、个体日益自主、政治参与的愿望日益强烈。1997年党的十五大报告指出："扩大基层民主，保证人民群众直接行使民主权

---

① 陈丽：《基层协商民主：概念的界定及其解读》，《科学社会主义》2014年第5期。

② 中共中央文献研究室：《十二大以来重要文献选编》（上），人民出版社1986年版，第34页。

③ 中共中央文献研究室：《十三大以来重要文献选编》（上），人民出版社1991年版，第39页。

利，依法管理自己的事情，创造自己的幸福生活，是社会主义民主最广泛的实践。"① 选举民主和协商民主是社会主义民主的两种实现形式，基层选举民主和基层协商民主是基层民主的两种实现形式。

对于基层协商民主的概念，学者的界定大同小异，如基层协商民主就是"在我国社会基层单位，公民通过有组织地开展对话、讨论、审议等方式，参与公共决策和基层社会管理的活动"②，这个界定概括了基层协商的主体和方式。"基层协商民主就是在中国共产党的领导下，我国城市社区、农村和企事业单位的各类主体，就自身利益密切相关的问题进行有组织地协商，依法参与基层公共决策和基层社会治理的民主实践"③，这个界定强调了党的领导，对基层协商主体和内容的界定更为明确。"省级以下的社会基层单位，除了乡镇、农村、城市社区、企事业单位等社会基层之外，县市级政府涉及的公共事务也大多与基层民众有着密切关联，应该属于基层协商民主涉及的范围"④；"基层协商民主主要是在县级以下的乡镇、行政村和城市社区等范围内。不同的行为主体，包括基层党组织、基层政权组织、自治组织、社会组织、农村经济组织以及公民个体等，围绕涉及各方面利益的公共问题，通过广泛参与、协商对话形成共识的民主形式""基层协商民主主要是在县级以下的乡镇、行政村和城市社区等范围内"⑤。这两种界定对基层协商的主体范围限定得更为具体。在 2015 年中央出台的《关于加强社会主义协商民主建设的意见》中，对基层协商民主做出了明确的规定，即"乡镇、街道的协商""行政村、社区的协商""企事业单位的协商"。⑥

① 中共中央文献研究室：《十五大以来重要文献选编》（上），人民出版社 2000 年版，第 32 页。

② 李仁彬：《试论发展我国基层协商民主》，《党史文苑》2013 年第 14 期。

③ 陈丽：《基层协商民主：概念的界定及其解读》，《科学社会主义》2014 年第 5 期。

④ 余华：《基层协商民主的现状分析与发展对策——以浙江省为例》，《观察与思考》2015 年第 3 期。

⑤ 陈家刚：《基层协商民主的实践路径与前景》，《河南社会科学》2017 年第 8 期。

⑥ 《关于加强社会主义协商民主建设的意见》，人民出版社 2015 年版，第 13—14 页。

从这些概念界定可以看出，基层协商的主体主要是基层组织或基层单位的成员，包括基层党政机构如乡镇、街道党政机构，基层自治组织如村民委员会、居民委员会等，基层个人以及基层各种经济社会组织等；基层协商的内容是与人民群众生活直接相关的具体利益问题，如公共空间治理、物业管理和服务、社会救助、医疗保健、居家养老、社会治安、宠物管理、矛盾纠纷化解等问题；基层协商的方式主要包括协商与对话等；基层协商的形式灵活多样，如民主恳谈会、社区论坛、党员代表议事会、民主听证会、社情民意直通车、便民服务窗口等。

二、基层协商的实践形式

在西方，基层协商的实践形式包括协商民意测验、公民会议、公民陪审团、共识会议、学习圈、愿景工作坊、在线协商等。在国内，改革开放以来，顺应经济社会发展的需要和公民日益增长的参与需求，我国协商民主的实践范围和领域越来越宽广，基层协商的实践模式和方法也越来越多样。各个地方积极探索、大胆实践，创建了包括民主恳谈会、社区议事会、公民评议会、民意裁决团、党群议事会、新村发展议事会、乡贤参事会、工资集体协商制度、互联网公共论坛等丰富多彩、各具特色的基层协商民主形式。这里列举几个比较典型和特色的案例。

浙江省温岭市的"民主恳谈"制度。"民主恳谈"是浙江省温岭市干部群众在探索基层民主政治建设的实践中产生的具有原创性的基层协商民主形式，其雏形是创办于1999年的"农业农村现代化教育论坛"，其创意在于变"干部对群众的说教"为"干部与群众的对话"。2000年8月，民主恳谈开始在全市各乡镇（街道）、村、社区、非公企业和市政府职能部门全面推广。经过多年来坚持不懈的推广、深化、规范和完善，目前民主恳谈已初步建立起了公众广泛参与的民主决策、民主管理、民主监督机制，提供了一个公众有序政治参与的渠道和途径，转变了基层党委政府执政方式和领导方式，对于防止行政权力侵害公众利益、避免基层政府在公共事务决策和管理中的缺陷和失误具有重要意义。2004 年，温岭民主恳谈制度获得第二届中国地方政府创新奖。

四川省彭州市的"社会协商对话会"。"社会协商对话会"即各方通过平等对话的方式，沟通情况，交换意见，平等协商，倾听群众的实际困难和后顾之忧，有效解决基层群众的切身利益，有力提升社会管理的水平。在决策前、执行中主动协商、听取民意，初步显示了基层协商民主制度的优势和作用。社会协商对话的成员，包括村社干部、群众代表、党员代表、议事会成员、企业代表、新型职业农民等。

浙江省杭州市湖滨街道的"湖滨晴雨"工作室。"湖滨晴雨"，是杭州西湖新十景之一。杭州市上城区湖滨街道的"湖滨晴雨"则是 2009 年成立的一个问计于民、收集民意舆情的工作室。其宗旨是：民情晴雨表、百姓真声音，关注民生、传递政情，收集社情民意、架构诉求渠道，聚集民智民力、助力党政决策。取名"湖滨晴雨"，蕴含民情晴雨表的意义，民众在这里反映民意，政府部门在这里传达政策、服务民生，成为全市乃至全国首个街道（社区）层面民主促民生平台。工作室形成了"1624 晴雨工作法"，每天对社区的民情动态进行汇总、整理，研判；每周预报民生指数评价结果；每月组织观察员关注民情热点进行评议，组织预报员对民生政情、国内外热点问题进行政情预报；每年对街道促民生工作进行全面总结和评估，对气象站、观察员工作进行总体评估。

安徽省全椒县的村民理事会协商平台。村民理事会是新形势下农村改革发展的一项新制度、新事物。安徽省全椒县在美好乡村建设点，通过民主方式组建村民理事会，逐步健全理事会运行机制，注重发挥理事会在村庄政治、乡村基础设施建设等事关村民切身利益事项方面的主体作用，走出了一条创新农村治理举措、推动基层民主建设、提升村民自治水平的新路子。其主要做法有：一是程序规范、民主选举，二是制度健全、有章可循，三是明确定位、职清责明，从而改善了党群干群关系、改善了乡村基础设施、提高了群众自治水平。

河南省焦作市解放区的"334"楼院协商治理模式。焦作市解放区以

"美丽楼院"创建为抓手，优化社区服务体系建设，创新基层治理体制机制，形成了"三依靠、三步法、四机制"的"334"楼院协商治理模式，探索了社区治理与服务创新的新路径。第一个"3"指的是党政主导、居民主体、社会协同。第二个"3"指的是坚持"把群众对楼院事务管理的意见收集上来，把讨论形成的初步方案公布下去；把群众对初步方案的意见和建议收集上来，把最终形成的工作方案公布下去；把工作的落实情况公布下去，把群众对落实情况的反馈意见和建议收集上来"的"三上三下"原则。"4"指的是坚持自治管理好、平安法治好、环境卫生好、文明和谐好"四好"目标。通过"334"楼院协商治理模式，有效提升了解放区基层党组织的凝聚力，巩固了党在基层的执政基础；畅通了民主渠道，提升了群众参与社区治理的热情；改善了群众的生活环境，提升了居民生活品质；弘扬了社会文明风尚，增强了居民的获得感。

重庆市万东镇的"圆桌议事会"。"圆桌对话"形式创立于 2002 年，即召集矛盾各方围坐在一起进行"圆桌对话"，协商制定并实行"五卡工作制"，即通过"代表提案卡""代表提案答复卡""重大事项征求意见卡""爱民服务卡""村民监督卡"，吸收各方面群众代表参与、协商解决本地（区）面临的重要问题和事务，协商制定具体的制度、操作程序、行事方式，人民调解员和信访干部以理性思维，引导矛盾各方当事人由"冲动"进入到"理智"状态，并培养各方积极解决问题的态度。通过十多年的探索实践，万东镇形成了"五权一体"的协商民主管理运行机制，即"村务管理的提案权、审议权、决定权、执行权、监督权等'五权'相对独立，分别由不同主体行使；同时，'五权'的行使又在村党组织的统一领导、组织、协调下进行，'五权'前后衔接，互相推动，环环相扣，循环往复，形成一个既开放又闭合的运行体系"①。目前，"圆桌对话"工作机制，已成

---

① 傅汝栋、汪守军：《基层协商民主实践探索——以重庆万东镇"五权一体"实践为例》，《广州社会主义学院学报》2015 年第 5 期。

为万东镇群众表达诉求的"快车道"。它充分体现和保障了群众说事、干部理事、集体议事、诚心办事、信访查事,从源头上预防和减少了矛盾的产生。

北京市朝阳区的"党政群共商共治"。2013 年,北京市朝阳区创新开展了党政群共商共治工程,其具体做法有:一是把问需、问计、问效、问责于民作为加强社会治理、激发社会活力的有效途径,在操作层面,科学谋划,制定相关制度、方案。二是各街道组织处级领导、机关干部、社区工作者深入居民和社会单位走访座谈,同时推出"网络问政"。三是组织专家、人大代表、居民等对项目相关指标进行评审,建立第三方评价体系,对立项工程进行绩效追踪,加强督查,确保实效。朝阳区各街道结合自身实际创新了党政群共商共治的形式,如香河园街道以楼宇居民互动平台为抓手,打造共商共治浓郁环境;酒仙桥街道探索"政府、社会单位、居民"共同参与的"1+2+3"社区治理模式;亚运村街道把"以民为本"的工作理念贯穿在"共商共治"过程的始终;东湖街道让居民担当"编剧和导演",各方助力协商治理。通过民主协商办实事,充分调动广大居民、社会单位、人大代表、政协委员、专家学者等参与社会建设,改变了一边是政府投入大量人力、物力、财力为群众办实事,一边是群众不满意甚至质疑和"不买账"的现象,在解决社区居民重点难点问题的同时,探索了社会管理向社会治理转变的新路子。

《关于加强社会主义协商民主建设的意见》出台之后,中共中央办公厅和国务院办公厅又联合印发了《关于加强城乡社区协商的意见》,对基层协商民主的内容、组成以及推进基层协商的基本要求做了明确规定,"标志着中国基层协商民主从典型地区的'星点式实践'进入全国性的推广落实阶段,基层协商民主也得以作为一个正式的制度创新在全国扩散"①。

---

① 张敏、韩志明:《基层协商民主的扩散瓶颈分析》,《探索》2017 年第 3 期。

第二节　城市社区协商：基层
协商的案例分析

　　社区是城市社会的基本单元。社区治理的主体是多元的，包括社区基层党组织、基层政府及其派出机关、社区自治组织、驻区企事业单位、居民等。从宏观上来看，这些主体可以分为三种力量，即政党力量、政府力量和社会力量，政党和政府力量又可以称为党政力量、政治力量。依据这些主体的参与和相互关系情况，解决社区问题的方式大体上可分为两种，"一种是权威裁决式的方法，即由党委、政府等权力机构依靠命令方法或管制手段等进行社会管理，其特征是一元化、权威式、等级化和指令性；另一种是协商对话式的方法，即由利益相关各方通过平等协商和理性对话达成解决问题的共识，其特征是多元化、平等式和对话性"①。显然，"权威裁决式"的管理方式已经越来越难以适应改革开放以来经济、政治、文化、社会结构的剧烈变化以及社区居民多样化、个性化的利益诉求，相反，"协商对话式"治理逐渐成为破解社会转型期基层治理困境的路径选择。北京市朝阳区"党政群共商共治"的社区协商治理模式就是基层协商和基层治理互融互动、互促共进的典型案例，是新形势下解决基层矛盾、发展基层民主、治理基层社会的一种重要的民主机制和治理形式。

一、城市社区协商案例："党政群共商共治"

　　基层协商多是与基层治理困境相伴而生的。"从目前协商民主实践的创

————————

　　①　顾盼、韩志明：《基层协商民主的比较优势及其发展路径》，《行政论坛》2016年第6期。

立、发展、中止、变革等实际情况来看，可以将推进我国基层协商民主的动力概括为三个方面：治理动力、利益动力和理论动力。治理动力也是治理压力，是因为基层公共事务的治理困境所带来的压力或动力，传统的公共行政方式已经无法解决现实问题和矛盾，需要新的路径和手段来替代；利益动力就是指协商民主实践过程的各参与主体的利益需求，不同参与主体的不同利益倾向和利益诉求影响基层协商民主进程；理论动力是指理论的突破和重新定位，它已成为我国基层民主实践的重要助推力量，降低了基层政府民主创新的政治风险。"[1] 在社会转型期，基层群众利益诉求多元、利益关系复杂、利益分歧和纠纷增多，如果基层党委和政府仍然沿用传统的管控方式和整合机制，其结果往往是"政府买单群众却不认账"，各种社会矛盾甚至冲突转移到党委和政府身上，政府公信力低、公共政策难落地，进而影响党群、政群、干群关系。在北京市朝阳区麦子店街道，也出现了基层党委和政府的实事工程与社区居民的需求对接不上、"费力不讨好"的情况。为应对这个尴尬局面，麦子店街道探索开展了"问政于民"的工作模式，并在此基础上形成了"党政群共商共治"模式。

（一）"党政群共商共治"的缘起

麦子店街道办事处成立于 1987 年，位于朝阳区东北部，现总人口数为 5 万多人，其中有涉及 71 个国家和地区的外籍人口 7000 多人，占地区常住人口的 20% 左右，居民成分复杂、需求多样。在社区治理的过程中，麦子店街道常常遇到党委、政府费了心、花了钱、办了事群众却不理解、不领情、不买账的尴尬局面。比如，街道耗费巨资打造精品街，居民需要的却是一个实用的停车场；街道努力开展修花园、建绿地等绿化美化社区的工作，而居民却更乐意在家门口开通一个便民公交线路等。与此相联系的问题是，基层

---

① 宁有才、王彩云：《推进基层协商民主的动力分析》，《山东社会科学》2013 年第 10 期。

党组织的威信不高、动员能力不强，群众对街道将信将疑，街道工作得不到居民的认可、支持和配合，群众参与社区治理的积极性不高，群众的利益分化和矛盾纠纷得不到有效解决，党群关系、政社关系、干群关系不协调。

"现代社会矛盾的冲突需要一个文明、透明、公平的解决方案。"[①] 为了解决上述问题，麦子店街道创造性地开展了"问政于民"工作。2010 年年底，在广泛、深入调研的基础上，麦子店街道建立了"居民问政议事协商会"，这是一个由街道办事处、社区居民、社会单位和社团组织等共同参与、协商决定本街道重大公共事务的平台。2013 年，在总结麦子店街道"问政于民"社区治理经验的基础上，朝阳区正式实施了街道社区"党政群共商共治"工作并逐渐在全区推广。2014 年，在街道和社区两级议事平台[②]的基础上，朝阳区建立了区级民主协商会，形成了区、街道、社区"三级"共商共治的局面，实现了区级层面的工作统筹和资源整合，朝阳区也被民政部确定为 2014 年"全国社区治理和服务创新实验区"。2015 年，麦子店街道"党政群共商共治"延伸到楼院层面，楼院自治成为社区核心工作。2017 年，麦子店街道进一步加强楼院议事厅建设，"党政群共商共治"平台进一步延伸向家庭。目前，朝阳区已经形成党领导下的多方参与、协商共治的基层协商和社区治理模式。

（二）"党政群共商共治"的主要流程和创新做法

"协商民主尊重程序，并把程序看作是决策获得合法性的规范性要求。"[③] "党政群共商共治"有一套完整、严密的工作程序，主要是通过

---

① 何包钢：《协商民主：理论、方法和实践》，中国社会科学出版社 2008 年版，第 163 页。

② "两级议事平台"指社区议事协商会和街道问政议事协商会。社区议事协商会是社区居民参与社区治理的重要平台，它接受社区党委的领导，其议事代表由社区党代表、人大代表、政协委员、居民常务代表、社会单位及物业代表等组成。街道问政议事协商会是街道层面的议事协商平台，议事代表由社区议事代表推选产生。

③ 陈家刚：《协商民主与当代中国政治》，中国人民大学出版社 2009 年版，第 26 页。

"四问"完成实事项目征集、立项筛选、组织实施、监督评价等工作。

第一问是调研"问需",解决"办什么"的问题。社区居民真正的需求是什么,要通过调研才能真正了解。麦子店街道办事处统一设计并印制《问政建议案表》,通过入户问需、网络问需、民情信箱问需等多种方式向居民、社会组织、社会单位等发放和回收,及时汇总形成建议提案。通过社区和街道的归类、合并、整理,初步制定出街道本年度的办实事项目意见,并提交到街道议事协商会。目前,麦子店街道的调研"问需"工作已由街道主导变为由社区主导,社区按照一户一表的原则由楼门长和党员志愿者将表格送至居民家中,同时向居民做好解释工作。

第二问是决策"问计",解决"办哪些"和"怎么办"的问题。群众的需求和关心的问题是多样的,社区不可能在短期内全部满足。那么,先办哪些、后办哪些,需要通过议事协商会来解决。在议事协商会上,各方代表对各项建议提案的公共性、可行性、现实性等进行协商讨论和科学评估,按照陈述—质询—答辩—表决的步骤和程序,确定当年拟办实事项目,形成立项决议并向社区居民公示。

第三问是行政"问效",解决"办得怎么样"的问题。有办好事的好心和办好事的行动,效果也未必好,因此需要科学的考评机制。街道相关职能部门负责对已经确定的实事项目进行办理,办理的效果如何,通过区街行政效能监察、组织议事代表评议或者建立第三方评价等多种方式"问效"。

第四问是监督"问责",解决"办不好承担什么后果"的问题。实事工程和项目办的好不好,必须接受群众的监督和评议。为方便群众行使监督权利,麦子店街道在社区报《读麦周刊》开设监督专栏并通过"六统一"①深化社区党务政务公开公示,提高工作透明度。一旦发现项目中存在问题,立即对相关责任部门和责任人进行倒查追责,并将"问责"纳入机关效能

---

① 即统一公示项目、统一项目内容、统一公开时间、统一公开渠道、统一公开形式、统一监督检查。

监察考核内容。

"党政群共商共治"模式是一种典型的协商治理和民主治理形式。通过"问需"，党委和政府更准确地了解了社区居民的需求和期待；通过"问计"，政府决策有了民意和民智基础；通过"问效"，实事工程做得好不好、问题解决的怎么样都由老百姓来评价；通过"问责"，政府及其职能部门的责任意识增强了，居民也更明确了自己的权力监督权利和责任。

（三）"党政群共商共治"的治理绩效：主体视角

无论是从政党、政府还是从社会主体看，社区协商治理都具有巨大的优势，取得了显著的治理绩效。

1. 从政党主体看，社区协商治理改善了党的领导方式

"协商民主是实现党的领导的重要方式。"[1] 在"党政群共商共治"工作中，朝阳区委把协商民主纳入党委总体工作部署中来，研究制定了《关于开展党政群共商共治工程的方案》和《街道系统党政群共商共治工程操作手册》等一系列文件，并通过规定议事代表中党员的比例（半数以上）、党代表任期制、党员向党组织反映问题制度等一系列措施实现基层党组织对共商共治的领导；通过动员、举荐热心社区事务且社会形象好的党员成为议事代表、党代表联系党员和接待社区居民制度等，发挥党代表的示范和引领作用；充分发挥党员代表的桥梁、纽带、模范作用，努力营造宽松和谐的民主协商氛围。也就是说，党的领导是"以党的正确政策和自己的模范工作"[2] 来实现的。

社区协商治理是贯彻落实党的群众路线的具体工作载体。"协商民主是党的群众路线在政治领域的重要体现。"[3] 通过协商共治，党员干部深

---

[1]　习近平：《决胜全面建成小康社会　夺取新时代中国特色社会主义伟大胜利——在中国共产党第十九次全国代表大会上的报告》，人民出版社 2017 年版，第 38 页。

[2]　《毛泽东选集》第 2 卷，人民出版社 1991 年版，第 742 页。

[3]　《习近平谈治国理政》，外文出版社 2014 年版，第 82 页。

入社区、深入楼院，听民声、汇民意、集民智，党的群众工作更深入、更扎实，党员干部的民主意识、服务意识和调查研究能力上去了，而脱离群众、工作浮躁、简单粗暴的作风下来了。通过居民会议、网上论坛、民情恳谈、社区对话、"走千家访千人"、民情日记等形式，居民群众最关心、最直接、最现实的利益问题得到解决。比如，增设社区摆渡车和蔬菜直通车的问题、居民楼二次供水改造问题、更换危旧电梯问题、占压燃气管线整治问题等都是在"党政群共商共治"下解决的。共商共治过程真正成为听取群众意见、了解群众利益需求、为群众办实事解难事的过程，成为贯彻执行党的群众路线、密切党群干群关系的过程。针对基层党组织威信不高、动员能力不强以及部分党员干部理想信念动摇、工作懒散消极等问题，麦子店街道在社区报《读麦周刊》开设了专栏，专门就领导干部"四风"问题、群众切身利益问题、基层党建基础薄弱问题等征集广大党员干部群众的意见和建议，拓宽了群众监督党的领导干部的渠道，保障了权力在阳光下运行。

2. 从政府主体看，社区协商治理提升了政府公信力

社区事务情况复杂、数量庞大且众口难调、解决难度大，政府人力物力有限，作为承担政府职能的基层治理单位，街道能否处理好个人利益和公共利益、眼前利益和长远利益、地方局部利益与国家全局利益的关系，是最能考验基层政府和基层干部治理能力和水平的。麦子店街道探索、创造的"问政于民"工作模式，通过搭建街道与居民对话的平台并问需、问计、问效、问责于民，引导居民参与到公共决策和社会管理中来，展现了责任型政府、服务型政府的担当和作为；通过常态化的议事平台，政府决策得到了群众智慧的支持，这样的决策更科学、更得民心、更易落地；基层政府从原来的"官僚本位"变为"人民本位"，从被动服务变为主动服务，从而打通了街道与居民之间的隔阂，架起了政府与群众的"连心桥"。

社区协商治理较好地解决了街道的为民工程与社区居民的真正需求对接不上、街道的"好心"和"好事"得不到群众认可的问题。社区居民的需

求和意见、建议能够以正规的途径反映上去，居民生活中的问题和实际困难、利益诉求得以及时回应和解决，居民对街道的认可和信任度也因此而提高了。通过参与协商共治活动，居民对"哪些是街道能做的、哪些是街道不能做的"的认识更清晰，也不再把那些本来应该由社区、居民自身、产权单位和物业公司来承担的事务强推到街道身上，街道的服务和居民需求之间不对等的抱怨也因此减少，社区居民和街道之间的距离更近、感情更深。可以说，通过协商，"商"出了为民办实事的方向和重点，形成了科学决策模式和民主协商程序。通过共治，"治"出了政府与社会共同参与的协商治理平台，双方从"面对面"走向"手拉手"。

3. 从群众主体看，社区协商治理提高了群众自治能力

社区协商治理是吸纳多元主体参与社区治理、激发社会活力的有效途径。党的十九大报告提出，要"扩大人民有序政治参与，保证人民依法实行民主选举、民主协商、民主决策、民主管理、民主监督"[1]。在"党政群共商共治"的议事代表中，有党委、政府或委办局以及生活、工作在本辖区的人大代表、政协委员、社会组织、物业公司、六小门店[2]、社区群众等，他们作为不同利益群体的代表参与社区事务的讨论和协商。通过参与社区协商，社区居民能够近距离地了解党和政府的工作，感受全心全意为人民服务的宗旨，增加对党和政府的理解、信任、拥护和热爱之情。

社区协商治理是培育参与型文化、训练公民民主素养、培养公民美德的良好载体。通过参与社区协商和基层治理，基层群众能够更深刻地理解个人和集体、局部和全局的关系，从而培养集体意识和社会责任感；能够提升宽容、妥协等个人美德以及对异质性的理解，从而尊重他人的偏好和利益诉求、节制个人的欲求；能够提升对民主、自由、公正的渴望以及平等对话、自由讨论、理性辩论、沟通合作等参与公共事务的素养和能力。"问政活动

① 习近平：《决胜全面建成小康社会　夺取新时代中国特色社会主义伟大胜利——在中国共产党第十九次全国代表大会上的报告》，人民出版社 2017 年版，第 37 页。
② 即小餐馆、小理发馆、小洗浴、小店铺、小娱乐场所、小网吧。

开展以来，我最突出的感受就是我们的居民参与社区建设的积极性比过去高了，有的主动提出来要承担小区的环境维护、绿地认养、治安巡逻等工作，他们的民主意识、家园意识和社会责任感提高了，社区也比过去和谐多了。"①

二、城市社区协商的主体困境和破解之路

近年来，基层协商在各地开展起来并展现了良好的发展势头，但是，基层协商还不是一个完全成熟的民主运行方式和基层治理形式，在实践中仍然存在一些需要面对和解决的治理难题。从治理主体上看，这些难题主要表现为对"坚持党的领导"存在一些认识误区与实践误区、社区自治尚不完善和某些群体处于"弱参与"状态等三个方面。

（一）社区协商的主体困境

1. 对"坚持党的领导"存在一些认识误区与实践误区

党的领导是基层协商能够健康发展的根本保证。党的基层组织是党在基层的战斗堡垒，在联系群众方面具有天然的优势。离开了党的领导，基层协商就会失去政治方向、群众基础和实践依据。基层党组织在基层协商中的主要职责在于搭建平台、建章立制、理顺关系。在"党政群共商共治"的实施过程中，街道工委发挥"指挥棒"作用，无论是组织机构的设立还是各项规则和制度的制定，无论是议题范围的划定还是协商资源的统筹，都要在党委领导下进行。

党的领导主要是政治、思想和组织领导，在基层治理中的作用是总揽全局、协调各方，而不是具体的事务性工作的参与和控制，不是党的个别领导

---

① 沈沉：《征民意 知民忧 解民难——朝阳"党政群共商共治工程"纪实》，《前线》2013 年第 9 期。

说了算的领导意志和话语霸权。党的领导"建立在用先进性和感召力赢得人民群众的自觉认同、自愿服从和衷心拥护的基础上"①，"必须通过理论的科学性、路线、方针、政策的正确性和行为的先进性在人民群众中所形成的权威来实现"②。在基层协商中，"坚持党的领导"还存在一些认识误区和实践误区。一些基层领导干部缺乏协商意识，认为协商民主会削弱自己的决定权，降低自己在群众中的威信和领导魅力。在协商实践中存在以权力压制民主、协商过程不规范、形式化等不正常现象。比如，个别基层领导干部害怕协商结果不符合"领导意志"而回避协商，即使迫于协商压力而不得不协商，也只是讨论一些不痛不痒的问题，或者通过恶意操控协商过程、暗中安排洞察上意的"党员代表"等方式控制协商结果朝着符合既定主张和方案的方向发展，或者选择性地采纳符合自己意愿的建议。这种领导方式、工作方式显然是对党的领导的误读和误解，不利于实现对基层协商的领导，不利于增强基层党组织的凝聚力和向心力。

2. 社区自治尚不完善

在中国，社区是一个半政府半自治的组织，它一边连着街道办事处，一边连着社区居委会。街道办事处是政府的派出机构，处于政权的最末梢，社区居委会是群众自治组织。因此，社区往往被形象地比作弹簧，弹簧的两端分别代表行政力量和社会力量。社区治理的效果则取决于二者之间能否保持合理的压力和弹性。政府（街道）的行政压力大，社会力量（社区）就会受到压制，同时这种压力会反作用于政府，并通过不信任、不参与、不合作甚至是对抗等形式表现出来。

从理论上讲，街道办事处与社区居委会之间是指导与被指导的关系，但是，街道掌握着社区资源的分配权，社区居委会的日常开支多数仍然由街道提供，社区人事任免、工作任务分派和绩效考核也掌握在街道手中。这种权

---

① 桑学成：《依法治国与党的领导方式和执政方式的转变》，《学海》2006年第3期。
② 张明军：《领导与执政：依法治国需要厘清的两个概念》，《政治学研究》2015年第5期。

力、资源、话语等方面的强势和支配性地位对社区自治和平等协商其实是一种威胁，使其他主体处于一种依附性地位，削弱了社区居委会和居民在利益表达、协商决策方面的影响力，同时也降低了基层政府的权威。在实践当中，街道办事处往往把社区居委会看作自己行政权力的延伸，以行政命令的方式把繁杂的行政任务强加给社区居委会。社区居委会成为街道办事处的"腿"，不得不忙于"代理"和应付街道交办的行政任务和命令，或在各种检查、竞赛面前疲于奔命。"大部分社区居委会仍由基层政府维持日常开支，忙于行政性指派工作，无暇与物业公司、业主委员会和其他社区组织举办定期的协商见面会。"① 正是由于基层自治"一直没有摆脱政治与行政的过度控制和干预……人民群众自我管理、自我服务和自我教育无法完全自主发展，形不成成熟的自治需求"②。社区自治空间被大幅压缩，所谓的社区自治也变成了"任务型自治"。比如，在协商议题的选择上，多数仍然是服务于街道工作需要，一些群众的利益诉求特别是弱势群体的利益诉求往往被屏蔽。简言之，在我国，包括"党政群共商共治"在内的社区自治仍然具有较强的官方色彩，社区自治的习惯尚未养成，社区造血功能还未实现，造成街道在台上唱主角、社区居民在台下当观众的局面。

3. 某些群体处于"弱参与"状态

社区协商治理在一定程度上调动了社区居民、社区组织、驻区单位等社会力量的参与积极性和民主素养。即便如此，仍然有一些群体处于"弱参与"状态。基层协商的"弱参与"主要表现在两个方面，一方面是协商积极性不高的问题，即参与冷漠问题。"在个体居民的眼里，公共事务是别人的事务——即高级人士的事务，'老板们的'、'政治家们的'——不是自己的事务。"③ 在一些居民看来，政治精英、社会精英在基层协商中拥有并垄

---

① 闵学勤：《社区协商：让基层治理运转起来》，《南京社会科学》2015 年第 6 期。
② 林尚立：《公民社会与中国基层民主发展》，《学术月刊》2007 年第 9 期。
③ ［美］罗伯特·D. 帕特南：《使民主运转起来》，赖海榕译，江西人民出版社2001 年版，第 133 页。

断话语权，因此对协商民主不抱有期望。从议事代表的构成来看，除了一些政治精英和社会精英之外，其他的多是退休老人、妇女、低收入人群，而中青年的主流人群则基本处于"不在场"状态，参与积极性不高、动力不足。

另一方面是协商素养的问题。我国基层协商是在市场经济不完善、政治体制改革不到位、法治建设不健全、公民社会不发达、参与型政治文化没有构建起来等背景下产生和发展的。受传统政治文化以及社区建设浓厚的"行政化"色彩的影响，我国社区居民对社区缺乏感情和信任基础，对社区的价值认同度不高。同时，社区居民的权利争取和保护意识淡薄、民主意识和法治观念欠缺、政治信任感和责任感不足、协商科学方法缺失、协商"知识危机"等问题。有的单纯考虑个人利益和眼前利益，有的缺乏理性沟通的能力，有的不熟悉、不了解协商的程序、流程和环节，有的甚至缺乏基本的协商素质和修养，在协商过程中纯粹是情感宣泄，对其他参与主体不够尊重。

（二）社区协商的完善路径

社区协商不仅是反映社情民意的通道，更是增强社区向心力和凝聚力、提高社区治理水平的重要途径，是维护基层群众权益的重要方式。"社区协商民主要发展的不是作为一种程序、机制、手段的'工具型民主'，而是一种基于其内在的政治价值和原则形成的具有中国特色的基层民主政治。"①推动社区协商治理，需要党、政、群共同努力，形成推动基层协商向好发展的强大合力。

1. 推进基层服务型政党建设

对党的领导的误读或误解，在实践中的不良后果是忽略或漠视其他社会主体的利益诉求，压制群众积极性、能动性和自主性，既不利于实现党的领

---

① 林尚立：《协商政治：中国特色民主政治的基本形态》，《毛泽东邓小平理论研究》2007 年第 9 期。

导，也限制了基层自治和社会建设。因此，在基层协商中坚持党的领导，一是要把协商民主与基层党建结合起来，处理好党的领导与群众自治的关系。通过把协商精神融入基层党组织建设中来，在党和群众之间建立协商机制。一方面，引导基层群众进行自我管理、自我服务、自我教育和自我监督，深化公民参与，提升基层自治能力和水平；另一方面，在知民情、汇民意、聚民力、集民智的过程中实现党的领导，加深群众对党的认知和认可。要着力打造一支宗旨意识强、群众感情深、协商素养高的党员干部队伍，并将联系群众、与群众协商的能力和水平作为考核党员干部的重要指标，增强群众对党的信任度和满意度，从而"形成党在基层社会活跃和基层自治在社会生活中活跃的双重活跃局面"①。

二是寓领导于服务之中，在民生服务和民主服务中实现党的领导。服务群众是基层党组织建设的基本导向。当前，我国社会的主要矛盾已经转化为"人民日益增长的美好生活需要和不平衡不充分的发展之间的矛盾"②。人民美好生活的需要不仅包括物质生活方面的需要，还包括民主、法治、平等、公平等方面的需要。而且，"现在，人民群众对美好生活的向往更多向民主、法治、公平、正义、安全、环境等方面延展"③。只有真正了解民生需求才能开展有针对性的为民办实事工程，而与基层群众切身利益相关的民生问题只有通过民主的方法才能反映上来。换言之，建立在民主基础上的民生决策才能落地落实。基层协商就是把民主服务和民生服务结合起来、寓领导于服务之中的民主方法。通过基层协商，基层党组织能够更好地了解基层群众的就业、教育、养老、医疗等民生需求，为做好民生服务打好基础；同时，通过问政于民、问需于民、问计于民的民主协商形式，保障群众的民主协商、民主决策、民主管理、民主监督等民主权利，尊重群众的主体地位。

---

① 林尚立：《公民社会与中国基层民主发展》，《学术月刊》2007 年第 9 期。

② 习近平：《决胜全面建成小康社会 夺取新时代中国特色社会主义伟大胜利——在中国共产党第十九次全国代表大会上的报告》，人民出版社 2017 年版，第 11 页。

③ 习近平：《加强党对全面依法治国的领导》，《求是》2019 年第 4 期。

党的基层组织要结合自身功能定位，适当调整工作重心和资源配置，把工作方式、活动方式与群众需求对接起来，丰富服务内容、创新服务形式和载体。要通过民主协商拓展服务空间、提升服务实效，在民主决策、解决民生实事的过程中实现党的领导。

2. 转变政府职能和治理理念

街道和社区之间的权力失衡本质上是行政力量和社会力量的失衡。"社会主义民主的许多原则在具体实践中很难落实的原因，不在于民主的制度设计困难，而在于政府习惯了传统的全能治理模式，不能适应社会发展所带来的挑战，无法形成决策的协商空间，民众也缺乏把民主参与当成一种日常生活方式的途径"①。因此，如何处理政府与社会之间的关系问题成为社区治理的关键问题，其关键点在于实现政府治理理念和政府职能的彻底转变，真正从"台前"退居"幕后"，从"运动员"回归"裁判员"。一是变管控思维为治理思维。改变包办代替、行政命令、布置任务的思维方式，克服"一言堂"的"长官"意志和官僚作风，树立有限政府、服务政府、法治政府理念，为社区居民提供高效、便捷、周到的服务，并在这个过程中提高整合社会资源、调动群众参与积极性、应对复杂问题的能力，从而赢得社会的信任。

二是要主动向社会"赋权"，消除社区治理过浓的行政化色彩。"民主不是政府代替公民做主，而是让公民自己参与政治生活。"② "当'公共职位的权力和声望被暂时悬置'且'经济依附原则上没有影响的时候'，'私个体'（private persons）才能成为公众。"③ 近年来，随着政府管理向政府治理转变，各级政府逐步放权于社会，街道办事处也逐渐改变单向的行政命

---

① 韩福国：《作为嵌入性治理资源的协商民主——现代城市治理中的政府与社会互动规则》，《复旦学报（社会科学版）》2013 年第 3 期。

② 俞可平：《民主与陀螺》，北京大学出版社 2006 年版，第 31 页。

③ ［美］詹姆斯·博曼：《公共协商：多元主义、复杂性与民主》，黄相怀译，中央编译出版社 2006 年版，第 98 页。

令、支配的方式，重新回归其指导、引导的角色功能定位。"推进基层协商民主标志着治理的转型，转型的核心是政府向社会的'赋权'。包含协商民主在内的民主治理需要政府向社会性治理力量赋权，通过赋权的方式将社会性治理力量'吸纳'进行政过程。"① 要合理界定政府与社区之间的权责边界，通过向社区放权、培育社会组织、动员社会参与等扩大基层自治的空间，同时搭建政府与社区协商沟通的平台，实现政府行政与基层自治的有效衔接和互动；充分发挥社区居委会的自治功能，提高社区居民的参与率，拓展并畅通居民的参与渠道，满足多样化的民意诉求，从而变"独角戏"为"大合唱"，汇聚起社区建设和发展的共识和力量。

3. 提升群众参与意识和协商能力

公众的有效参与是社区协商和社会治理能否取得成功的重要因素。"协商是一个话语过程，并且是具有公共性——所有公民都参与的共同性的社会活动。"② "提升协商民主意识体现在两个方面：一是对基层政府及其官员来说，要使协商民主成为一种职业素养和行政责任，成为一种常态化工作方式和方法；二是对社会公众来说，要使协商民主成为一种生活方式，参与协商成为习惯，不参与协商是偶然。"③ 改革开放以前，我国城市的社会整合和社会动员都是通过单位实现的，单位组织的高度组织化和自我封闭性形成了伦理色彩浓厚的"熟人社会"，基层各种问题基本上都可以在单位组织内解决。随着"单位制"向"社区制"的转变，社区作为城市社会的核心单元承载越来越多的使命，这也要求居民更多地参与到社区建设中来。但是，从"单位人"到"社区人"的转变特别是社区意识的形成不是一个短期的过程。

---

① 张敏：《政府供给与基层协商民主生长：基于三地实践的考察》，《学海》2016年第2期。

② [美]詹姆斯·博曼：《公共协商：多元主义、复杂性与民主》，黄相怀译，中央编译出版社2006年版，第16页。

③ 宁有才、王彩云：《推进基层协商民主的动力分析》，《山东社会科学》2013年第10期。

"单纯地、行政性地在社区掀起协商浪潮并不能激起更多的社区参与。"① 因此，要提升公民参与社区协商的实效，首先需要培养居民的公共意识、公共精神，调动居民参与积极性。要真正尊重基层群众的协商主体地位，保障基层群众在协商过程中充分表达意见和利益诉求的权利，健全和完善信息公开制度、公众民意诉求机制和参与协商、监督评议机制，保障公众的知情权、参与权和监督权，激发基层群众参与基层治理的热情。要引导基层群众正确处理个人利益和公共利益的关系，培养群众的公共意识、大局意识和协作精神；提高基层群众对协商文化和基层治理的价值认同，营造浓厚的协商文化和协商氛围。

其次，重视对基层群众协商技巧、协商艺术的培训和指导。"民主的陀螺正常运转除了民主运转的机制和程序外，还要强调使陀螺旋转起来的外力和抽打技巧，推进民主政治也同样需要技巧，借助时势，循序渐进。"② 要通过群众喜闻乐见的方式和信息化手段，向各类参与主体普及协商治理的理念，进行议事规则及相关技术、方法的教育培训；同时创造参与条件、畅通参与渠道，让基层群众在参与协商、治理的过程中得到锻炼，并在倾听、讨论、碰撞、谈判、辩论过程中学会用民主方法解决问题的能力，提升民主素养、提高协商技能，养成民主议事、民主生活的习惯。

再次，要加强基层社会组织建设。社会组织参与基层协商是基层协商能够正常开展的重要基础。如果没有社会组织的积极参与，单纯依靠党和政府主导，社区协商必然重回传统的政府管控模式。2016 年 8 月 21 日，国务院办公厅发布《关于改革社会组织管理制度促进社会组织健康有序发展的意见》，明确了社会组织的服务功能，强调要"发挥社区社会组织在创新基层社会治理中的积极作用，推动建立多元主体参与的社区治理格局。鼓励社区社会组织开展邻里互助、居民融入、纠纷调解、平安创建等社区活动，组织

---

① 闵学勤：《社区协商：让基层治理运转起来》，《南京社会科学》2015 年第 6 期。
② 俞可平：《民主与陀螺》，北京大学出版社 2006 年版，第 24 页。

社区居民参与社区公共事务和公益事业，促进社区和谐稳定。支持社区社会组织承接社区公共服务和基层政府委托事项，开展社区志愿服务。建立社区社会组织与社区建设、社会工作联动机制，促进资源共享、优势互补，把社区社会组织建设成为增强社区自治和服务功能、吸纳社会工作人才的重要载体"①。要真正重视社会组织在社区协商中的作用，积极为社会组织的成长和发展创造条件。

最后，在网络信息技术高速发展的今天，应充分利用网络覆盖面广、信息交流和传播速度快、时间和空间限制少等方面的便利和优势，开辟和推广网络协商通道和平台，赋予网络平台应有的社情民意的收集器作用和舆论监督权利，为有参与热情、参与意愿和参与能力但缺乏参与时间的中青年工作群体提供更便利、顺畅、快捷的渠道。需要注意的是，网络协商平台在节约时间、提高效率的同时也存在"数字鸿沟"带来的资源不均衡以及网络暴力、信息传播失实、无序参与等问题。因此，利用网络终端搭建协商平台需尽可能确保协商议题、程序、参与主体的可控以及传播信息的准确、及时，避免非常规因素的出现扰乱基层协商的正常秩序。

---

① 《中共中央办公厅　国务院办公厅〈关于改革社会组织管理制度促进社会组织健康有序发展的意见〉》，《中国社会组织》2016 年第 17 期。

第七章　社会组织协商

《关于加强社会主义协商民主建设的意见》对社会组织协商采用了"探索开展""逐步探索"① 这样的字眼，表明社会组织协商既是社会主义协商民主体系的一个组成部分，也是协商民主各种形式之中不太成熟的形式。在我国，社会组织起步晚、发展时间短，自身管理也存在一定的问题。社会组织协商更是一个新概念和新事物，制度设计不完善，因此社会组织协商还需要继续在探索中成熟和完善。

第一节　社会组织协商的相关理论问题

一般认为，社会组织是相对于政府组织、市场组织而言的第三种类型的组织形态。"现代社会存在三个相对独立的领域，即政治—国家领域、市场—经济领域和公民—社会领域。政治—国家领域的基本组织形式是政府组织，市场—经济领域的组织形式是企业组织，而在公民—社会领域，社会组织是核心结构与组织要素。"② 在我国，社会组织基本上是与改革开放同步

① 中共中央文献研究室：《十八大以来重要文献选编》(中)，中央文献出版社 2016 年版，第 298 页。

② 曹爱军、方晓彤：《社会治理与社会组织成长制度构建》，《甘肃社会科学》2019 年第 2 期。

发展的，中间有失误、有曲折、有挫折，但总体上是一个在失误、曲折、挫折中进步、成长、壮大的过程。

一、社会组织的含义、特征和分类

"社会组织"是一个具有明显的中国特色的概念，而且产生的时间不长，之前在不同的话语体系中用不同的提法加以概括，在社会学的话语体系中，多用"民间组织"；在党建话语体系中，除了用民间组织之外，还使用"新社会组织"这一提法。从横向上看，社会组织与西方发达国家的非政府组织类似，都强调既不同于营利型的经济组织，也不同于拥有公共权力的政治或行政组织。①

（一）社会组织的含义和特征

对于社会组织的概念，清华大学教授王名认为，中国社会组织是指我国社会转型过程中不同阶层公民自发成立的、具有非营利性、非政府性和社会性特征的学会、研究会、协会、商会、联合会等会员制组织，以及基金会、民办学校、民办医院等非会员制组织。② 社会组织又称为非政府组织（NGO）或非营利组织（NPO），"专指那些具备民间属性但又承担公共责任、代表特定社会群体共同利益或社会公共利益的组织形式，在我国特指社会团体、民办非企业单位（社会服务机构）和基金会。"③

根据上述社会组织的定义，社会组织具有非营利性、非政府性、社会性等特征，这些特征也是社会组织与政府组织和企业组织的区别所在。其中，

---

① 王名：《社会组织论纲》，社会科学文献出版社 2013 年版，第 20 页。
② 王名：《走向公民社会：我国社会组织发展的历史及趋势》，《吉林大学社会科学学报》2009 年第 3 期。
③ 刘锋：《社会组织协商"失灵"风险及其规避》，《理论视野》2016 年第 11 期。

非营利性点明了社会组织与市场组织的区别。社会组织的非营利性表现有二。其一，社会组织不能以获取利润为目的，不能以营利作为组织成立的理由和组织发展、治理的原则。其二，社会组织不能采取投资、集资等形式改变社会组织的公益性质，社会组织产生的利润必须用于公益性或者互益性的活动，不能将组织财产转化为个人财产或为个人所用，即使组织解散，所剩余的资产也不能在其组织成员之间分配。当前，一些社会组织打着公益之名行营利之实，这是有悖社会组织的性质的。

非政府性、非政治性则意味着社会组织与政府组织存在明显的区别。社会组织既不是党的组织，也不是政府组织，而是具有公益性、自主性、非营利性特征的组织，社会组织在组织管理、决策和运行方面都应有自己的独立空间。无论是处理组织的内部事务还是公共事务，都应有自治能力，遵循开放、透明的原则，采取民主协商的方式，而不是依附于任何党政部门。

社会组织的社会性体现在三个方面，一是社会组织运行所需资源来自社会，包括社会慈善组织、慈善人士和爱心企业的捐赠和资助等；二是社会组织的资源用于社会，以解决社会问题、满足社会需求为主要责任和使命，通常是通过项目运作的形式把来自社会的资源回馈给社会，特别是弱势群体；三是社会组织要接受社会的监管和问责，无论是社会组织的组织运行、活动开展还是资源的使用都要坚持公开、透明原则，随时准备接受来自社会的批评和监督。

（二）社会组织的分类

社会组织数量大、类型多。学界一般把社会组织分为三类，即社会团体、基金会和民办非企业单位。这是一种最常见的分类方法。另外，社会组织还有其他分类方式。按照社会组织产生的模式以及与政府的亲密程度，可以将社会组织分为官办社会组织与民间社会组织。这种分类是对社会组织组织身份的一种认同方式。官办社会组织是党政机构牵头自上而下建立和发展起来的，是党政机构在社会上的代言人，承担部分党政机构的职能，资金、办公条件、人事、活动许可等都由政府部门提供，因此行政化色彩较浓厚，对政府的依赖强。比如中华全国慈善总会享受全额免税优惠，而其他中小型慈善机构则享受部分或不享受税收优惠。民间社会组织是在社会中由自然人或法人自下而上发展起来的，其成立时所需的关键性资源多是依靠个人、社会或境外获得的，对政府的依赖小，市场化、社会化程度较高，自主性较强。从政府的角度看，政府对社会组织的需求主要是服务供应、信息传递和公众支持，官办社会组织在成立之初就是为了弥补政府职能的不足，因此天然地成为政府合作的对象，政府也乐意为其提供资源和庇护。

按照社会组织的登记管理情况可以将社会组织分为登记和未登记两类。1998年《社会团体登记管理条例》颁布之后，社会团体的成立需要有业务主管单位和登记管理机关两个部门同意，形成了双重登记制度。在这种登记管理制度下，有党政背景的官办社会组织一般都能直接登记，而民办社会组织则可能出现两种情况，一种是能够找到相关业务主管单位并征得登记管理机关同意而正式登记；另一种情况是找不到业务主管单位而不能在登记管理机关正式登记。

有学者把上述两种分类方式综合起来，根据社会组织的产生模式以及社会组织的登记情况把社会组织归纳为已登记体制内社会组织、已登记体制外社会组织和未登记社会组织。① 已登记体制内社会组织和政府的关系最密切，包括纳入人民政协的八大人民团体以及或由党政等部门牵头组建、或直接由政府部门转型改组而成的行业协会；已登记体制外社会组织虽然不是由党政等部门发起组建或转型而来，但是，由于这些社会组织的主管单位是党政群团机关因而与政治体系建立了联系，并且这些社会组织的登记管理机关

---

① 肖存良：《资源禀赋与政治吸纳：社会组织协商的政治基础》，《上海行政学院学报》2019年第2期。

是民政部门因而与民政部门建立了联系，已登记的基金会和社会服务机构多属于这类社会组织；未登记社会组织是指已具备社会组织的基本特征但并没有正式登记的社会组织，这类社会组织在我国占有很大比例，"在民政部门登记注册的社会组织只是冰山一角，我国还存在大量未注册的社会组织，它们的数量远远超过了已注册的社会组织"①。

按照组织功能划分，社会组织可分为服务型社会组织与倡导型社会组织。服务型社会组织主要以提供社会服务为主；倡导型社会组织的主要功能是社会动员、影响政策，是针对公共政策和社会现状，以捍卫和促进某一目标，通过宣传、游说等活动影响大众和政府。政府对服务型社会组织的态度是以合作为主，对倡导型社会组织的态度则是以控制为主。

还有学者综合上述分类标准，把社会组织分为不需登记或者免于登记的特殊社会团体、官办型社会组织、公益类事业单位、不登记的社区社会组织、民间社会组织、工商部门登记的非营利性组织，另外还有一些没有注册的社会组织。② 其中，不需登记或者免于登记的特殊社会团体，与本书第六章中人民团体所指大致一致，这些社会组织比较特殊，其成立时间较早，政治性特质比较明显，产生的政治影响也比较大；官办型社会组织一般是政府部门或者官员利用行政资源发起成立的，具有典型的官方色彩；公益类事业单位的社会组织以提供公共服务为主要职责；不登记的社区社会组织是我国当前重点培养的社会组织，是指"城乡社区组织或居民在社区（镇、街道）范围内单独或联合举办的，以满足社区居民不同需求且在社区范围内开展活动的民间自发组织"③，这类社会组织一般是在街道或社区通过备案来实现监管；民间社会组织指的是民间发起的，没有政府背景和行政色彩的社会组

---

① 黄晓勇：《中国社会组织报告（2016—2017）》，社会科学文献出版社 2017 年版，第 50 页。

② 夏雨：《社会组织分类治理研究》，《大连海事大学学报》（社会科学版）2019 年第 1 期。

③ 石国亮：《破解社区社会组织发展难题之道》，《中国社会组织》2018 年第 4 期。

织；工商部门登记的非营利性组织虽然没有社会组织之名，但实际上是公益性社会组织，其设立时因双重行政管理体制问题而没有合适的单位可以挂靠，因而只能采取在工商部门登记这样一种变通的方法。

二、社会组织的发展历程和特点

新中国成立前，中国共产党先后建立了工会、农会、妇联、青联和文联等社会组织，但是当时中国的社会组织很少，因为中国"是个农业社会，小农经济自给自足，社会组织很不发达，有人形容是'一盘散沙'"①。新中国成立以来，尤其是改革开放以来，党和政府在社会组织成立和发展问题上进行了一系列的探索和创新，逐步走出社会组织发展的"中国道路"，形成了社会组织发展的"中国特色"。

（一）社会组织的发展历程

新中国成立以来，中国社会组织经过了积蓄力量、原始发展、曲折发展、稳定发展、增速发展等阶段。

1. 1949—1978 年：积蓄力量期

新中国成立之初，我国面对的是一个贫穷落后、满目疮痍、千疮百孔的烂摊子。为了巩固新生的人民政权，国家把政治、经济、社会等事务统揽起来。在社会领域，废除了原有的保甲制度和户籍管理制度，建立了新的户籍制度以及职业身份制度、档案制度，并建立了人民公社制度（农村）和单位制（城市），社会呈现出高度组织化的特征。"尽管农村人民公社和城市街道居民是标准意义上的单位，但它们却是单位体制的组成部分。单位体制的基本制度内容是国家把人民组织在一个行政组织网络中……在国家对社会

① 陆学艺：《中国社会结构与社会建设》，中国社会科学出版社 2013 年版，第265 页。

实行直接行政管理的条件下，每个公民与他的基本社会生活场所（就业场所或居住地）的官方当局都具有一种组织关系，这种关系规定了他的合法地位并不同程度地决定了他的生活权利。"①

这一阶段，国家基本上掌控了全部的社会资源并对社会进行强力控制。具体到社会组织，具有临时宪法性质的《中国人民政治协商会议共同纲领》（简称《共同纲领》）第五条明确规定人民享有结社自由权："中华人民共和国人民有思想、言论、集会、结社、通讯、人身、居住、迁徙、宗教信仰及示威游行的自由权。"在规定结社自由的同时，《共同纲领》在第七条强调对一切反革命活动进行镇压。1950 年 10 月，政务院颁布了《社会团体登记暂行办法》，这是新中国最早的有关社会组织管理的制度规范。该文件明确提出社会团体"批准之原则应以政治面貌为主""凡危害国家和人民利益的反动团体，应禁止成立；已登记而发现有反动行为者，应撤销其登记并解散之"②。可见，当时的社会团体主要是服从和服务于政治稳定的需要。

国家对社会的强力控制一方面有利于巩固国家政权、维护社会稳定，另一方面也压缩了社会活动空间、抑制了社会发展活力，社会基本不存在公民结社的现象。这一阶段，社会组织非常少，据统计，在 20 世纪 60 年代，全国性的社会团体不到 100 个，地方性的社会团体也只有约 6000 个。③ 1956 年社会主义改造完成以后，中国进入社会主义建设时期，社会组织本来是有希望成长起来的，但随后的"反右"扩大化和"文化大革命"时期使社会组织被阻滞和延误长达 20 年。

2. 1978—1988 年：原始发展期

1978 年 12 月召开的党的十一届三中全会在党的历史上具有转折意义和

---

① 路风：《中国单位体制的起源和形成》（第二卷），上海人民出版社 2003 年版，第 128 页。

② 《社会团体登记暂行办法》，《山西政报》1950 年第 11 期。

③ 吴东民、曹西明：《非营利组织管理》，中国人民大学出版社 2003 年版，第 97 页。

深远意义。十一届三中全会公报明确指出，实现四个现代化"要求大幅度地提高生产力，也就必然要求多方面地改变同生产力发展不适应的生产关系和上层建筑，改变一切不适应的管理方式、活动方式和思想方式，因而是一场广泛、深刻的革命"①。随后，中国的政治、经济、社会体制等都进行了改革。在农村，经过人民公社改革各地建立了家庭联产承包责任制，家庭重新成为生产、生活的基本单位，在此基础上建立了村民自治制度并成为国家制度的一部分。1980 年，在广西河池地区，为解决社会治安管理问题，一些农民自发组建了村民委员会。在城市，原有的单位体制逐渐瓦解，单位及建立在单位基础上的各种社会关系、道德和行为规范、价值体系等逐渐失去了其原有的功能和意义，人们由高度组织化的"单位人"变为"社会人"，国家已然无法对社会组织进行绝对的领导和控制。1982 年宪法明确规定了公民结社权，并首次将城市居民委员会和农村村民委员会作为群众自治组织写入宪法。

随着经济、政治体制改革的推进，社会需求日益多元多样，民间社会力量逐渐崛起并产生结社需求，社会组织开始复苏。这一阶段的社会组织以平均每年 2 万家的速度增长，到 1989 年初，全国社会团体达 1600 多个，比"文化大革命"前增长 16 倍，地方性社会团体也由 6000 多个猛增到近 20 万个，是 1978 年的 33 倍。② "如果说代议制政府是 18 世纪的伟大社会发明，而官僚政治是 19 世纪的伟大发明，那么，可以说，那个有组织的私人自愿性政治运动领域，也即大量的公民社会组织代表了 20 世纪最伟大的社会创新。"③

"改革开放最初的十年几乎无法可依、无规可循，但发展蓬勃，在野

---

① 中共中央文献研究室：《三中全会以来重要文献选编》（上），人民出版社 1982 年版，第 4 页。

② 王名：《中国民间组织 30 年——走向公民社会（1978—2008）》，社会科学文献出版社 2008 年版，第 220—221 页。

③ 何增科：《公民社会与第三部门》，社会科学文献出版社 2000 年版，第 257 页。

蛮生长中探寻规范，社会组织发展主要表现为从体制边缘溢出型生长"①。虽然国家在社会组织管理方面零星地制定、出台了一些规章或政策，但这一阶段对社会组织的管理总体上还比较混乱，在审批登记方面，党、政部门和社会团体等都有审批权限，"社团的审批权限开始分散，不仅党政工作部门审批社团，而且社团也审批社团。再加上部门之间职责不清，做法各异，致使同一性质的社团多家审批的现象时有发生，造成社团的重复设置。"②

而且，这个时期的社会组织主要还是政府自上而下发起成立，政府掌握着这些社会组织的重大人事任命权、重大活动决定权和财权。据统计，1981年至1987年短短六年时间内成立了26家基金会，几乎全都是由国家领导人发起或参与的。③ 例如，1982年成立的宋庆龄基金会由康克清任主席、邓小平任名誉会长，1984年成立的中国残疾人福利基金会由邓朴方任理事长、王震任名誉会长，1987年成立的中国人口福利基金会由邓颖超任名誉会长。这些社会组织虽然名义上是独立的非营利性法人组织，但实质上是政府在社会领域的代言人，代替政府行使部分职能。

3. 1988—2002年：曲折发展期

1988年的国务院机构改革批准民政部设立社团管理司，开始对社会组织进行归口管理，同时保留了有关业务主管部门对民间组织审查核准和日常管理的权限。同年，国务院颁布了我国关于基金会的第一部行政法规——《基金会管理办法》。但是，社会组织法规不健全、分散管理、多头审批的现象和弊端仍然在1989年政治事件中暴露出来，国家又开始强化对社会组织的管控和整顿。10月，国务院颁布了《社会团体登记管理

---

① 王名：《中国社会组织（1978—2018）》，社会科学文献出版社2018年版，第3页。
② 《中国民间组织年志》编辑委员会：《中国民间组织年志》（上），中国□□社2005年版，第107页。
③ 王名：《中国民间组织30年——走向公民社会（1978—200□□出版社2008年版，第157页。

条例》，初步确立了登记管理机关和业务主管单位双重负责的管理体制。1990 年，《国务院办公厅转发民政部关于清理整顿社会团体请示的通知》下发，历时一年的全国性的社会团体清理整顿工作开始。这些管控政策和措施虽然强化了对社会组织的管控，但在一定程度上抑制了社会组织发展的积极性。

1992 年邓小平南方讲话、党的十四大的召开再次释放出社会组织发展的空间。1994 年，国务院颁布《关于部门领导同志不兼任社会团体领导职务问题的通知》，要求国务院各部委、各办事机构、各直属机构的领导同志不再兼任社会团体领导职务。1995 年 9 月召开的第四届世界妇女大会 NGO 论坛是中国自下而上社会组织发展的标志性事件。这次论坛将 NGO 的概念和运作机制介绍到了中国。随后，一些民间精英人物发起成立了一批自下而上的社会组织，如北京地球村环境教育中心（简称北京地球村）等。民间社会组织逐渐从局部走向全国，其活动范围覆盖了环保、教育、科技、公共健康等诸多服务领域，组织类型呈现出官方 NGO、行业协会、草根 NGO、民办非企业单位、国际 NGO 等多种形态。

随着社会组织的迅速增长、活动范围和领域的不断拓展，如何对社会组织进行管理再次摆在政府面前。于是从 1997 年 4 月开始，民政部对社会组织进行了第二次清理整顿，这次整顿持续时间之长、覆盖面之广、影响力之大是前所未有的。1998 年，为加强对社会组织的管理，国务院第八次常务会议重新修订了《社会团体登记管理条例》，强化了双重管理体制，新成立的社会团体需先经其业务主管单位审查同意，才能在民政部门正式登记注册，即"登记管理机关"和"业务主管单位"双重审核、双重负责、双重监管。同时，国务院还颁布了《民办非企业单位登记管理暂行条例》，明确了民办非企业单位社会组织的法律地位，并将其纳入双重管理制度之中。双重管理体制实质上是国家的一种带有行政限制色彩的管理策略，通过这种管理，政府强化了对社会组织的控制。同年，民政部的社团管理司更名为民间组织管理局，提高了社会组织的设立与准入门槛。这一阶段，为了精简政府机构，一些政府机构转变成行业协会，如 2001 年 2 月，国家经贸委所属的机械局转变为机械工业协会。但是，这些行业性社会组织行政化色彩浓厚，官办或半官办痕迹明显，与政府关系密切，有的甚至充当"二政府"的角色。①

之所以把这一阶段的社会组织发展称为"曲折发展期"，就是因为这一阶段国家对社会组织的态度是宽严交替、策略摇摆不定。也正因为此，这期间国家先后两次对社会组织进行清理整顿，社会组织呈现出曲折发展的轨迹，平均每年的增量不足 4000 家。

4. 2002—2012 年：稳定发展期

双重管理制度在维护社会组织政治可靠性的同时也带来了一定的副作用，主要是新兴的社会领域无法找到业务主管，业务主管职责不明。于是，国家对社会组织的管理政策出现较大调整，各地开始探索对社会组织管理的方式、内容与途径进行创新。一方面，国家加大对社会组织的扶持力度，赋予社会组织一定的社会发展空间和社会管理权，引导社会组织参与社会治理。2002 年党的十六大提出了"社会更加和谐"的目标，并把"改进社会管理、保持良好的社会秩序"作为维护社会稳定的重要内容。2003 年"非典"以后，国家逐渐意识到经济社会协调发展的重要性和紧迫性。2004 年十六届四中全会《中共中央关于加强党的执政能力建设的决定》提出，"加强社会建设和社会管理，推进社会管理体制创新""发挥社团、行业组织和社会中介组织提供服务、反映诉求、规范行为的作用，形成社会管理和社会服务的合力"②，为社会组织发展及其与政府的合作奠定了制度基础。2006 年党的十六届六中全会审议通过的《中共中央关于构建社会主义和谐社会若干重大问题的决定》首次提出了"社会组织"的概念，并从健全社会管理格局和社会管理机制、完善社会治安防控体系等三个方面对加强社会管理

---

① 孙发锋：《国内社会组织行政化研究述评》，《求实》2016 年第 4 期。
② 中共中央文献研究室：《改革开放三十年重要文献选编》(下)，人民出版社 2008 年版，第 1446 页。

的具体途径进行了部署。从此，"社会组织"成为官方用语，并被社会和学界接受。同时，为适应社会组织发展形势需要和便于统一管理，中国各级民政部门纷纷把"民间组织管理局"或"民间组织管理办"改名为"社会组织管理局"或"社会组织管理办"。2007 年，党的十七大报告把社会建设纳入中国特色社会主义事业总体布局，明确提出"重视社会组织建设与管理"，并对建设更加健全的社会管理体系提出新要求。2008 年汶川地震后，各类社会组织尤其是慈善组织在募集捐款、志愿行动、灾后救助等方面的良好表现深得公众认可，国家也更加重视发挥社会组织的作用。"截至 2008 年 6 月，全国登记注册的社会组织总量已经超过 38.6 万个。其中，社会团体 21.1 万个，民办非企业单位 17.4 万个，基金会 1400 多家"①。2011 年，党中央、国务院下发《关于加强和创新社会管理的意见》，同年，"十二五规划"首次专设一章从促进社会组织发展和加强社会组织监管两方面对社会组织建设做出规划。2012 年，民政部启动了全国性社会组织直接登记工作，中央财政安排 2 亿元财政专项资金用于支持社会组织参与社会服务，这是中央首次通过建立财政资助机制扶持社会组织。这一系列对社会组织发展和管理制度的出台和和措施的推进，加快了社会组织发展的进程。从 2002—2012 这十年社会组织的发展情况看，各类社会组织发展稳定，以平均每年 2.5 万家的速度增长。

另一方面，各地也积极开展官办社会组织自主化改革的探索和实践。一些地方政府推出了备案制以化解双重管理登记时的繁琐的条件，有的地方探索在部分领域直接登记，有的地区确立了枢纽型社会组织并由枢纽型社会组织主管本领域的业务。比如，2005 年底，广东省迈出了对双重管理体制进行改革的第一步，行业协会可以直接向登记管理机关申请登记。2008 年，北京市出台了《北京市社会建设实施纲要》《关于加快推进社会组织改革与

① 王名：《中国社会组织（1978—2018）》，社会科学文献出版社 2018 年版，第 243 页。

发展的意见》等文件，以提供项目的方式积极构建"枢纽型"社会组织体系，推进政社分开、管办分离，创新社会组织管理体制。同年，广东省按照"五自四无"① 的要求和标准推进行业协会商会改革。2009 年，全国第一家社会组织党工委在广东省挂牌成立；上海市首次召开社会建设大会，着力构建社会组织发展、管理、党建三位一体的建设新格局。

5. 2012 年以来：增速发展期

据中国社会组织网公布的数据，截至 2018 年第一季度末，我国共有社会组织 808479 家，其中社会团体 376236 家，民办非企业单位 425850 家，基金会 6393 家。党的十八大以来，各类社会组织以年均 5 万家的速度增长。这一阶段社会组织发展速度之快、规模化程度之高，都是十八大以前所不能比拟的。

更为突出的是，这一阶段，社会组织制度化建设进一步加强。相比十八大以前，新时代的社会组织建设和管理更加强调制度、体制、机制建设和治理格局的构建。党的十八大报告提出了"现代社会组织体制"的概念。2013 年，十八届二中全会通过的《国务院机构改革和职能转变方案》对改革社会组织管理制度做出重大部署。同年召开的十八届三中全会明确提出"加快形成科学有效的社会治理体制"。2014 年，十八届四中全会通过的中共中央《关于全面推进依法治国若干重大问题的决定》首次明确提出"加强社会组织立法"，并把社会组织的作用发挥拓展到法治领域，提出要建立健全社会组织参与社会事务、维护公共利益及预防违法犯罪的制度机制。2018 年，民政部将我国社会组织领域的三部重要的条例——《社会团体登记管理条例》《基金会管理条例》和《民办非企业单位登记管理条例》整合修订为一个，即《社会组织登记管理条例》，这对社会组织领域法规的完善起到重要的基础支撑作用，也有利于激发社会组织活力，维护社会组织合法

---

① "五自"即自我发起、自选会长、自主会务、自筹经费、自聘人员，"四无"即无行政业务主管单位、无行政事业编制、无行政级别、无现职国家机关工作人员兼职。

权益，促进社会组织健康有序发展。

综上可见，中国社会组织发展的 70 年，是一个总体上向好发展的 70 年，虽然其中有失误、有挫折，但总体上是一个在失误、挫折中不断进步、成长、壮大的 70 年。70 年社会组织的发展历程不仅见证了中国从站起来到富起来再到强起来的历史飞跃，而且走出了中国社会组织独特的发展道路。

（二）社会组织发展的特点

中国社会组织发展的 70 年呈现出从单一化向多样化、从政治性向社会性、从无制可依向制度化、从依附性向自主性转变的特点。

1. 从单一性转向多样性

新中国成立之初，社会组织以社会团体的形式存在。《社会团体登记暂行办法》将社会团体分为六类：即人民群众团体、社会公益团体、文艺工作团体、学术研究团队、宗教团体及其他符合人民政府法律组成的团体，并将这些社会团体分为免于登记的和可以登记的社会团体两类。可见，"当时社会团体的分类是依照严格的计划指令而非组织功能/性质所确定的""是在与党、国高度同构的基础上对社会团体的控制与整合。"① 这些社会团体存在的主要功用在于教育其成员维护新生的人民政权并积极投身于新中国的经济建设。改革开放以来，随着市场经济体制确立、政府职能转变，经济环境和政治环境越来越宽松，社会组织获得了较快的发展，越来越多的"草根"社会组织成立，社会组织逐渐从单一的官办社会组织向官办、半官办、民间社会组织多样化并存的方向发展。与此同时，随着社会阶层利益分化和利益诉求多元化，社会参与意识逐渐增强，社会组织的协商精神、责任意识、法制观念日益加强，社会组织的专业优势、服务能力、管理水平日益提

---

① 韩俊魁：《1949 年以来中国社会组织分类治理的发展脉络及其张力》，《学习与探索》2015 年第 9 期。

高，社会组织必将日益显示出其蓬勃的生命力。

2. 从政治性转向社会性

新中国成立之初，社会组织多是根据计划指标或是特定因素考量（如对外交流的方便）而成立，作为党和政府政治功能的延伸和附属机构以官方的方式开展活动，不能算作真正意义上的社会组织。"社会不会长期听凭与之不相适应的制度的控制，它或迟或早会迫使制度朝着更适合于它的发展的方向变革。"[①] 随着改革开放的推进，我国社会分工越来越细化，社会服务需求越来越多样化，公民参与社会公共事务意识和公共精神越来越觉醒，社会组织开始朝着自由结社的方向迈进并逐渐向非政府性、非营利性等社会组织的本质回归。进入新时代以来，中国社会组织也迎来了全新的历史时机，社会组织的非营利性、专业性、志愿性等特征越来越凸显出来，社会组织在社会治理方面的空间也越来越宽广，社会组织的工作重心也逐渐由服务政府向服务社会转变，越来越多的社会组织投身于向社会提供公共服务事业中来，社会组织的专业化水平和服务能力也不断提升。

3. 从无序性转向规范性

新中国成立之初，国家虽然制定了《社会团体登记暂行办法》和《社会团体登记暂行办法施行细则》，但其主要功能是对不符合社会主义要求的社会团体进行清理，清理工作完成后这些制度文件就被束之高阁。改革开放最初的十年，社会组织呈现出"无所拘制、遍地开花的原始生长期"[②]，随后进入曲折发展的阶段，根本原因就在于制度建设滞后。党的十六大以来，社会管理体制、社会管理格局、社会组织体制、社会组织管理制度、社会治理体制、社会治理格局等政策话语出现在党和政府文件中。特别是党的十八大以来，社会组织制度化进程加快。《关于政府向社会力量购买服务的指导

---

① 张乐天：《告别理想：人民公社制度研究》，上海人民出版社 2005 年版，第339 页。

② 王名：《中国民间组织 30 年——走向公民社会（1978—2008）》，社会科学文献出版社 2008 年版，第 21 页。

意见》(2013)、《关于促进慈善事业健康发展的指导意见》(2014)、《行业协会商会与行政机关脱钩总体方案》(2015)、《关于改革社会组织管理制度促进社会组织健康有序发展的意见》(2016)、《关于通过政府购买服务支持社会组织培育发展的指导意见》(2016)、《中华人民共和国民法总则》(2017)接连出台。总之,社会组织的成立越来越有健全的制度、规则和程序保障,社会组织的自身建设和管理也越来越规范。

4. 从依附性转向自主性

"新中国成立后,我国建立起了以国家政权为核心,国家、市场、社会三位一体的'总体性社会'"①,当时的社会组织基本不存在自主性活动空间。改革开放之初,为了提高管理效率、降低管理成本,国家逐渐退出一部分市场和社会空间,社会自主性空间不断扩大,一些自下而上的"草根"社会组织成立,这些社会组织"主要在政府还没有关注或者无力满足社会需求的领域开展活动,因此,虽然没有法律合法性,但有很强的社会合法性"②。对于这些社会组织,国家一般采取"三不政策",即"不承认、不禁止、不干预",这些社会组织的自主性比较强。但是,受长期计划经济和惯性思维的影响,很多社会组织特别是有官办背景的社会组织仍然是在政府的直接管控下发展。直到今天,社会组织对政府的依附性仍然被诟病,这也成为影响社会组织健康发展的重要因素。可喜的是,随着社会的发展进步,国家越来越认识到厘清政府和社会之间的权责边界对于社会组织发展的决定性影响。十八大以来,一系列顶层设计明确提出了"政社分开"的目标和设想:党的十八大报告提出了"加快形成政社分开、权责明确、依法自治的现代社会组织体制"③的要求。十八届三中全会提出"加快实施政社分

①　刘金伟:《"总体性社会"结构背景下中国社会建设的特点浅析》,《理论界》2013年第9期。
②　王名:《中国社会组织(1978—2018)》,社会科学文献出版社2018年版,第52页。
③　中共中央文献研究室:《十八大以来重要文献选编》(上),中央文献出版社2014年版,第230页。

开，推进社会组织明确权责、依法自治、发挥作用。"① 特别是 2015 年，中办、国办《行业协会商会与行政机关脱钩总体方案》正式印发，公布了首批 148 家脱钩试点名单，次年 8 月，第二批 144 家全国性行业协会商会脱钩试点工作正式启动。通过一系列简政放权的制度化措施，政府与社会组织的关系越来越向更为健康、良性互动的方向发展，社会组织的自主性也越来越强。

三、社会组织协商的内涵和功能

社会组织是社会主义协商民主的一支重要力量，社会组织与政府等其他协商主体就相关公共议题平等讨论、理性协商、达成共识，有利于巩固和扩大党的群众基础、加快政府职能转变，同时有利于创新基层社会治理、激发社会活力、促进社会发育和成长。

（一）社会组织协商的内涵

对于什么是社会组织协商，中共中央党校康晓强认为，"社会组织协商民主，指的是社会组织成员就内部事务问题，社会组织之间就利益相关问题以及社会组织与国家政权机关等就经济社会发展的重大问题和人民群众关心的直接现实利益问题，基于平等、理性、包容、公开等原则理性协商、充分讨论以达成一定共识。"② 清华大学谈火生、于晓虹认为，"社会组织协商是社会组织在党的领导和政府依法管理的前提下发起、组织或参与的协商民主活动"③。北京社会主义学院张毅认为，社会组织协商是"社会组织同党政部门就经济社会发展中的重大问题和人民群众关心的直接现实利益问题，社

---

① 中共中央文献研究室：《十八大以来重要文献选编》（上），中央文献出版社 2014 年版，第 539 页。

② 康晓强：《协商民主建设：社会组织的独特优势与引导路径》，《教学与研究》2015 年第 9 期。

③ 谈火生、于晓虹：《社会组织协商的内涵、特点和类型》，《学海》2016 年第 2 期。

会组织之间就相互利益、社会相关问题等事务，社会组织成员就组织内部事务问题，在平等、理性、包容、公开等原则的基础上，进行理性协商、充分讨论，以达成一定共识，做出科学合理的决策，实现人民利益表达，促进经济社会更好的发展"①。湖南社会主义学院雷明贵指出，"从广义上来说，社会组织协商是指社会组织内部或由其作为主体参加的协商，既包括社会组织内部事务的协商，也包括社会组织与公权力机构、社会组织与市场组织、社会组织与社会组织之间的协商"②。

可见，社会组织协商的内容丰富、领域宽泛、形式多样。在具体实践过程中，社会组织作为组织者、主持者主动发起和组织的协商民主以及社会组织作为协商主体参与的、由其他主体发起和组织的协商民主都可以称为社会组织协商。换句话说，社会组织无论是作为发起方还是受邀方参加的协商都是社会组织协商。社会组织内部、社会组织与社会组织之间、社会组织与企业等市场主体之间、社会组织与党和政府等党政机关之间的协商都属于社会组织协商民主的范围。

相比社会组织发起的协商，社会组织更多的是作为受邀方参与人大协商、政府协商、政协协商、人民团体协商、基层协商等。比如，社会组织参与人大立法、重大决策和人事任免等的协商讨论，社会组织参与政协召开的专题协商会，社会组织参与由地方政府召开的决策咨询座谈会，社会组织参与由工会发起的最低工资标准的协商，社会组织参与社区协商等。近年来，社会组织之间开展公共事务协商也比较多。如 5·12 特大地震灾害发生后为更好地开展救助工作而成立的"遵道"志愿者协调办公室③、近些年在劳动

---

① 张毅：《我国社会组织协商探析》，《辽宁省社会主义学院学报》2015 年第 3 期。
② 雷明贵：《社会组织协商：内涵与价值》，《湖南社会主义学院学报》2015 年第 3 期。
③ "遵道"志愿者协调办公室是在 5·12 特大地震灾害发生后，由友成基金会、深圳登山协会、万科志愿者、四海同心发起成立的志愿者协调组织机构。办公室联合了在当地参加赈灾工作的陕西十家震灾联盟、北京农家女杂志社、仁爱关怀、北京自然之友、N 年基金会等十几家民间机构、社团组织和大量的包括本地灾区群众在内的个人志愿者，协调各方力量在当地开展救助工作，并与当地政府建立了良好的沟通和互信渠道。

关系领域出现的行业工资集体协商等。

其中有一个问题，即社会组织协商与基层协商的关系。对于这个问题，学界常常有两种理解，一种是并列关系，一种是包含关系。在《关于加强社会主义协商民主建设的意见》中，一方面提出"继续重点加强政党协商、政府协商、政协协商，积极开展人大协商、人民团体协商、基层协商，逐步探索社会组织协商"①，把社会组织协商与政党协商、政府协商、政协协商、人大协商、人民团体协商、基层协商并列，作为第七种协商渠道；另一方面，在具体探讨各种协商渠道时，又在"稳步推进基层协商"的结尾部分提出"探索开展社会组织协商"的问题。这种设置可以做两种解读，一种就是将其解读为社会组织协商附属于基层协商；一种则将其解读为处于第八部分和第九部分之间，社会组织协商虽然只有一小段，但它位于分论的最后，是一个独立的部分，而不是附属于第八部分。

那么，到底社会组织协商是单独的协商渠道，还是归属于基层协商呢？对此，中国共产党有一个认识和探索的过程。党的十八大报告提出了"社会主义协商民主"的概念，并要求完善协商民主制度和工作机制，推进协商民主广泛多层制度化发展，为社会组织协商民主实践奠定了基础。党的十八届三中全会通过的《中共中央关于全面深化改革若干重大问题的决定》在十八大报告的基础上进一步强调，要"构建程序合理、环节完整的协商民主体系，拓宽国家政权机关、政协组织、党派团体、基层组织、社会组织的协商渠道"②，首次把社会组织与国家政权机关、政协组织、党派团体、基层组织并列纳入协商民主的主体之列。到了 2015 年的《关于加强社会主义协商民主建设的意见》则又出现了上面两种提法和理解。但是，2017 年的党的十九大报告中，把社会组织协商与其他协商形式并提，并用了"统

---

① 中共中央文献研究室：《十八大以来重要文献选编》(中)，中央文献出版社 2016 年版，第 293 页。

② 《中共中央关于全面深化改革若干重大问题的决定》，《人民日报》2013 年 11 月 16 日。

筹推进"一词："统筹推进政党协商、人大协商、政府协商、政协协商、人民团体协商、基层协商以及社会组织协商。"① 这里又将基层协商与社会组织并列，同属中国特色社会主义的协商体系，二者是并列关系，不是包含与被包含关系。这一方面肯定了社会组织协商的成绩，另一方面也对新时代社会组织协商提出了更高的期待和要求。

社会组织协商与基层协商有交叉有重合，但也有区别。社会组织协商不仅仅局限在基层协商的范围内，因而不能把社会组织协商归属于基层协商。社会组织协商可以分为三个层面。第一个层面是国家政治生活层面的协商。社会组织主要以人大、政协或党代会为载体，依托政协委员、人大代表、党代表或者界别等身份参与协商。这一实践形态是社会组织在国家政治决策层面的正式的参政议政渠道。第二个层次是基层社会治理领域的协商，即以组织化的形式参与基层治理，具体体现在民主决策、民主管理和民主监督等诸多环节。第三个层次是国家和社会互动领域的协商，比如通过听证会、民主恳谈、协商民意测验等政社互动的方式，积极参与人大、政府、政协等组织发起的立法协商、预算协商、决策协商、专题协商，特别是一些行业协会商会类、学会类、智库类社会组织参与法律法规的制定和修订等。

（二）社会组织协商的功能

《关于改革社会组织管理制度促进社会组织健康有序发展的意见》这样阐释社会组织的功能和作用："进一步发挥社会组织在促进经济发展、管理社会事务、提供公共服务中的作用。支持社会组织尤其是行业协会商会在服务企业发展、规范市场秩序、开展行业自律、制定团体标准、维护会员权益、调解贸易纠纷等方面发挥作用，使之成为推动经济发展的重要力量。支持社会组织在创新社会治理、化解社会矛盾、维护社会秩序、促进社会和谐等方面发挥作用，使之成为社会建设的重要主体。支持社会组织在发展公益慈善事业、繁荣科学文化、扩大就业渠道等方面发挥作用，满足人民群众多样化需求。"① 可见，社会组织在经济建设、政治建设、文化建设和社会建设方面都具有积极作用。具体来看，社会组织协商的功能表现在以下方面：

第一，解决现实问题，巩固和扩大党的执政基础。

改革开放以来，中国经济飞速发展，人民生活得到极大改善，但也伴生出不少社会问题，包括贫富差距问题、环境污染问题、教育不平等问题等，这些问题如果处理不好，就会带来社会的不稳定因素，损害党的执政形象和威信。而社会组织有着广泛的群众来源，与基层群众有着天然的亲近关系，在社会动员、资源整合、满足基层群众需要、反映社情民意、提高基层组织程度方面具有独特优势，社会组织所活跃的领域，恰恰是党组织工作的薄弱点。社会组织能够在党和社会之间架起一座沟通的桥梁。实践证明，一些社会组织在慈善救助、扶贫开发、环境保护、养老救助、志愿服务、行业管理等领域已经发挥并将继续发挥重要作用。因此，社会组织协商不仅成为社会主义协商民主的重要形式，更是回应中国社会现实问题的务实举措。通过社会组织协商，人民群众能够看到党对人民利益的重视以及想群众所想、急群众所急、解群众所困的诚意，增强人民群众对党的信任和拥护，巩固和扩大党的执政基础。

社会组织是巩固和扩大党的执政基础的新的生长点和拓展点。社会组织是各类人群聚集、各种思想交汇、各种信息传播的重要场所，而且很多社会组织结构松散、成员混杂，如果不加以正确引导，也容易产生"分裂社会"的力量。因此，加强社会组织党建成为必须。2014 年 12 月 29 日通过的《中共中央关于加强和改进党的群团工作的意见》提出，"各级党委和政府要支持群团组织在党组织领导下发挥作用，加强对有关社会组织的政治引

---

① 《中办国办印发〈关于改革社会组织管理制度促进社会组织健康有序发展的意见〉》，《人民日报》2016 年 8 月 22 日。

领、示范带动、联系服务。"① 将社会组织纳入群团工作系列，这是新阶段社会组织建设和党的建设的重要举措。2015 年 9 月中央办公厅颁布的《关于加强社会组织党的建设工作的意见（试行）》提出：加强社会组织党建对于"引领社会组织正确发展方向，激发社会组织活力，促进社会组织在国家治理体系和治理能力现代化进程中更好发挥作用；对于把社会组织及其从业人员紧密团结在党的周围，不断扩大党在社会组织的影响力"② 具有重要意义，因此要"按照应建尽建的原则，加大社会组织党组织组建力度，实现党的组织和工作全覆盖。"③ 民政部也把党建工作纳入社会组织的评估体系中。十九届三中全会通过的《中共中央关于深化党和国家机构改革的决定》，把社会组织作为党和国家机构改革的一项内容，社会组织与人民团体、企事业单位一起被视为在党的统一领导下，协调行动、增强合力的九大主体之一，成为党总揽全局、协调各方中被独立看待的一支重要力量。与上述顶层制度设计释放出的信号相一致，我国政治体制改革和创新把党建、统战等传统的吸纳方式运用到社会组织及其主要负责人身上。社会组织越来越多地参与到对日益多元化的社会需求和社会问题的治理中，成为巩固和扩大党的执政基础的新的生长点。

第二，加快政府职能转变，推动决策科学化民主化。

社会组织协商有助于加快政府职能转变。在计划经济时代，政府垄断社会资源，公共物品和服务主要由政府提供，政府承担了很多本应由市场和社会承担的事务和社会责任。政府不是万能的，大包大揽、"越位"和"错位"管理一方面造成政府财政危机、公共政策执行效率低下、社会资源浪

---

① 中共中央文献研究室：《十八大以来重要文献选编》（中），中央文献出版社 2016 年版，第 313—314 页。

② 《关于加强社会组织党的建设工作的意见（试行）》，《人民日报》2015 年 9 月 29 日。

③ 《关于加强社会组织党的建设工作的意见（试行）》，《人民日报》2015 年 9 月 29 日。

费等，另一方面也容易产生寻租和腐败行为，给政府带来信任危机，使政府陷入"塔西佗陷阱"。因此，20 世纪 80 年代以来，我国多次进行行政管理体制改革，其核心便是政府职能转变。随之产生的问题是，政府转移出来的部分职能必须由第三方有效承接，否则不能满足群众日益增长的多元社会需求。社会组织以自愿组织、自主事务、自我管理、自我负责、自我发展的方式来提供公益服务和组织互益活动，决定了它们在治理中具有政府所不可替代的独特作用。与政府相比，社会组织与基层社会的联系更紧密、专业性更强、服务方式更灵活，社会组织在教育、文化、科技、卫生、法律、环保、社会福利、社区建设、行业管理等领域具有的专业知识储备及其所代表的人道主义救援力量、公益互益旨向、自助互助功能等都是政府所无法比拟的。而且，政府提供的公共服务是整体性、笼统的，而社会组织所提供的公共服务是精准、精细的。社会组织类型多样，不同类型的社会组织可以提供不同的服务，如社区社会组织可以为社区居民提供有针对性的优质服务，行业性社会组织可以维护行业利益，公益慈善类社会组织能够照顾弱势群体利益。因此，政府主动将政府接触不到或者不易开展而社会组织可以承担的公共物品和服务向社会组织转移，并与社会组织进行协商、沟通、合作，为社会组织参与社会治理提供制度化渠道，有助于填补基层治理的真空状态、满足基层异质化需求，同时有助于弥补特定领域政府专业知识和服务能力的不足，切实把政府职能转向"创造良好发展环境、提供优质公共服务、维护社会公平正义"① 上来，从而减轻政府的压力、提升政府的形象、改善政府与社会之间的关系。

　　社会组织协商有助于促进公共决策科学化民主化。公共政策的制定应是多元社会主体共同协商的结果。社会组织因贴近社会，便于了解所属领域的实际情况，能够把相关意见、诉求、主张、情况及时准确地向决策部门反

---

　　① 中共中央文献研究室：《十八大以来重要文献选编》（上），中央文献出版社 2014 年版，第 411 页。

映，缩短决策部门与公众的距离；能够把分散、微弱的个体利益诉求集中起来，使其聚合成强有力的利益表达，从而对政策产生实质性影响。如行业协会、商会可以反映行业诉求，提高决策的精准性；学术类的社会组织可以建言献策、提供建议咨询，提升决策的科学性等。因此，公共决策部门在进行重大决策时与相关社会组织平等协商、理性沟通，把社会组织的意见有效吸纳进决策程序，有助于弥补决策机关的智慧不足，推动公共决策科学化民主化，减少决策失误及由此带来的利益风险和损失。同时，建立在协商和共识基础上的公共决策更容易落地执行。另外，把社会组织协商纳入协商民主体系，不仅仅是发挥社会组织的政策参与功能、拓宽协商民主渠道，也是社会组织统一直接登记后政府部门与社会组织保持联系的一种制度性纽带。

第三，化解社会矛盾，实现社会治理现代化。

当前中国社会结构急剧变化，中国的社会建设和社会治理进入了有史以来最好的时期和阶段。随着十八届三中全会提出国家治理体系和治理能力现代化，社会治理也逐渐成为热点问题。"社会治理是指在执政党领导下，由政府组织主导，吸纳社会组织等多方面治理主体参与，对社会公共事务进行的治理活动""其涉及内容主要是社会公共服务、社会安全和执行、社会保障和福利、社会组织、社区管理等等。所以，社会治理涉及的基本是社会领域的内容。"① 整体上看，中国社会治理已呈现出"多元治理主体的兴盛与政府一元独占的消解"② 的基本格局。社会治理的主体有很多，社会组织是其中一个重要的不可缺少的主体，并且其治理主体的角色和地位日益凸显。2016 年印发的《关于改革社会组织管理制度促进社会组织健康有序发展的意见》指出："以社会团体、基金会和社会服务机构为主体组成的社会组

---

① 王浦劬：《国家治理、政府治理和社会治理的基本含义及其相互关系辨析》，《社会学评论》2014 年第 3 期。

② 王振海：《社会组织发展与国家治理现代化》，人民出版社 2015 年版，第 7 页。

织，是我国社会主义现代化建设的重要力量。"① 社会组织在社会治理和协商中实现实质性"在场"，一方面可以缓和组织内部成员、社会组织之间的利益张力，在社会组织内部和组织之间凝聚共识，形成社会治理合力；另一方面社会组织协商能够渗透到协商民主体系的各个层次，从国家层面到社会层面、从中央层面到基层层面，都能够发挥社会组织代表民意、凝聚共识、整合资源、化解矛盾、协调利益的作用，特别是在基层协商中吸纳社会组织参与，对于激发基层社会活力、促进基层社会治理意义重大，社会组织协商也因此被作为基层治理和基层协商的重要生长点。另外，社会组织可以介入其他多种协商渠道。因此，推进社会组织协商，有利于各种协商民主形式之间的优势互补、协调联动，形成治理合力，实现协同共治，这对于统筹推进协商民主体系、丰富协商民主形式具有重要的实践价值。从这一意义上说，社会组织协商民主越发展，社会治理现代化的水平就越高。

第四，创造社会资本，促进社会成长。

社会资本"内嵌于社会网络和社会关系中，是社会组织的特征，诸如信任、规范以及网络"②。在传统中国社会，社会资本多建立在血缘、地缘、亲缘关系上。在计划经济时代，单位、公社这种以地域为基础的生活共同体成为信任、互助、合作、归属感等社会资本建立和维系的基础。而在社会转型时期，社会资本的建立却面临重重困境。一方面，随着单位体制、人民公社制度的瓦解，单位、公社及建立在此基础上的各种社会关系、道德和行为规范、价值体系等逐渐失去了其原有的功能和意义，单位、公社的社会资本载体和建构作用逐渐式微。另一方面，我国缺乏法治传统，以制度、法律、契约精神等为保障的社会资本还没有完全建立起来。而此时，在政府和社会两种力量的博弈和双向互动中，社会组织逐渐成长和发展。社会组织强调成

---

① 《中办国办印发〈关于改革社会组织管理制度促进社会组织健康有序发展的意见〉》，《人民日报》2016 年 8 月 22 日。

② ［美］罗伯特·D. 帕特南：《使民主运转起来》，赖海榕译，江西人民出版社 2001 年版，第 195 页。

员之间的平等、信任、合作、包容、尊重、妥协、协同、互惠，可以为公民有序政治参与奠定基础；社会组织之间强调相互独立、相互配合、相互制约、相互监督，有利于为社会成长积淀开放、民主、法治、团队精神等文化和精神力量；社会组织按照一定的规则、章程进行内部管理，组织生活、组织管理有利于积累社会资本，如社会公益事业有利于培养责任感，传播无私、助人为乐和公共精神，慈善事业有利于累积奉献、博爱、信任等道德力量。因此，社会组织既为公民参与公共事务和社会治理提供了必要的准备和训练、必需的机会和手段，也为公民自治和自我管理提供了必要的基础和条件、必需的组织和形式。社会组织日渐壮大并广泛地参与公共事务治理，是现代社会发展的基本趋势。

第二节　社会组织协商面临的机遇和挑战

党的十八大以来，政府职能转变、行政体制改革、政府购买服务及其相关制度和政策的出台都为社会组织发展和社会组织协商提供了良好契机。社会组织借机、借势拓展工作和业务范围、加强自身建设、增强资源汲取能力，并主动地承接政府项目、与党政部门交流沟通、开展集体行动影响政府政策等。同时也不可否认，社会组织自身发展还存在一些瓶颈问题，社会组织协商还处于探索阶段，还面临协商主体不对等、协商机制不健全等方面的挑战。

一、社会组织协商面临的机遇

第一，经济发展、社会转型为社会组织协商创造了良好的经济社会环境。

据美国经济学家罗斯托的罗斯托起飞模型（又称作"罗斯托模型""罗

斯托经济成长阶段论"），一国的经济发展需经过六个阶段，即传统社会阶段、起飞准备条件阶段、起飞阶段、趋于成熟阶段、大众消费阶段和超越大众消费阶段。每一个阶段，社会公众的权益诉求是不同的，所处的发展阶段越低，人们越关注物质的增长、温饱的满足。当物质匮乏、供不应求的矛盾解决后，人们的自主意识觉醒，就会更多地关注政治权利、公共事务、社会参与等更高级的需求。1980 年代以来，我国改革开放的推进、社会主义市场经济体制的确立使我国经济社会发生了翻天覆地的变化，"总体性社会"向多元社会转变，国家权力下移、市场发育为社会力量发育和成长创造了一定空间。同时，市场经济取代计划经济带来的一个重要变化就是市场成为资源配置的主导，政府对资源的控制力减弱，但政府和市场都存在失灵的情况，作为市场主体的企业为了增强市场竞争力，也需要行业之间的互助，这样，那些处于政府与企业之间、企业与企业之间从事沟通、协调、服务、维权等活动的社会组织迅速成长起来。正是经济发展、社会转型的大背景为社会组织发展提供了良好的境遇，社会组织数量不断增加、规模不断扩大，社会组织结构也不断得到优化，我国初步形成门类广、层次多、覆盖范围广的社会组织发展体系。

第二，行政体制改革和政府职能转变为社会组织协商提供了有利的政治生态环境。

在中共十八届二中全会上，习近平总书记强调："转变政府职能是深化行政体制改革的核心，实质上要解决的是政府应该做什么、不应该做什么，重点是政府、市场、社会的关系，即哪些事应该由市场、社会、政府各自分担，哪些事应该由三者共同承担。"[①] 在计划经济条件下，我国的政府是"全能型"的，政府主要通过行政计划和命令式的手段管理社会。这种管理模式挤压了社会力量的成长空间、抑制了社会组织的活力。于是从 1988 年

①　中共中央文献研究室：《习近平关于全面深化改革论述摘编》，中央文献出版社 2014 年版，第 52 页。

开始，政府就努力转变职能，把属于市场主体的经济活动交给市场来调节，同时提供自由竞争、公平交易的市场环境以适应市场经济发展的要求。政府转变职能一方面激活了市场，另一方面激发了社会活力、带来了社会力量的成长壮大，如何正确地处理国家与社会的关系成为政府职能转变的重要关注点。

其实，政府与社会组织的关系是国家与社会关系的浓缩。政府与社会组织关系的演进可以折射出国家与社会关系的演进过程。改革开放初期，国家与社会之间是一种有限的分离，社会资源主要由国家掌控，国家与社会之间呈现出典型的"强政府弱社会"特征。随着市场经济体制改革的全面展开，国家或主动或被动、或自愿或不得不从一些社会领域撤离，国家向社会放权、释放空间，国家不再是垄断所有资源的绝对主体，社会资源开始流动，社会开始自我培育和成长并与国家产生互动。2013 年《国务院机构改革和职能转变方案》提出要"改革社会组织管理制度。加快形成政社分开、权责明确、依法自治的现代社会组织体制。"① 2015 年，中共中央办公厅、国务院办公厅印发了《行业协会商会与行政机关脱钩总体方案》，提出要"改革传统的行政化管理方式，按照去行政化的要求，切断行政机关和行业协会商会之间的利益链条，建立新型管理体制和运行机制，促进和引导行业协会商会自主运行、有序竞争、优化发展。"② 具体的做法是机构分离、职能分离、资产财务分离、人员管理分离。特别是十九届三中全会通过的《中共中央关于深化党和国家机构改革的决定》，把社会组织作为"统筹党政军机构改革"的一部分。我国社会组织第一次被纳入国家最高层面的机构改革设计，并与群团组织改革、事业单位改革列为同一层级的单独部分进行论述，充分体现了社会组织在国家治理体系建设中的重要地位。十三届全国人大专门增设了社会建设委员会，这是全国人大连续 15 年历经三届之后的首

---

① 中共中央文献研究室：《十八大以来重要文献选编》（上），中央文献出版社 2014 年版，第 230 页。

② 《行业协会商会与行政机关脱钩总体方案》，《中国社会组织》2015 年第 14 期。

次增设，传递出的强烈信号就是社会建设更受重视，社会建设领域今后将得到更高层面的法律保障。可以说，行政体制改革和政府职能转变为社会组织和社会组织协商创造了良好的政治生态环境。

2016 年财政部、民政部颁布的《关于通过政府购买服务支持社会组织培育发展的指导意见》中指出，要"通过政府向社会组织购买服务引导社会组织加强自身能力建设，优化内部管理，提升社会组织服务能力和水平，充分发挥社会组织提供公共服务的专业和成本优势，提高公共服务质量和效率。"① 虽然有学者担忧这种这种购买机制会导致社会组织对政府的单向依赖，② 但是与单纯依靠政府的行政权力来提供社会服务相比，通过市场化的购买机制无疑是一大进步，这也是政府购买的初衷之一，正如《关于通过政府购买服务支持社会组织培育发展的指导意见》所指出的那样，要"结合'放管服'改革、事业单位改革和行业协会商会脱钩改革，充分发挥市场机制作用，大力推进政府向社会组织购买服务"③。政府转移出来的职能必然有一个承接的问题。一部分是转移给市场，由企业主体来承接，一部分是转移给社会，由社会组织来承接。这样，政府与社会组织就会围绕公共服务的供给形成一种新型的合作机制，从而催生更多的社会组织承接公共服务的供给，公共财政也将为社会组织的成长和发展提供资金和资源。

第三，国家治理现代化新格局为社会组织协商提供了难得的发展契机。

十八届三中全会提出了全面深化改革的总目标和推进国家治理体系和治理能力现代化的要求，其中多处涉及社会组织。"治理"是一个具有里程碑意义的核心理念，特别是由"管理"变为"治理"，虽然一字之差却反映了改革的深化和升级以及国家和社会治理的全新追求。治理涉及方方面面。当

---

① 《财政部民政部关于通过政府购买服务支持社会组织培育发展的指导意见》，《中国社会组织》2017 年 1 月 6 日。

② 马立、曹锦清：《基层社会组织生长的政策支持：基于资源依赖的视角》，《上海行政学院学报》2014 年第 6 期。

③ 《财政部民政部关于通过政府购买服务支持社会组织培育发展的指导意见》，《中国社会组织》2017 年 1 月 6 日。

前，我国社会分工越来越细化，社会服务需求越来越多样化，社会组织所具有的非营利性、专业性、志愿性等特征决定了社会组织在社会治理方面具有明显的优势和广阔的空间。社会组织是社会治理的重要主体，是经济建设、政治建设、文化建设、社会建设、生态文明建设的重要力量。十八届三中全会一方面承认了社会组织在实现国家治理体系和治理能力现代化中的不可替代的作用，而且把社会组织作为社会治理的主体，表明党和政府将以更加积极的态度和措施扶持社会组织发展，这为社会组织参与公共服务的生产和供给提供了难得的发展契机。另一方面肯定了协商民主的治理意义，把社会组织协商纳入协商民主体系，社会组织成为协商民主的重要主体。社会组织协商民主以组织的方式参与治理能够保证治理的有序和高效，能够培养既有公共责任又有参与热情和能力的公民。继十八届三中全会之后，十八届五中全会提出构建"党委领导、政府主导、社会协同、公众参与、法治保障"① 的社会治理格局，其中，"社会协同"内涵着社会组织作为治理主体在推进国家治理体系和治理能力现代化中的主体责任和使命。党的十九大报告提出"打造共建共治共享的社会治理格局""推动社会治理重心向基层下移，发挥社会组织作用，实现政府治理和社会调节、居民自治良性互动。"② 其中，"共治"的提法肯定了社会组织在社会治理中的主体地位。党的十九大报告还更具体地描述了中国社会组织的作用，在民主协商、环境治理、社会保障、社区治理中都强调了社会组织的参与和作用，在民主政治建设、思想道德建设、基层党建方面强调了社会组织的政治功能，更具现实操作性。可以说，社会组织的作用覆盖了政治建设、经济建设、社会建设、文化建设、生态文明建设以及党的建设等多个领域，特别是在教育、卫生、医疗、科技、环保、公益慈善、精准扶贫等领域，社会组织的作用更为突出。

---

① 中共中央文献研究室：《十八大以来重要文献选编》(中)，中央文献出版社 2016 年版，第 819 页。

② 习近平：《决胜全面建成小康社会　夺取新时代中国特色社会主义伟大胜利——在中国共产党第十九次全国代表大会上的报告》，人民出版社 2017 年版，第 49 页。

第四，人民日益增长的美好生活需要为社会组织协商提供了广阔空间。

党的十九大报告指出："中国特色社会主义进入新时代，我国社会主要矛盾已经转化为人民日益增长的美好生活需要和不平衡不充分的发展之间的矛盾。"① 新时代人民美好生活的需要呈现出多样化、多层次、多方面的特点，人民期盼有更好的教育、更稳定的工作、更满意的收入、更可靠的社会保障、更高水平的医疗卫生服务、更舒适的居住条件、更优美的环境、更丰富的精神文化生活。而要满足人民日益增长的美好生活的需要就要提供更多更好的公共产品和优质服务，这些公共产品、公共服务的供给是不可能单靠政府和企业就能完全解决的，之间存在一个巨大的缺口。而且，伴随着政府机构改革，政府的一些职能向社会转移，社会需求释放出巨大的资源和空间，社会组织和社会组织协商备受期待。

二、社会组织协商面临的挑战

社会组织和社会组织协商迎来了千载难逢的发展机遇，而且已经取得了初步成效。但是，社会组织和社会组织协商的优势还没有充分发挥出来，社会组织发展还存在方方面面的障碍和制约因素，社会组织协商民主仍处于探索阶段，实践中尚有诸多挑战和问题需要面对和破解。

（一）内部挑战

社会组织协商的内部挑战指的是来自社会组织自身的挑战，包括社会组织的经费来源不足、资金匮乏，高素质的专业人才不足、专业化程度不高，社会服务能力弱、公益性特质和公信力不高，发展不平衡、结构不合理，内部治理机制不健全，协商意识和协商能力不高等。

---

① 习近平：《决胜全面建成小康社会　夺取新时代中国特色社会主义伟大胜利——在中国共产党第十九次全国代表大会上的报告》，人民出版社 2017 年版，第 11 页。

第一，社会组织结构不合理、协商发展不均衡。

社会组织协商发展不均衡表现在诸多方面。一是地域发展不均衡。东部地区、沿海地区等经济发达的省份，尤其是民营资本或是外资较为活跃的地方，如广东、浙江、上海等，社会组织发展较快、社会认知度较高，相应的政府与社会组织的合作协商较为深入；而中部和西部地区等经济相对落后的省份社会组织发展较为滞后，社会组织协商力度较小。二是城乡发展不均衡。无论从数量上还是从质量上看，城市的社会组织都远远超过农村。社会组织参与协商属于社会治理发展程度更高的体现，不仅需要社会组织具备较强的能力，也需要政府对社会组织有更加开放和包容的态度。因此经济的发展水平与协商民主发展的程度紧密相关。三是领域发展不均衡。"由于形色各异的社会组织在目标取向、运行逻辑、文化传统、社会适应能力等方面的状况不尽相同，因此参与协商民主建设的广度、深度、程度也不尽相同。"[①]在一些领域如在环境保护领域、灾害救助领域，社会组织协商的成效比较显著，但在其他很多领域则相对不够明显。另外，从社会组织的分类看，行业协会、商会类社会组织较多，而专业性社会组织、慈善社会组织数量较少；官办社会组织协商远多于民办社会组织协商。

第二，社会组织人才不足、协商专业化程度不高。

社会组织协商被纳入协商民主体系和社会治理格局，一个很重要的原因在于当前的社会治理要求更高，需要"把专业的事交给专业的组织去做"。而社会组织本身具有吸纳社会精英、集聚社会资本和治理资源的组织优势，让专业性、公益性的社会组织与民生需求精准对接，让社会组织提供更高质量、更为精细化和专业化的社会服务，更有效地应对政府面临的治理难题，从而补政府治理之缺、之短。可以说，专业服务能力是社会组织参与公共治理、购买政府公共服务的门槛。但是，目前一些社会组织因资源（包括制

[①] 康晓强：《社会组织一定促进协商民主吗？——对国外文献的评述和批判性考察》，《马克思主义与现实》2018 年第 1 期。

度资源、资金、信息、活动空间等）匮乏导致专业人才流失，一些社会组织缺乏对专业人才的培养和支撑机制。专业人才匮乏、专业服务能力不足就难以获得政府的认可，难以承担政府和社会的专业服务项目，难以形成强大的市场竞争力。而且，随着基层治理创新和鼓励社会组织发展的政策的出台，各地都将推动社会组织发展作为政府绩效考核的标准之一。在这种政策和绩效驱动下，一些基层政府盲目、随意地推动成立各类社会组织，从而导致社会组织数量激增，其中就包括各种"僵尸"社会组织和非专业的社会组织。再加上我国社会组织本来就存在的发展历程短、专业化和职业化水平低等问题，专业性问题成为影响社会组织协商效果的一大因素。

第三，社会组织公信力不高、协商话语权无力。

社会组织公信力是社会组织信用程度的综合反映，是社会组织获取合法性、增大参与协商的机会、提升协商话语权的基础。但是，我国社会组织起步较晚，公众对社会组织的认知较少，社会组织的群众基础不够坚实。"在市场经济的大环境下，有些社会组织违反国家有关规定，以追求利润为目的，擅自从事带有营利性质的商业活动。特别是一些经济领域内的社会组织，名为服务社会，实际上是走上了'逐利'、'唯利'的道路"①。社会组织获取公信力需要持续不断的自我努力，通过政治参与、公共服务获取行动绩效。一旦社会组织公信力受损，其公共性和合法性将陷入危机。前些年频繁曝光的负面事件，如红十字会因郭美美高调炫富事件，使社会组织陷入公信力危机。近两年全国各地开展的依法查处和取缔非法社会组织的活动再次暴露出社会组织的公信力问题和非法社会组织对社会稳定和市场秩序的不良影响。社会组织公信力问题成为危及社会组织自身存在和发展的重要问题。得不到社会的认同和其他协商主体的认可，社会组织在协商中就不会有话语权和影响力。因此，发展社会组织协商，亟需解决社会组织公

① 张杰：《我国社会组织公信力不足的制度成因探析》，《青海社会科学》2014年第2期。

信力问题。

第四，社会组织缺乏独立性、协商意识和能力不足。

社会组织对政府的强依附问题是一个历史遗留问题，也是影响当前社会组织发展和协商民主效力的重要问题。政府的行政理念、资源供给方式、管理手段都会影响社会组织。社会组织在政府限定的框架和范围内开展活动，其生存和发展空间是被政府管控的，是为了弥补政府治理的缺失。从社会组织经费来源来看，要么依靠财政直接拨款和扶持，要么依靠社会捐赠以及会费、服务性收费等。但是，社会捐赠不具有稳定性和可持续性，会费、服务性收费受"非营利"等制约，政府财政支持仍然是我国社会组织的主要来源。社会组织看似面向市场的多元化经费来源的背后依然离不开行政的逻辑，是"建立在政府职权授予的基础上"①。"政府通过购买社会组织服务，确实创造了社会组织参与合作的可能，但政社合作的伙伴关系中强调的平等协作，在现实中简单表现为基层社会组织对政府公共资源的过度依赖，双方行动能力的差别使得政府部门处于当然的主导地位。这种不对等的依赖关系可以称为'非对称性依赖'，双方资源获取上的非均衡地位映射着彼此互动关系的稚嫩状态。"② 具有"行政化"特征的社会组织具有承接政府转移出来的服务事项的天然优势，被认为是政府的行政助手和政府的自然延伸主体。但是，如果社会组织过于行政化，即便参与了协商，也容易产生"必要的陪衬"的思想，不把自己当作与政府平等协商的主体，从而无法有效地表达诉求，不能释放出社会组织的优势。处于非平等协商环境中的协商主体往往呈现出非理性、弱协商意识和协商能力的趋向。同时，社会组织行政化容易损害协商伦理和协商机制。"行政化"的社会组织与民间、草根社会组织拥有不同的参与机会，这类似于弱肉强食的丛林法则，从而极易导致不

---

① 李学楠：《政社合作中资源依赖与权力平衡——基于上海市行业协会的调查分析》，《社会科学》2015 年第 5 期。

② 马立、曹锦清：《基层社会组织生长的政策支持：基于资源依赖的视角》，《上海行政学院学报》2014 年第 6 期。

公正的结果，破坏公平竞争的环境，消解协商民主的公正性。与此相关的另一个问题是恶性循环。一些社会组织本身比较松散，没有科学的组织结构、严密的组织规范、稳定的工作程序和规范的决策流程，再加上政治资源的缺乏和协商渠道的不畅，这些社会组织将不能在协商民主和治理体系中成为一个积极的参与者，从而损害社会组织的发展机会和影响力。有的社会组织公益理念淡薄，开展活动仍然采取单打独斗、各自为战的方式，更没有跨国界、跨地域、跨部门、跨领域开展协同治理的意识。"至今中国并不存在一个'自治性'、'独立性'或'中介性'的社会领域，或者说，构成'公民社会'的各类社会组织无一不在公共组织（政府）的直接或间接控制之下"[1]。

（二）外部挑战

社会组织协商的外部挑战主要来自体制机制、外部环境，具体包括对政府的强依附以及建立在此基础上的协商主体不平等、协商体制机制的不健全等。

第一，社会组织协商主体不对等。

我国目前开展的社会组织协商以政府与社会组织之间的协商为主。近年来，特别是社会组织协商正式纳入协商民主体系以来，我国各级政府越来越重视发挥社会组织的作用，鼓励社会组织通过民主协商、听证、咨询等方式参与公共事务治理，一些地方人大和政协有意识地把社会组织负责人作为人大代表和政协委员，吸纳其参与立法协商、民主座谈、专题调研等。但是，"目前普遍存在的情况是，即便是相对独立的社会组织，在公共服务供给中也没有足够的能力和地位与政府处于平等的谈判和协商地位"[2]。由于长期

---

① 周庆智：《中国历史与社会情境下的社会组织》，《华中师范大学学报》（人文社会科学版）2019 年第 3 期。

② 马立、曹锦清：《基层社会组织生长的政策支持：基于资源依赖的视角》，《上海行政学院学报》2014 年第 6 期。

以来社会组织管理体制的弊端，我国官办社会组织比重较大，与民办社会组织相比，官办社会组织在资源、地位、规模等方面具有优势，但是对政府的依附性强，甚至变为地方政府或相关部门的"附属机构"。有学者指出，改革开放以来，"全能主义"政府已不复存在，但在"全能主义"和"国家主义"思维的指引下，地方政府对社会组织发展采取"工具主义"政策，"社会组织充当的是辅助政府、支持政府、服务于政府的承包组织、延伸组织甚至附属组织的工具性组织角色。"[1] 有人甚至将政府与社会组织的关系称为"父子关系"或"上下级关系"。在这种关系模式下所谓的政府与社会组织之间的平等协商"变相成为政府内部之间的协商，变成上级对下级的协商"[2]。相比之下，民间社会组织因与政府利益牵扯较少，因此对政府的依附性较小、自主性和独立性较强，但与此相伴随的是与政府部门的协商、合作机会少，发展空间和资源有限。"基层社会组织对政府的依赖明显大于政府对基层社会组织的依赖，政府可以采用调整政策、收回或减少购买服务资金、更换具体合作对象等方式影响和控制基层社会组织。"[3] 随着政府购买服务规模和力度的加大，民间社会组织参与公共事务治理的机会增多，但由于这种机会是因政府向社会购买服务而带来的，政府成为社会组织的资源提供者，再加上监管体制的不健全、招投标程序的不完善等，一些社会组织不得不为了获得发展资源和空间而去迎合政府甚至一些职能部门的需求和"口味"，刻意与政府建立起良好的"关系"，这样的社会组织很难作为与政府协商的"平等"主体存在，与之相对应的是社会组织独立性的丧失以及对社会需求和社会问题的忽略，建立在这种关系基础上的协商形式意义更大于实质意义。

---

① 唐文玉：《从"工具主义"到"合作治理"——政府支持社会组织发展的模式转型》，《学习与实践》2016 年第 9 期。

② 张爱军：《社会组织协商及其构建路径》，《社会科学研究》2015 年第 3 期。

③ 马立、曹锦清：《基层社会组织生长的政策支持：基于资源依赖的视角》，《上海行政学院学报》2014 年第 6 期。

另外，"若要协商成功，双方必须相信对方的好意和不站在自己立场考虑问题的诚意。"① 但是，一些党政领导对社会组织存在种种误解和疑虑，有的不能充分认识到社会组织的社会性、专业性、公益性、服务性和自治性，有的从消极意义上看待社会组织，认为社会组织是"补充"、社会组织"无用"，有的甚至认为社会组织是"有害"的，会削减政府权威、激化社会矛盾，"把社会组织视为影响执政安全、行政安全、社会安全、政策安全的不良因素或不稳定因素，甚至把社会组织视为敌对势力。"② 再加上长期形成的行政管理惯性，以行政管理的思维和方式管理社会组织，表现在协商过程中就是把社会组织当成"被管理对象"而不是平等协商主体。另外，政府职能转移意味着政府部门财政经费的压缩、编制人数的减少、部门职权的削减，因此，有的政府职能部门以社会组织不具备承接公共服务的能力为理由，拒绝向社会组织转移政府职能。"社会组织在协商民主中的主体地位尚未真正确立，各级政府部门认识不足，忽略了社会组织的群体性、公益性、合法性，把社会组织依旧看作被管理对象，对社会组织没有给予应有的重视与平等的对待。"③

第二，社会组织协商制度不健全。

社会组织协商机制是协商活动有效开展的基本保证。《关于加强社会主义协商民主建设的意见》是指导社会主义协商民主建设的纲领性文件。对于不同的协商民主形式，《关于加强社会主义协商民主建设的意见》用不了不同的措辞。对于政党协商、政府协商、政协协商这些比较成熟的协商形式采用的是"继续重点加强"的提法，说明这些协商形式在《关于加强社会主义协商民主建设的意见》发布前已经"重点加强"了，但还要"继续"

---

① ［美］弗朗西斯·福山：《信任：社会美德与创造经济繁荣》，彭志华译，海南出版社 2001 年版，第 312 页。

② 张爱军：《社会组织协商及其构建路径》，《社会科学研究》2015 年第 3 期。

③ 郭一丁：《积极拓展协商民主的社会组织渠道》，《中国社会报》2015 年 3 月 27 日。

加强；对于人大协商、人民团体协商、基层协商这些已经开展起来但还不够广泛、成熟的形式用了"积极开展"，表明在实践中要采取更为积极的举措使其推广、深入；而对于社会组织协商则用了"逐步探索"，这一措辞说明社会组织协商还处于起步阶段，不像其他六种协商形式那样已经开展起来并积累了一定的实践经验，有的已经形成了比较成熟的制度机制，而社会组织协商的很多理论问题和实践问题都还不明确，还处于摸索中前行的发展阶段。

另外，在《关于加强社会主义协商民主建设的意见》中，其他六种协商形式都单独作为一个具体的问题来阐释的。《关于加强社会主义协商民主建设的意见》的九个部分中，第三、四、五、六、七、八部分分别对"继续加强政党协商""积极开展人大协商""扎实推进政府协商""进一步完善政协协商""认真做好人民团体协商""稳步推进基层协商"进行了具体部署和安排。但是，唯独社会组织协商没有单独的条目，而是放在了"稳步推进基层协商"的最后部分，提出"探索开展社会组织协商。坚持党的领导和政府依法管理，健全与相关社会组织联系的工作机制和沟通渠道，引导社会组织有序开展协商，更好为社会服务。"① 用这样一小段宏观的话而不是单独一部分，一方面说明社会组织协商的许多问题还不明确，另一方面说明社会组织协商还存在很大的制度建设空间。

缺乏制度规范的直接后果就是实践的主观性和随意性。比如，从协商形式来看，目前社会组织参与的协商多是政府、人大、政协组织的，依托的往往是现有的形式，如专题协商会、听证会和座谈会等，有些还通过社会组织中的人大代表、政协委员反映问题的渠道进行。但是，这些形式都不具有稳定性。从协商主体来看，政府想不想和社会组织协商、想和哪些社会组织协商都由政府决定，实践证明，政府往往选择有政治背景的社会组织参与协

---

① 中共中央文献研究室：《十八大以来重要文献选编》(中)，中央文献出版社 2016年版，第 298 页。

商，而那些与政府"关系"不密切的社会组织往往被"绕过"或忽略。"一些有政府背景的社会组织可以直接与相关部委进行沟通，而草根社会组织往往缺乏相应的渠道，只能尝试参与人大、政协等渠道的协商。但各级人大、政协中社会组织代表比例偏低，即使有，往往也是以其他身份而不是以社会组织代表的身份参政议政。"① 从协商程序看，社会组织参与政府协商最多，尤其是地方政府在决策公共管理事务之前常会邀请社会组织的代表参加座谈，但是，各级政府和社会组织之间没有形成常态化的对口协商机制，在协商过程中缺乏规范有效的操作流程，致使协商存在走过场、流于形式的现象。近几年我国社会组织在协商民主、治理体系中的主体地位被肯定，但是由于缺乏配套制度的供给，导致社会组织在协商活动和治理体系仍然处于"虚位"和"游离"状态，特别是在跨省、跨地区的协商和治理活动中表现得更为明显，其影响力和作用发挥与社会期待相比仍然存在不小的差距。

第三节　完善社会组织协商的实践路径

探索和完善社会组织协商，从宏观上看，要求党委和政府重视社会组织协商，要落实到思想观念、价值认同、政策制定、领导管理等方面。从中观层面上看，要健全和完善协商机制，要从党的十九大提出的"统筹推进"七大协商形式这一角度实现社会组织协商与其他协商形式的协同联动，要把顶层设计和地方实践结合起来实现有效对接等。从微观层面上看，要破解社会组织自身生存和发展中的各种问题，包括社会组织的专业化、法治化、公信力建设问题等。

---

① 谈火生、苏鹏辉：《我国社会组织协商的现状、问题与对策》，《教学与研究》2016 年第 5 期。

一、加强社会组织自身建设，提升社会组织的协商能力

协商能力是做好社会组织协商工作的基本前提，有能力才能有作为，有作为才能被认可、受重视。当前我国社会组织协商能力不足仍是制约其健康发展和协商参与的短板，而要提升社会组织的协商能力，根本的是要解决社会组织自身生存和发展中面临的专业性、公信力等方面的问题。

1. 促进社会组织专业化

社会组织的实践场域主要在公共服务领域，其价值体现和衡量标准是公共服务的专业化程度和水平。因此，伴随着社会组织数量的增多，社会组织公共服务的专业化程度成为其是否具有竞争力、是否具备可持续发展能力和创新能力的关键因素。社会组织的专业性与社会组织的人才情况密切相关，特别是社会组织的领军人物，不仅需要具备政治认知和宏观把握能力，还需要具备专业的知识和能力以及调查研究、建言献策的能力。《关于改革社会组织管理制度促进社会组织健康有序发展的意见》提出，"把社会组织人才工作纳入国家人才工作体系，对社会组织的专业技术人员执行与相关行业相同的职业资格、注册考核、职称评定政策，对符合条件的社会组织专门人才给予相关补贴，将社会组织人才纳入国家专业技术人才知识更新工程。建立社会组织负责人培训制度，引导其自觉践行社会主义核心价值观，增强社会责任意识和诚信意识。积极向国际组织推荐具备国际视野的社会组织人才。有关部门和群团组织要将社会组织及其从业人员纳入有关表彰奖励推荐范围。民政部、人力资源社会保障部要会同有关部门研究制定加强社会组织人才工作的意见。"① 从政府一方看，应帮助社会组织制订品牌战略，提供专业化的培训服务，加强人员培训，提高社会组织独立走向竞争市场的能力；

---

① 《中办国办印发〈关于改革社会组织管理制度促进社会组织健康有序发展的意见〉》，《人民日报》2016 年 8 月 22 日。

鼓励品牌企业组建、兴办各行业的专业化的社会组织，发挥行业协会的作用，加大对品牌社会组织的宣传力度，扩大社会组织的行业影响力；制定社会工作人才扶持政策和奖励机制，调动专业社会工作人才的积极性和主动性。政府在购买服务的过程中，可以将社会组织中持有专业社会工作证书的人数作为是否向该社会组织购买服务的一项重要评估指标，以此促进社会组织的专业化。从社会组织一方看，应制定人才发展规划，建立管理人才和专业人才职业资格认证制度体系、薪酬福利制度体系，促进社会组织人才队伍的整合、开发；整合组织的专业化资源、发挥自身资源禀赋优势，围绕自身专业优长开展活动，并以活动为抓手带动专业水平的提升；加大专业培训力度，加速组织人员的知识更新、促进组织人员的成长和成熟，培养造就一支有一定规模、有合理结构、有优良素质的社会组织人才队伍，提高适应社会的能力和自主发展、可持续发展的能力。

2. 提高社会组织公信力

以《社会组织信用信息管理办法》的发布和实施为标志，我国社会组织的信用监管制度、奖惩制度体系正式建立起来，由多个部门共同监管的守信联合激励、失信联合惩戒的具体制度和操作办法也建立起来。当前，社会组织的信用信息已被纳入全国信用管理系统和信息共享平台，社会组织的信用状况成为其安身立命之本，这将极大地促进社会组织的规范化、透明化和品牌化建设，提高社会组织的自律性。今后，社会组织要明确自身的价值和目标定位，清醒地认识到其政治价值和合法性来源在于其社会性和服务性，增强治理主体意识和责任意识，构筑服务社会的理念和价值倡导的责任，以更高的站位、更强的责任意识、更切实的组织行动融入社会治理和公共服务中来；社会组织开展活动要始终以公益为指向、关注公共议题，以民众诉求为导向、服务民生和基层社会，要把自身发展与公众期待、社会需要紧密联系起来，提炼和凝聚所联系群众的公共需求，推动公共利益的满足；社会组织要不断通过自我调适提高社会服务能力，增强组成成员的政治能力、调研能力、服务能力和协商沟通能力，加强与政党、政府、人大、政协、人民团体、企业以及社会公众的沟通和对话，丰富协商内容、规范协商程序、落实协商成果，进一步融入我国协商民主体系。同时，社会组织要加强自身建设，健全组织架构和组织制度、活动规范，完善内部治理和民主管理，健全信息公开制度，制定科学的绩效评价机制，实现人事、决策、资金和财务管理的透明化并在制度约束下顺畅开展，从而提升社会组织的公信力，争取社会环境的支持、公众的认同和信任，更大限度地凝聚社会力量，逐步拓展社会组织及其协商民主的发展空间。

3. 加强社会组织法治化建设

我国社会组织目前已超过 80 万个，几乎涵盖了社会各个领域。目前我国与社会组织相关的法律、制度的确不少，如《慈善法》《公益事业捐赠法》《社会团体登记管理条例》《基金会管理条例》《基金会信息公布办法》《取缔非法民间组织暂行办法》等，但是，这些法规制度仍然滞后于时代发展，主要表现在法律位阶低、实体性规范和程序性规范不完善等。更重要的是，这些法律法规或者是对社会组织登记管理的规范，或者是某类社会组织或社会组织某类业务的规范，至今我国仍然没有一部社会组织基本法，社会组织权益无法得到保障，社会组织与党政机关之间、社会组织之间、社会组织及个人之间的权利义务关系缺乏法律规范。基本法律规范的缺乏已经成为社会组织发展的瓶颈。同样，由于基本法律规范的缺乏，社会无法有效地对社会组织进行监管，社会组织暴露出的一系列失范行为直接影响了其公信力。因此，很多学者建议尽快制定《社会组织法》，从法律层面上对社会组织进行规范。2014 年党的十八届四中全会明确而直接地提出要"加强社会组织立法，规范和引导各类社会组织健康发展"①，2015 年《关于改革社会组织管理制度促进社会组织健康有序发展的意见》更是明确了《社会组织法》的制定和修订要求："加快调研论证，适时启动社会组织法的研究起草

---

① 中共中央文献研究室：《十八大以来重要文献选编》(中)，中央文献出版社 2016 年版，第 164 页。

工作。"① 因此，我国应尽快出台《社会组织法》，对一些基本的问题，包括社会组织的性质、定位、分类、机构设置、负责人及其职责，社会组织的登记、活动、变更、终止及其程序，社会组织经费的来源、管理和使用，社会组织的监管机关及其职责等进行明确规范。

二、做好统筹协商和试点工作，逐步探索社会组织协商

与其他六种协商形式相比，社会组织协商是一个新事物，是尚需探索的协商民主形式，因此应由点到面，先试点再推广。具体说来，一是要参照现有的、比较成熟的协商渠道和工作机制，包括政府协商、政协协商、人大协商等，然后再逐步探索由社会组织发起、组织协商的形式。比如，在人大协商中要积极吸纳社会组织的意见，使社会组织参与到人大立法、重大决策、人事任免等的讨论和协商中来。二是先在经济相对发达的省份、现代化程度较高的城市、管理制度较规范的社会组织进行试点，然后向其他地方和社会组织进一步推广。三是从社会组织比较擅长的重点领域入手，如行业协商、社区协商以及慈善救助、灾后救援等应急协商领域，然后带动其他领域开展社会组织协商，逐步探索社会组织协商的各种形式。同时，要统筹、整合政治协商和社会协商、定期协商与临时协商、经常性协商与集中性协商，健全相关工作机制，并及时总结成功的经验和模式，以制度的形式将它们固定下来、推广开来。应充分发挥各级枢纽型社会组织如社会组织促进会、社会组织联合会等作为协商平台和渠道的功能。

社会组织登记管理机关应成为促进社会组织协商的引导者、推动者。2013 年《国务院机构改革和职能转变方案》出台后，包括行业协会、商会等在内的四类社会组织可以依法直接向民政部门申请登记，民政部门成为社

---

① 《中办国办印发〈关于改革社会组织管理制度促进社会组织健康有序发展的意见〉》，《人民日报》2016 年 8 月 22 日。

会组织的责任管理单位。因此，探索社会组织协商，可以先由民政部门率先开展，由民政部门建立社会组织定期协商制度，通过政府购买服务、邀请参与政策讨论等方式带动社会组织参与。特别是在行业协会、商会与政府脱钩的背景下，定期协商制度有助于实现更有效的监管。

另外，探索社会组织协商还应在党委统一领导下，由统战部门和民政部门共同统筹协调来推进。2015 年 5 月 18 日起施行的《中国共产党统一战线工作条例（试行）》将"社会组织从业人员"作为"新的社会阶层人士"纳入统战工作对象。同年 9 月中共中央办公厅颁布的《关于加强社会组织党的建设工作的意见（试行）》提出了推进社会组织党的组织和党的工作有效覆盖的要求。党的十九大报告进一步强调要在社会组织中发展党员，十九大党章增写了社会组织的党组织职责的内容。社会组织党建可以为社会组织健康发展提供方向性指引和政治保障，因此，应将社会组织协商与社会组织党建工作结合和衔接起来。一方面，要将社会组织作为党的基层组织建设的重要领域和党的群众工作的重要阵地，另一方面，要把党建工作作为提升社会组织地位、规范社会组织管理、拓展社会组织活动空间、促进社会组织参与民主协商的契机和抓手，通过党组织作用的发挥促进社会组织服务与治理能力的增强，"引导和支持社会组织有序参与社会治理、提供公共服务、承担社会责任"①。

三、推进"去行政化"改革，构建平等的协商主体关系

社会组织之所以常被称为非政府组织，就是因为社会组织具有非政府性、社会性的特点。社会组织行政化、政社不分是对社会组织非政府性本质的背离，严重影响其独立、自主发展和社会取向。因此，推动社会组织

---

① 《关于加强社会组织党的建设工作的意见（试行）》，《人民日报》2015 年 9 月29 日。

"去行政化"改革是社会组织发展的必然要求。社会组织"去行政化"主要应从三个方面进行。一是在人事方面，要循序渐进地取消政府公职人员在社会组织的兼职，这方面的改革已经取得了突出成效；二是在财务方面，要改变以前由国家财政直接出资、拨款给社会组织的状况，变为政府向社会组织购买服务，从而厘清政府与社会组织的资产关系，提升社会组织的筹资能力，真正发挥社会组织的公共服务功能；三是在治理方式方面，政府应分离裁判员和运动员的身份，改变对社会组织的惯常的行政管理的方式和做法，应采取浸润性的推进方法，制止"绝对管制"的"政策暴力"。具体方法上可以通过搭建多元化的政社合作平台、与社会组织协商沟通等方式推进与社会组织的合作。

"去行政化"改革是对长期习惯的、长期存在的、长期的资源分配和利益切割，需逐步推进、逐步适应，讲究策略的灵活性、合理性、可行性。从政府层面看，"去行政化"意味着政府把伸展过长的"触角"收缩回来，减少对社会组织内部事务的过度干预，要正确认识和定位社会组织的角色和地位，给予社会组织应有的自主权、自治权，使社会组织回归其应有的社会角色和独立发展的空间。《关于改革社会组织管理制度促进社会组织健康有序发展的意见》提出："支持社会组织提供公共服务。结合政府职能转变和行政审批改革，将政府部门不宜行使、适合市场和社会提供的事务性管理工作及公共服务，通过竞争性方式交由社会组织承担。逐步扩大政府向社会组织购买服务的范围和规模，对民生保障、社会治理、行业管理等公共服务项目，同等条件下优先向社会组织购买。"① 政府应当有所为有所不为，当前应围绕政府职能转变合理调整政府公共服务的行为边界和治理模式，主要向社会提供基础性、普惠性的公共服务。

社会组织"去行政化"不是指政府和社会组织毫无关系，不意味着政

---

① 《中办国办印发〈关于改革社会组织管理制度促进社会组织健康有序发展的意见〉》，《人民日报》2016 年 8 月 22 日。

府对社会组织撒手不管了，也不是说社会组织离政府越远越好。由于我国社会组织起步晚、自主性和公共性弱、相关制度不够成熟，社会组织管理体制改革不能仅仅强调政府简政放权、为社会组织"松绑"，同时还要强调政府对社会组织的监管和服务。当然，新时代政府对社会组织的监管不是计划经济体制下的控制和直接干预，而是通过信息公开、第三方评估、年度检查、随机抽查、重大事项报告等多种方式进行的监管，是联合社会力量和其他组织机构共同实施的监管。

在推进脱钩改革的背景下，政府需要通过一些新的机制让社会组织承担部分政府让渡出来的职能，也需要新的机制对社会组织进行监管。协商民主就是这样一种新的机制。"协商合作的过程中任何一方的相关权限都必须明确，协商成果都能根据相关法规或协商共识找到其明确的执行者""有明确的解决方案处理协商成果落实过程中出现的纠纷和冲突，"[1] 实践中可以考虑实行"三清单制"，通过权力清单明确政府部门在社会组织中的权力，"法无授权不可为"；通过责任清单明确政府部门在社会组织中的责任，"法定职责必须为"；通过负面清单明确社会组织到底应受哪些约束，"法无禁止即可为"，从而建立合法合规的政社关系。[2] 党委和政府要积极培育、热情扶助社会组织，对于社会组织擅长的城市社区公共服务、部分行业管理、社会慈善和公益领域等，要放心地交给社会组织，引导社会组织发挥其治理潜能，形成政府与社会组织功能互补的合作关系。

四、创新社会组织协商机制， 规范社会组织协商的程序

加强社会组织协商民主的顶层制度设计，为社会组织协商提供制度保

---

① 龚万达：《社会资本视角下社会组织协商能力建设研究——对十九大报告"统筹推进社会组织协商"的思考》，《江苏大学学报》(社会科学版) 2018 年第 6 期。

② 王名：《中国社会组织 (1978—2018)》，社会科学文献出版社 2018 年版，第 111 页。

障。"为了保障人民民主，必须加强法制。必须使民主制度化、法律化，使这种制度和法律不因领导人的改变而改变，不因领导人的看法和注意力的改变而改变。"① 制度是民主实现有序发展的保证，同样，社会组织协商有序开展也需要制度保障。如上文所说，《关于加强社会主义协商民主建设的意见》没有对社会组织协商进行具体部署和安排。继《关于加强社会主义协商民主建设的意见》之后，政协协商、政党协商、基层协商等已经制定了专门文件，即《中共中央关于加强人民政协协商民主建设的实施意见》《中共中央关于加强政党协商的实施意见》和《关于加强城乡社区协商的意见》，目前仍然没有与社会组织相关的文件出台，关于社会组织协商的相关规定只能散见于党和政府的文件中。因此，在中央层面，可以参照上述具体、专门的意见，尽快制定并出台《关于加强社会组织协商民主建设的实施意见》，对社会组织协商主体、协商议题、协商形式、协商程序、协商结果等"协商"问题进行明确、具体的规定，为社会组织协商实践指明前进方向。

在地方层面，各地在实践中探索形成了各具特色的社会组织协商机制。比如，在浙江，台州市路桥区成立社会组织促进会，建立社会组织智库；仙居县建立由社会组织代表组成的乡镇街道资政顾问团；嘉善县采取"沙龙"形式与台商、民企及商会交换看法；温州市政府部门会邀请工商联和商会组织参与经济政策制定；湖州市以吴兴区织里镇为试点，指导组建新居民和谐促进会，进一步拓宽基层群众利益表达渠道，促进新老居民共建共融；温州市鹿城区成立由各类联谊组织代表参加的协商议事委员会。② 今后，应围绕"协商什么""与谁协商""如何协商""怎样协商""以什么形式协商""协商结果如何落实"等问题，对各地创造的协商模式包括"圆桌会议""沙龙""民情气象站""民情合议庭"等形式进行总结，从而总结出成熟的可

---

① 《邓小平文选》第 2 卷，人民出版社 1994 年版，第 146 页。

② 杨卫敏：《关于社会组织协商的探索研究》，《重庆社会主义学院学报》2015 年第 4 期。

推广的经验并形成制度规范。

　　健全社会组织协商制度，应着重构建科学的运作机制和程序规范，如协商议题由谁提出、如何提出，协商内容怎样选择，协商活动由谁组织、如何组织，采取什么方式协商等，都应该通过实体性制度和程序性规范确定下来，使每一环节、步骤都有明确、细化的安排和设计。另外，还必须从知情、反馈、评价等环节建立健全有关的配套机制，如信息公开机制、工作联系机制、权利保障机制、协商结果反馈和追踪督办机制等。

　　另外，要积极借鉴西方发达国家的社会组织制度设计和协商民主经验。西方国家社会组织协商的历史要比我国悠久的多，其制度设计的经验也比我国丰富、成熟，比如起源于 20 世纪 80 年代丹麦的共识会议以及愿景工作坊，美国的杰斐逊中心等，都已经形成了一整套协商制度与机制，要注重对国外经典案例的收集整理和吸收借鉴。

参 考 文 献

一、经典文献类

1. 《马克思恩格斯选集》（第 1—4 卷），人民出版社 1995 年版。

2. 《列宁选集》（第 1—4 卷），人民出版社 1995 年版。

3. 《毛泽东选集》（第 1—4 卷），人民出版社 1991 年版。

4. 《毛泽东文集》（第一至八卷），人民出版社 1996 年版。

5. 《周恩来选集》（上下卷），人民出版社 1984 年版。

6. 《周恩来统一战线文选》，人民出版社 1984 年版。

7. 《邓小平文选》（第一至三卷），人民出版社 1993—1994 年版。

8. 《江泽民文选》（第一至三卷），人民出版社 2006 年版。

9. 《胡锦涛文选》（第一至三卷），人民出版社 2016 年版。

10. 《习近平谈治国理政》，外文出版社 2014 年版。

11. 《习近平谈治国理政》第二卷，外文出版社 2017 年版。

12. 《三中全会以来重要文献选编》（上、下），人民出版社 1982 年版。

13. 《十二大以来重要文献选编》（上、中），人民出版社 1986 年版。

14. 《十二大以来重要文献选编》（下），人民出版社 1988 年版。

15. 《十三大以来重要文献选编》（上、中），人民出版社 1991 年版。

16. 《十三大以来重要文献选编》（下），人民出版社 1993 年版。

17. 《十四大以来重要文献选编》（上），人民出版社 1996 年版。

18. 《十四大以来重要文献选编》（中），人民出版社 1997 年版。

19. 《十四大以来重要文献选编》（下），人民出版社 1999 年版。

20. 《十五大以来重要文献选编》（上），人民出版社 2000 年版。

21. 《十五大以来重要文献选编》（中），人民出版社 2001 年版。

22. 《十五大以来重要文献选编》（下），人民出版社 2003 年版。

23. 《十六大以来重要文献选编》（上），中央文献出版社 2005 年版。

24. 《十六大以来重要文献选编》（中），中央文献出版社 2006 年版。

25. 《十六大以来重要文献选编》（下），中央文献出版社 2008 年版。

26. 《十七大以来重要文献选编》（上），中央文献出版社 2009 年版。

27. 《十七大以来重要文献选编》（中），中央文献出版社 2011 年版。

28. 《十七大以来重要文献选编》（下），中央文献出版社 2013 年版。

29. 《十八大以来重要文献选编》（上），中央文献出版社 2014 年版。

30. 《十八大以来重要文献选编》（中），中央文献出版社 2016 年版。

31. 《十八大以来重要文献选编》（下），中央文献出版社 2018 年版。

32. 《人民政协重要文献选编》（上、中、下），中国文史出版社 2009 年版。

二、国外经典类

33. ［古希腊］亚里士多德：《政治学》，吴寿彭译，商务印书馆 2003 年版。

34. ［古希腊］柏拉图：《理想国》，郭斌和、张竹明译，商务印书馆 2003 年版。

35. ［美］科恩：《论民主》，聂崇信、朱秀贤译，商务印书馆 2004 年版。

36. ［美］罗伯特·达尔：《论民主》，李光柏等译，商务印书馆 1999

年版。

37. ［美］罗伯特·达尔：《民主理论的前言》，顾昕、朱丹译，生活·读书·新知，三联书店 1999 年版。

38. ［美］乔·萨托利：《民主新论》，冯克利等译，东方出版社 1993 年版。

39. ［美］罗尔斯：《正义论》，何怀宏、何包钢、廖申白译，中国社会科学出版社 1988 年版。

40. ［美］熊彼特：《资本主义、社会主义与民主》，吴良健译，商务印书馆 2007 年版。

41. ［美］亨廷顿：《变化社会中的政治秩序》，王冠华等译，生活·读书·新知三联书店 1989 年版。

42. ［美］亨廷顿：《第三波——20 世纪后期民主化浪潮》，刘军宁译，上海三联书店 1998 年版。

43. ［美］阿尔蒙德、鲍威尔：《比较政治学——体系、过程和政策》，曹沛霖译，上海译文出版社 1987 年版。

44. ［美］詹姆斯·博曼、威廉·雷吉：《协商民主：论理性与政治》，陈家刚等译，中央编译出版社 2006 年版。

45. ［美］詹姆斯·博曼：《公共协商：多元主义、复杂性与民主》，黄相怀译，中央编译出版社 2006 年版。

46. ［美］约·埃尔斯特：《协商民主：挑战与反思》，中央编译出版社 2009 年版。

47. ［英］约翰·邓恩：《民主的历程》，林猛译，吉林人民出版社 1999 年版。

48. ［英］密尔：《代议制政府》，汪暄译，商务印书馆 1982 年版。

49. ［英］戴维·赫尔德：《民主的模式》，燕继荣等译，中央编译出版社 2008 年版。

50. ［英］哈耶克：《自由秩序原理》，邓正来译，生活·读书·新知书店 1997 年版。

51. ［法］托克维尔：《论美国的民主》，董国良译，商务印书馆 2006 年版。

52. ［法］孟德斯鸠：《论法的精神》，张雁深译，商务印书馆 2005 年版。

53. ［法］让-马克·夸克：《合法性与政治》，佟心平、王远飞译，中央编译出版社 2002 年版。

54. ［意］萨托利：《政党与政党体制》，王明进译，商务印书馆 2006 年版。

55. ［澳大利亚］约翰·S. 德雷泽克：《协商民主及其超越：自由与批判的视角》，丁开杰等译，中央编译出版社 2006 年版。

56. ［澳大利亚］何包钢：《协商民主：理论、方法和实践》，中国社会科学出版社 2008 年版。

57. ［南非］毛里西奥·帕瑟琳·登特里维斯：《作为公共协商的民主：新的视角》，王英津等译，中央编译出版社 2006 年版。

三、国内著作类

58. 高放：《中国政治体制改革的心声》，重庆出版社 2006 年版。

59. 王沪宁：《政治的逻辑——马克思主义政治学原理》，上海人民出版社 2004 年版。

60. 王浦劬：《政治学基础》，北京大学出版社 2006 年版。

61. 林尚立：《当代中国政治形态研究》，天津人民出版社 2000 年版。

62. 林尚立：《党内民主》，上海社会科学院出版社 2002 年版。

63. 林尚立、肖存良：《统一战线与中国发展》，复旦大学出版社 2011 年版。

64. 林尚立：《协商民主：中国的创造与实践》，重庆出版社 2014 年版。

65. 林尚立、赵宇峰：《中国协商民主的逻辑》，上海人民出版社 2016 年版。

66. 林尚立：《当代中国政治：基础与发展》，中国大百科全书出版社 2017 年版。

67. 俞可平：《民主的陀螺》，北京大学出版社 2006 年版。

68. 俞可平：《敬畏民意：中国的民主治理与政治改革》，中央编译出版社 2012 年版。

69. 俞可平：《中国民主治理之路》，中央编译出版社 2015 年版。

70. 俞可平：《走向善治：国家治理现代化的中国方案》，中国文史出版社 2016 年版。

71. 萧公权：《中国政治思想史》，商务印书馆 2017 年版。

72. 金太军：《中国传统政治文化新论》，社会科学文献出版社 2006 年版。

73. 王长江：《世界政党比较研究概论》，中共中央党校出版社 2003 年版。

74. 杨光斌：《中国政治发展的战略选择》，中国人民大学出版社 2011 年版。

75. 吴美华：《当代中国的多党合作制度》，中共党史出版社 2005 年版。

76. 周淑真：《政党和政党制度比较研究》，人民出版社 2001 年版。

77. 周敬青：《中外执政党制度建设论纲》，中共中央党校出版社 2005 年版。

78. 王绍光：《国家治理》，中国人民大学出版社 2014 年版。

79. 王邦佐：《中国政党制度的社会生态分析》，上海人民出版社 2000 年版。

80. 梁琴、钟德涛：《中外政党制度比较》，商务印书馆 2000 年版。

81. 吴大英、杨海蛟：《政治关系论》，山西教育出版社 2000 年版。

82. 杨宏山：《当代中国政治关系》，经济日报出版社 2002 年版。

282 中国协商民主体系及其运行机制研究

83. 毛寿龙：《政治社会学》，中国社会科学出版社 2001 年版。

84. 陆学艺：《中国社会结构与社会建设》，中国社会科学出版社 2013 年版。

85. 房宁：《民主的中国经验》，中国社会科学出版社 2013 年版。

86. 李君如：《协商民主在中国》，人民出版社 2014 年版。

87. 陈家刚：《协商民主》，上海三联书店 2004 年版。

88. 陈家刚：《协商民主与当代中国政治》，中国人民大学出版社 2009 年版。

89. 陈家刚：《协商民主与政治发展》，社会科学文献出版社 2011 年版。

90. 陈家刚：《协商民主与国家治理》，中央编译出版社 2014 年版。

91. 陈家刚：《协商与协商民主》，中央文献出版社 2015 年版。

92. 谈火生：《审议民主》，江苏人民出版社 2007 年版。

93. 高建、佟德志：《协商民主》，天津人民出版社 2010 年版。

94. 高建、佟德志：《中国式民主》，天津人民出版社 2010 年版。

95. 高建、佟德志：《基层民主》，天津人民出版社 2010 年版。

96. 黄福寿：《中国协商政治发生与演变逻辑》，上海人民出版社 2009 年版。

97. 戴激涛：《协商民主研究：宪政主义视角》，法律出版社 2012 年版。

98. 何显明：《治理民主：中国民主成长的可能方式》，中国社会科学出版社 2014 年版。

99. 袁峰：《中国式民主的文化解读》，学林出版社 2014 年版。

100. 孙存良：《当代中国民主协商研究》，中国社会出版社 2009 年版。

101. 肖立辉：《中国基层民主创新研究》，人民出版社 2009 年版。

102. 李贺林、左宪民：《中国特色协商民主研究》，中共中央党校出版社 2008 年版。

103. 马奔：《协商民主：民主理论的变迁与实践》，山东大学出版社 2014 年版。

104. 李仁彬：《中国协商民主理论与实践探析》，四川大学出版社 2011 年版。

105. 杨绪盟：《中国特色政党制度的结构与价值》，中共中央党校出版社 2007 年版。

106. 陶富源、王平：《中国特色协商民主论》，安徽师范大学出版社 2011 年版。

107. 韩冬梅：《西方协商民主理论》，中国社会科学出版社 2008 年版。

108. 刘俊杰：《中国党际协商民主研究》，江苏大学出版社 2013 年版。

109. 宋连胜、董树彬：《协商中国》，吉林大学出版社 2014 年版。

110. 陈朋：《国家与社会合力互动下的乡村协商民主实践：温岭案例分析》，上海世纪出版集团 2012 年版。

111. 张平：《社会主义协商民主研究》，群言出版社 2015 年版。

112. 段治文：《中国特色社会主义民主新论》，浙江大学出版社 2016 年版。

113. 阎孟伟：《协商民主：当代民主政治发展的新路向》，人民出版社 2014 年版。

114. 马黎晖：《中国协商民主理论与实践》，社会科学文献出版社 2013 年版。

115. 于小英：《协商民主与国家治理研究》，中央编译出版社 2015 年版。

116. 罗维：《中西协商民主制度与实践比较》，法律出版社 2016 年版。

117. 张梦涛：《中国特色协商民主发展研究》，人民出版社 2016 年版。

118. 郭丽兰：《中国协商民主：理论与实践》，人民出版社 2017 年版。

119. 刘彦昌：《治理现代化视角下的协商民主》，浙江大学出版社 2017 年版。

120. 闫健：《民主是个好东西：俞可平访谈录》，社会科学文献出版社 2006 年版。

121. 侯东德：《我国地方立法协商的理论与实践》，法律出版社 2015年版。

122. 王名：《中国民间组织 30 年：走向公民社会》，社会科学文献出版社 2008 年版。

123. 孙伟林：《中国全国性社会团体名录》，中国国际广播出版社 2006年版。

124. 梁丽萍：《政治社团的发展与社会主义民主政治建设》，中央编译出版社 2015 年版。

四、论文报纸类

125. 中华人民共和国国务院新闻办公室：《中国的民主政治建设》，《人民日报》2005 年 10 月 20 日。

126. 中华人民共和国国务院新闻办公室：《中国的政党制度》（白皮书），《人民日报》2007 年 11 月 16 日。

127. 《中央关于加强人民政协工作的意见》，《人民日报》2006 年 3 月 2 日。

128. 《中共中央关于全面深化改革若干重大问题的决定》，《人民日报》2013 年 11 月 16 日。

129. 习近平：《在庆祝中国人民政治协商会议成立 65 周年大会上的讲话》，《人民日报》2014 年 9 月 22 日。

130. 《中共中央关于全面推进依法治国若干重大问题的决定》，《人民日报》2014 年 10 月 29 日。

131. 《关于加强社会主义协商民主建设的意见》，《人民日报》2015 年 2 月 10 日。

132. 《中共中央关于加强人民政协协商民主建设的实施意见》，《人民日报》2015 年 6 月 26 日。

133. 习近平：《决胜全面建成小康社会　夺取新时代中国特色社会主义伟大胜利——在中国共产党第十九次全国代表大会上的报告》，《人民日报》2017 年 10 月 28 日。

134.《中国人民政治协商会议章程》，《人民日报》2018 年 3 月 28 日。

135. 林尚立：《民主与民生：人民民主的中国逻辑》，《北京大学学报》2012 年第 1 期。

136. 林尚立：《协商政治：对中国民主政治发展的一种思考》，《学术月刊》2003 年第 4 期。

137. 林尚立：《协商政治：中国特色民主政治的基本形态》，《毛泽东邓小平理论研究》2007 年第 9 期。

138. 林尚立：《公民协商与中国基层民主发展》，《学术月刊》2007 年第 9 期。

139. 林尚立：《社会协商与社会建设：以区分社会管理与社会治理为分析视角》，《中国高校社会科学》2013 年第 7 期。

140. 林尚立：《协商民主是我国民主政治的特有形式和独特优势》，《求是》2014 年第 6 期。

141. 林尚立：《协商民主：中国特色现代政治得以成长的基础——基于中国协商民主功能的考察》，《湖北社会科学》2015 年第 7 期。

142. 陈家刚：《协商民主引论》，《马克思主义与现实》2004 年第 3 期。

143. 陈家刚：《协商民主研究在东西方的兴起与发展》，《毛泽东邓小平理论研究》2008 年第 7 期。

144. 陈家刚：《协商民主与政治协商》，《学习与探索》2007 年第 2 期。

145. 陈家刚：《多元主义、公民社会与理性：协商民主要素分析》，《天津行政学院学报》2008 年第 4 期。

146. 陈家刚：《协商民主：制度设计及实践探索》，《国家行政学院学报》2017 年第 1 期。

147. 陈炳辉：《国家治理复杂性视野下的协商民主》，《中国社会科学》

2016 年第 5 期。

148. 张爱军、高泽勇：《协商民主的内在关联性及其定位——基于中西方协商民主发展的环境视角分析》，《中央社会主义学院学报》2008 年第 5 期。

149. 包心鉴：《协商民主制度化与国家治理现代化》，《学习与实践》2014 年第 3 期。

150. 包心鉴：《把党的政治优势转化为民主协商共建共享的社会优势——关于基层协商民主的调研与思考》，《中共天津市委党校学报》2017 年第 4 期。

151. 齐卫平：《中国特色协商民主的内生源简论》，《中央社会主义学院学报》2008 年第 2 期。

152. 齐卫平、陈朋：《协商民主：社会主义政治文明建设的生长点》，《贵州社会科学》2008 年第 5 期。

153. 齐卫平、陈朋：《中国协商民主 60 年：国家与社会的共同实践》，《中国延安干部学院学报》2009 年第 5 期。

154. 张康之、张乾友：《现代民主理论的兴起及其演进历程——从人民主权到表达民主再到协商民主》，《中国人民大学学报》2011 年第 5 期。

155. 景跃进：《"群众路线"与当代中国政治发展：内涵、结构与实践》，《湖南科技大学学报（社会科学版)》2004 年第 6 期。

156. 景跃进：《行政民主：意义与局限——温岭"民主恳谈会"的启示》，《浙江社会科学》2003 年第 1 期。

157. 陈剩勇：《协商民主理论与中国》，《浙江社会科学》2005 年第 1 期。

158. 陈剩勇、杜洁：《互联网公共论坛：政治参与和协商民主的兴起》，《浙江大学学报（人文社会科学版)》2005 年第 3 期。

159. 郎友兴、何包钢：《村民会议和村民代表会议——村级民主完善之尝试》，《政治学研究》2000 年第 4 期。

160. 郎友兴：《公民文化与民主治理机制的巩固和可持续性——以温岭民主恳谈会为例》，《中共浙江省委党校学报》2012 年第 2 期。

161. 郎友兴：《中国情境中的协商民主：平等、认同与正当性》，《浙江社会科学》2016 年第 9 期。

162. 李火林：《论协商民主的实质也路径选择》，《中国人民大学学报》2006 年第 4 期。

163. 谈火生：《协商民主：西方学界的争论及其对中国的影响》，《中国党政干部论坛》2013 年第 7 期。

164. 谈火生：《协商民主理论发展的新趋势》，《科学社会主义》2015 年第 6 期。

165. 段治文、曾子成：《建国初期中国共产党对协商民主的创造性探索》，《中国延安干部学院学报》2015 年第 6 期。

166. 段治文、杨光：《论中国式协商民主的逻辑形成》，《理论探讨》2017 年第 2 期。

167. 张献生、吴茜：《坚持、完善和发展我国社会主义协商民主》，《新视野》2007 年第 5 期。

168. 张献生、吴茜：《试论中国社会主义协商民主制度》，《政治学研究》2014 年第 1 期。

169. 朱勤军：《中国政治文明建设中的协商民主探析》，《政治学研究》2004 年第 3 期。

170. 朱勤军：《当代中国协商民主制度化发展的战略和路径》，《中国政协理论研究》2014 年第 2 期。

171. 袁峰：《中国形态协商民主的缘起与内涵》，《理论与改革》2006 年第 6 期。

172. 燕继荣：《"中国式民主"的理论建构》，《经济社会体制比较》2010 年第 3 期。

173. 燕继荣：《协同治理：社会管理创新之道——基于国家与社会关系

的理论思考》,《中国行政管理》2013 年第 2 期。

174. 宋连胜、李建:《社会主义协商民主理论源头探析》,《理论学刊》2013 年第 3 期。

175. 高建:《两种不同的协商民主》,《山东社会科学》2014 年第 2 期。

176. 董树彬:《中国共产党对协商民主内涵的历史探索》,《科学经济社会》2014 年第 2 期。

177. 阎孟伟:《社会协商与社会治理》,《南开学报》(哲学社会科学版)2015 年第 5 期。

178. 韩福国:《协商民主的中国空间考察——基于社会主义改造时期的政党互动分析》,《当代世界与社会主义》2010 年第 5 期。

179. 韩福国:《作为嵌入性治理资源的协商民主——现代城市治理中的政府与社会互动规则》,《复旦学报(社会科学版)》2013 年第 3 期。

180. 范会勋:《国内协商民主研究综述》,《湖北省社会主义学院学报》2014 年第 1 期。

181. 马奔:《协商民主在中国运用的传统资源》,《科学社会主义》2014 年第 2 期。

182. 杨德山:《新时期以来中共“协商民主”建设理论探索的历程考察》,《中国特色社会主义研究》2014 年第 3 期。

183. 黎家佑:《群众路线与协商民主的逻辑契合——对推进中国民主政治建设的思考》,《党的文献》2016 年第 2 期。

184. 常婧:《中西方协商民主理论源起之异探析》,《江苏省社会主义学院学报》2014 年第 6 期。

185. 朱光磊:《在转变政府职能的过程中提高政府公信力》,《中国人民大学学报》2011 年第 3 期。

186. 张洪武:《政府的公共性与协商民主》,《中共天津市委党校学报》2014 年第 6 期。

187. 宋雄伟:《政府协商的逻辑起点、基本内涵与完善路径》,《江汉论坛》2016 年第 6 期。

188. 戴激涛：《立法协商：理论、实践及未来展望》，《天津行政学院学报》2017 年第 4 期。

189. 肖永明：《协商民主：人大不应"缺席"》，《人大研究》2015 年第 3 期。

190. 白帆、谈火生：《人民政协参与立法协商：模式、特征和原则》，《当代世界与社会主义》2018 年第 2 期。

191. 布成良：《人民团体在我国协商民主中的性质与作用》，《理论研究》2015 年第 2 期。

192. 王名：《走向公民社会：我国社会组织发展的历史及趋势》，《吉林大学社会科学学报》2009 年第 3 期。

193. 雷明贵：《社会组织协商：内涵与价值》，《湖南省社会主义学院学报》2015 年第 3 期。

194. 康晓强：《协商民主建设：社会组织的独特优势与引导路径》，《教学与研究》2015 年第 9 期。

195. 谈火生、于晓虹：《社会组织协商的内涵、特点和类型》，《学海》2016 年第 2 期。

196. 谈火生、苏鹏辉：《我国社会组织协商的现状、问题与对策》，《教学与研究》2016 年第 5 期。

197. 梁立新：《社会组织介入协商民主的价值体现及实现路径》，《学术交流》2016 年第 2 期。

198. ［英］马修·费斯廷斯泰因：《协商、公民权与认同》，马勇兵编译，《马克思主义与现实》2004 年第 3 期。

199. ［美］乔治·M. 瓦拉德兹：《协商民主》，何莉译，《马克思主义与现实》2004 年第 3 期。

200. ［英］查理德·扬斯：《西方民主的萎靡与"非西方式民主"的兴起》，熊道宏译，《国外理论动态》2017 年第 6 期。

201. 刘俊杰：《当代中国党际协商民主研究》，吉林大学 2012 年博士学位论文。

202. 范会勋：《中国社会主义协商民主问题研究》，中共中央党校 2014 年博士学位论文。

203. 吕慧燕：《中国社会主义协商民主的文化渊源研究》，吉林大学 2015 年博士学位论文。

204. 孙德海：《中国特色社会主义协商民主发展研究》，苏州大学 2016 年博士学位论文。

205. 杨光：《论中国式协商民主的逻辑形成》，浙江大学 2018 年博士学位论文。

206. 俞可平：《协商民主：当代西方民主理论和实践的最新发展》，《学习时报》2006 年 11 月 6 日。

207. 李君如：《协商民主是重要的民主形式》，《人民日报》2006 年 4 月 7 日。

208. 林尚立：《协商民主是党的群众路线在政治领域的重要体现》，《联合时报》2014 年 9 月 30 日。

209. 陈家刚：《当代西方协商民主理论》，《学习时报》2004 年 1 月 5 日。

210. 陈家刚：《协商民主与当代中国民主政治的发展》，《学习时报》2006 年 8 月 28 日。

211. 王邦佐、朱勤军：《协商民主的内涵和中国协商民主的特征》，《联合时报》2006 年 9 月 15 日。

212. 包心鉴：《社会主义协商民主是我国人民民主的重要形式》，《光明日报》2013 年 9 月 10 日。

213. 齐卫平：《协商民主在中国特色社会主义政治建设中的价值定位》，《人民政协报》2013 年 9 月 18 日。

责任编辑:赵圣涛

封面设计:王欢欢

责任校对:吕　飞

图书在版编目(CIP)数据

中国协商民主体系及其运行机制研究/孙照红 著. —北京:人民出版社,2019.8

ISBN 978－7－01－021218－0

Ⅰ.①中…　Ⅱ.①孙…　Ⅲ.①社会主义民主-民主协商-研究-中国　Ⅳ.①D621

中国版本图书馆 CIP 数据核字(2019)第 186306 号

中国协商民主体系及其运行机制研究

ZHONGGUO XIESHANG MINZHU TIXI JIQI YUNXING JIZHI YANJIU

孙照红　著

人民出版社 出版发行

(100706　北京市东城区隆福寺街 99 号)

北京中科印刷有限公司印刷　新华书店经销

2019 年 8 月第 1 版　2019 年 8 月北京第 1 次印刷

开本:710 毫米×1000 毫米 1/16　印张:18.5

字数:266 千字

ISBN 978－7－01－021218－0　定价:59.80 元

邮购地址 100706　北京市东城区隆福寺街 99 号

人民东方图书销售中心　电话 (010)65250042　65289539